MW01623548

LINCOLN-MARTI
Since 1968

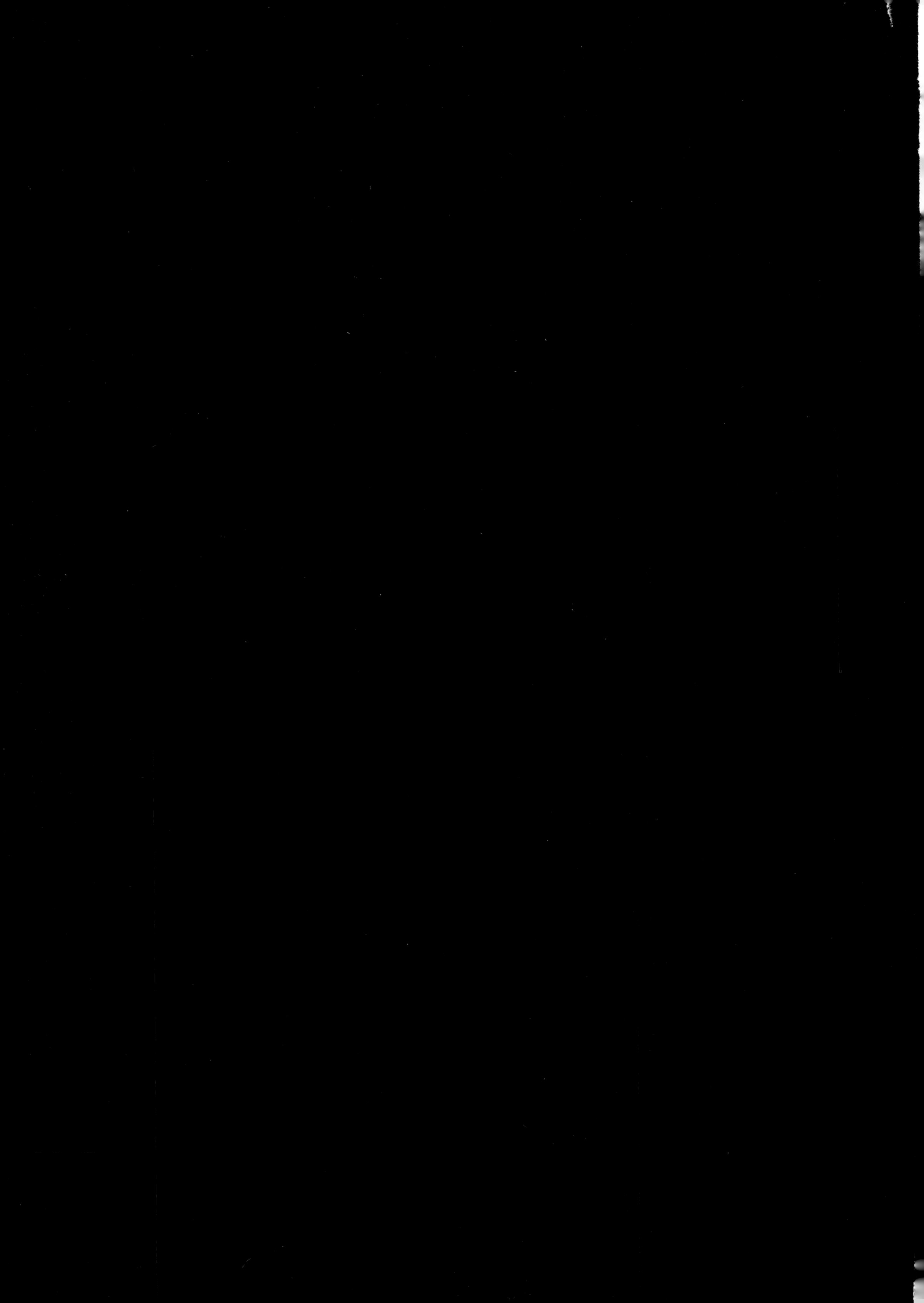

It is fruitless to oppose a man who is encouraged
by obstacles, who disdains affronts and lies,
and who never avoids his responsibilities,
keeping his compass fixed on his ideals.

Las gentes saben que es inútil contrariar a un hombre para quien
son apoyo los obstáculos, que desdeña vituperios y calumnias
y nunca elude las responsabilidades, manteniendo constantemente
orientada la brújula hacia el norte de su ideal.

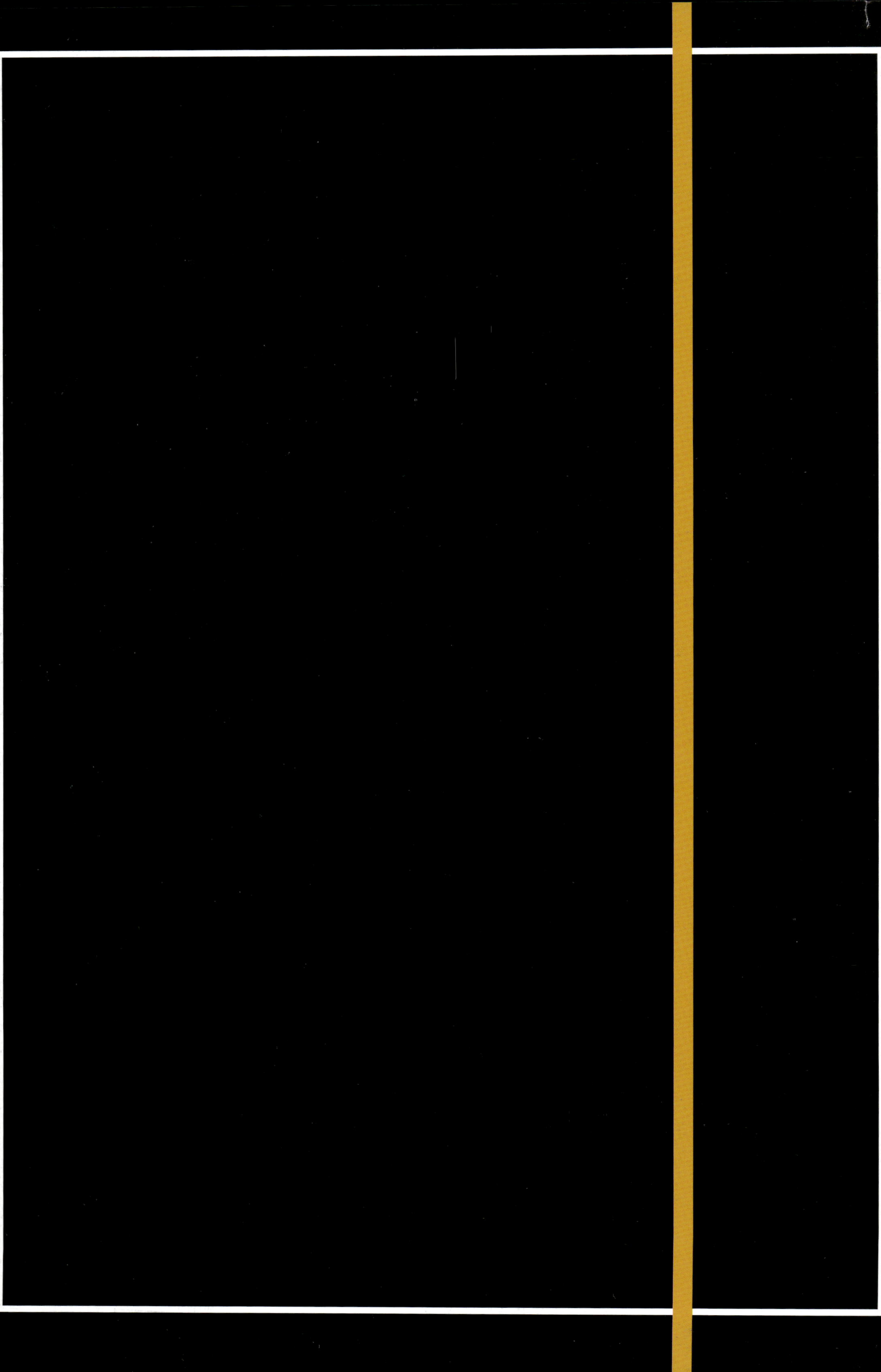

PROFILES
OF PERSEVERANCE

DEMETRIO PÉREZ, JR.

PERFILES
DE PERSEVERANCIA

EDITORIAL LINCOLN-MARTI

Profiles of Perseverance
Perfiles de Perseverancia

For information:
Editorial Lincoln-Marti, 2700 SW 8 St., Miami, Fl. 33135

This book may be purchased for educational, business, or sales promotional use.

First published in 2015 by
Editorial Lincoln-Marti
editorial @lincoln-marti.com
Fax (305) 649-2767
www. lincoln-marti.com

ISBN: 978-0-692-47463-1

Table of Contents
CONTENIDOS

Preface

This book is not intended to serve as a collection of stories and anecdotes of my life as I journey toward retirement. Instead I am introducing myself to you much as I do each day at our schools, in the newspaper, or on the radio. I am taking advantage of the fact that I have a clear recollection of the events that have given me seventy happy years of life and invoking God's favor to continue to give me the health and energy to fulfill everything that He expects from me.

I thought of assigning this project to close friends who have a wealth of experience as authors and who know me very well so that they could write this book. But I felt that the process would be slow and that it would be complicated to create a mechanism by which I could transmit all of my experiences and then have them written with the same meaning that I personally conceived them to have.

More than once I have been asked by bankers about my succession plan and the continuation of my enterprises. I feel that this is an indiscrete question. The first time that I was asked about it I was insulted. However today it is routine.

That is why this book, in addition to being dedicated to my son, grandchildren, relatives, friends, and clients, is also directed at those institutions. It apparently is not enough to see the examples of Buffet or Murdoch who continue to live their legacies when life is full of surprises that defy logic and bring the unexpected.

Without further ado, inspired by the sweltering heat of this June 3rd, 2015, the 53rd anniversary of my arrival in the United States and nearing yet another anniversary of my birth, I am writing on a legal pad with my pen and not employing the frivolity of a computer to share these stories and pictures and hoping to do so in a manner that is enjoyable and profitable for you.

Thank you for your patience and for the courtesy of reading this book.

Una nota inicial

Lejos de intentar presentar estos apuntes a manera de unas memorias o recuento de realizaciones culminadas camino a un retiro, jubilación o marginamiento del diario quehacer, he preferido presentarme por mí mismo ante ustedes, como hago a diario en las escuelas, periódico o radio, aprovechando las plenitudes de facultades, para compartir de manera informal estos setenta años de feliz existencia, invocando el favor de Dios para que nos siga concediendo la salud, bríos y plenitudes que nos permitan continuar siendo útiles en el diario cumplir que el Todopoderoso nos ha asignado.

Pensé en afectos allegados, a quienes sobra experiencia y dotes para conducirnos en este recorrido, pero en la práctica me pareció lento, demorado y complicado concebir un mecanismo para trasmitir todas estas vivencias y lograr después reflejarlas con la misma intención, significado e intensidad, como personalmente las concibo.

En más de una oportunidad algunos banqueros me han preguntado sobre mi plan de sucesión y la garantización de una ordenada continuidad, observación indiscreta que no es así en el mundillo de los riesgos, créditos y finanzas. La primera vez que lo escuché me resultó insultante; hoy de rutina.

Por eso, al igual que a mi hijo, nietos, allegados, familiares, afectos y clientes; a esas instituciones también van dirigidos estos apuntes, pues no parecen ser suficientes los ímpetus de Buffet o Murdoch para perpetuar legados, cuando la vida llena de imponderables tantas veces nos reemplaza la lógica por el imprevisto.

Y sin más preámbulo, inspirado en el calor de este tres de junio, representativo de cincuenta y tres años de haber tenido el privilegio de llegar a esta nación y la proximidad de otro aniversario natal, recojo unos bloques de papel rayado y pluma, para a pura mano, ---no con la frivolidad de los ordenadores--- compartir con ustedes estas gráficas y recuentos, aspirando a intentar hacer grata su lectura y valoración.

De nuevo, gracias por su paciencia y consecuencia.

INTRODUCTION

In 1987, after giving a speech about José Martí, a gentleman dressed in a tuxedo approached me. From his appearance I could tell that he held a position of seniority and rank among the group to whom I was speaking. In my conversation with this gentleman, whose last name was Madruga, I learned that he represented the Adams gum company in Havana and he gave me several important documents that he wanted to share with me. The most striking one was entitled "The Power of Perseverance." He urged me to read it, reflect on it, and share it.

It was not hard for me to comply with the gentleman's request and I immediately read the document. Although I had known about it, this encounter led me to come to appreciate its meaning and I adopted it as a source of inspiration, sustenance, and guidance. I use it today to share this account with you.

One Saturday morning in April 28th, 2001 I had been invited to receive an award from an interdenominational group of pastors and religious at a church on Miami's famed Calle Ocho. While there, I listened to the testimony of one of the participants who told the audience about a critical injury that the son of a pastor had suffered in the Pinar del Río province in Cuba around the time of World War II. The son was struck by a fence post that severed his jugular. At the time there was a fuel shortage but he nonetheless managed to make it to Havana despite having nearly bled out. The surgeon who was on call on that December 25th had, for the first time in his life, skipped a traditional family hunting trip to the Cuban wilderness. The surgeon operated on the man's son and saved his life. He even refused to accept payment for his services. This anecdote was one of several instances that were described in which the Lord had intervened in the lives of these people and they invoked the Prayer of Jabez:

> *"Oh that you would bless me indeed and enlarge my territory! Let your hand be with me, and keep me from the evil one." And God granted his request.*

INTRODUCCIÓN

En cierta ocasión, habiendo sido invitado a hablar sobre José Martí, se me presentó un caballero vestido de tuxedo, de aparente gran rango y antigüedad en las órdenes fraternales, de apellido Madruga, que me dijo representó en La Habana los "chiclets Adams", y me traía un documento, entre otros de especial encargo, que se titulaba "La Fuerza de la Perseverancia", encomendándome su lectura, reflexión y consiguiente divulgación.

En realidad, no me fue difícil cumplir el encargo, y aunque la conocía, desde entonces la adopté como inspiración, refuerzo y reto, apoyándome en ella para hoy compartir este recuento.

En una mañana de sábado 28 de abril de 2001, invitado a recibir un testimonio de parte de un grupo interdenominacional de sacerdotes y pastores, en un templo de la Calle Ocho de Miami, un retraso me obligó a conocer sobre la recuperación del hijo de un religioso radicado en la provincia cubana de Pinar del Río, que en medio de la carencia de combustible y vehículos en época de la II Guerra Mundial, tras una lesión que le atravesó la yugular, venció obstáculos, llegó a La Habana casi desangrado; aquel 25 de diciembre el cirujano apropiado por vez primera no había acudido a su habitual cacería en el monte cubano. Estuvo allí, lo operó, salvó y rechazó remuneración, uniendo la cita a otros recuentos milagrosos portadores del poder del Señor en sus vidas, y que bajo el nombre de Jabes invocaban al Dios de Israel diciendo:

¡Oh, si en verdad me bendijeras, ensancharas mi territorio, y tu mano estuviera conmigo y me guardaras del mal, para que no me causara dolor! Y Dios le concedió lo que pidió, entrando a una vida de bendiciones.

My parents: Dr. Demetrio Perez Arencibia and Dr. Maria de los Angeles Jorcano y Grande. Matanzas, Cuba (1962).

Mis padres: Drs. Demetrio Pérez Arencibia y María de los Angeles Jorcano y Grande. Matanzas, Cuba (1962).

Thanksgiving Day
Día
de dar
Gracias
1962

My personal experience

I have personally witnessed the influence of the prayer of Jabez.

I left Cuba on Sunday, June 3, 1962 at the age of 16 following the Communist occupation of the country. I made the decision to leave on my own. I had seen friends and countrymen summarily sentenced to prison and even executed before a firing squad. I saw firsthand the divine influence that turns adversity into a source of growth and maturity.

In Miami I established an epistolar relationship with Mexico's Secretary of Government, Noe Palomares, and First Lady Eva Lopez Mateo. This relationship would later bear fruit when I needed to obtain exit visas for my parents. After writing to First Lady Lopez Mateo and Mr. Palomares, they each sent me the visas that I needed so that my parents could leave Cuba; they arrived in Mexico on February 14, 1964. Nearly two months later, on April 5th, they arrived in Miami. Twenty-four years later my father would pass into eternity on that same day. My mother died four years later on December 27th 1992.

My first financial obligation was for $300 and was co-signed by Dr. Rolando Espinosa, the president of the Association of Cuban Doctors in Education and a close friend of my father's. Dr. Espinosa and his wife, Arminda, have been exceptional mentors to me. The loan allowed me to purchase the airplane tickets for my parents to leave Cuba.

One year after obtaining the loan I made the last monthly payment of $33 at a bank located next to the Gesu Church in Dowtown Miami. The banker who helped me was Jose Ramon Garrigo, with whom I would reconnect in 1984 on a trade mission to Santiago de Chile and Buenos Aires.

Mi experiencia personal

Personalmente he podido comprobarlo.

Salí de Cuba ante la ocupación comunista, un domingo 3 de junio de 1962, solo, con 16 años de edad, por decisión propia, mientras amigos y compatriotas cumplían cárcel o prisión política y hasta caían frente a paredones de fusilamiento, ya sabía desde entonces de esa influencia divina que convertía la adversidad en fuente de madurez y aprendizaje temprano; me acercaba epistolarmente al Secretario de Gobernación de México, Lic. Noé Palomares y a la Primera Dama Doña Eva López Mateo, quienes además de responderme aquellos correos de entonces llegaron a iluminarme en la obtención de las visas para mis padres, quienes allá llegaron un 14 de febrero de 1964, y casi dos meses después, un 5 de abril a Miami, fecha misma en que mi padre marchó a la Eternidad veinticuatro años más tarde; y mi madre lo hizo cuatro años después, el 27 de diciembre de 1992.

Mi primer compromiso financiero, fue un préstamo por la cantidad de trescientos dólares, con el aval del Dr. Rolando Espinosa, presidente nacional de los pedagogos cubanos, gran amigo de mi padre; él y su esposa Arminda, mentores excepcionales. El préstamo me permitió costear los pasajes Habana a México y Miami.

Al año había cumplido mis doce asignaciones mensuales de $33 dólares, en un banco situado al lado de la Iglesia Gesu, de Miami, atendido por el banquero José Ramón Garrigó, con quien compartí después, en los alrededores de 1984, en una misión empresarial a Santiago de Chile y Buenos Aires.

In the spirit of constant renewal

During their stay in Mexico my parents were hosted by two exceptional missionaries: Helen L. Hill and Frances Gavens. They had taught at the Irene Toland school in my hometown of Matanzas and were establishing a religious school in Mexico. They welcomed my parents with open arms and provided unlimited support to them at the Internado Ethel Thomas.

My best friend arrived from Cuba on my birthday: August 7, 1963; Avelino Canal Acevedo left this world at a much too early age. Poor is the person who does not have childhood friendships that developed in classrooms, at parks, and at home.

I learned many lessons and from my experiences upon arriving in the U.S. with the Triolet and Acevedo families, and from Jesús and Josefina Alvarez, an incredible couple who showed me the true meaning of gratitude on that unforgettable first Thanksgiving Day in 1962!

In the spirit of constant renewal and indefatigable enthusiasm, and with a sense of profound gratitude I invite you to read these anecdotes, memories, and stories knowing that with God's blessing, everything is possible!

Welcome to these Profiles of Perseverance!
Miami, August 7, 2015
Demetrio Pérez Jr.

Mis padres, en unión de la familia González, de Bayamo, Oriente, y después en Clewiston, ante la Virgen de Guadalupe en Ciudad México.

Con el espíritu de constante renovación

En la estancia en Ciudad México, dos misioneras extraordinarias Helen L. Hill y Frances Gavens, habían estado en el plantel "Irene Toland", en Matanzas, y allá regenteaban una escuela religiosa, brindándoles estancia y hospitalidad sin límites en el Internado Ethel Thomas.

Un amigo de excepción, llegado aquí un 7 de agosto de 1963 ---día de mi cumpleaños--- Avelino Canal Acevedo, quien marchó demasiado temprano. No lo merecía. Pobre de aquel que no cuente con los afectos infantiles surgidos en las aulas, parques y visitas de sus lugares nativos.

En el itinerario de estancias sobraban las enseñanzas. Los Triolet, Acevedo, Josefina y Jesús Alvarez, ¡qué manera de simbolizar, este matrimonio último, la grandeza de mi primer Día de Acción de Gracias aquí, en 1962!. Inolvidable.

Con ese espíritu de constante renovación, entusiasmo inextinguible y sentido de gratitud los invito a revisar estos apuntes y recuerdos, seguro de que con la bendición del Señor ¡Sí, se puede!.

¡Bienvenidos a estos Perfiles de Perseverancia!
Miami, 7 de agosto de 2015
Demetrio Pérez Jr.

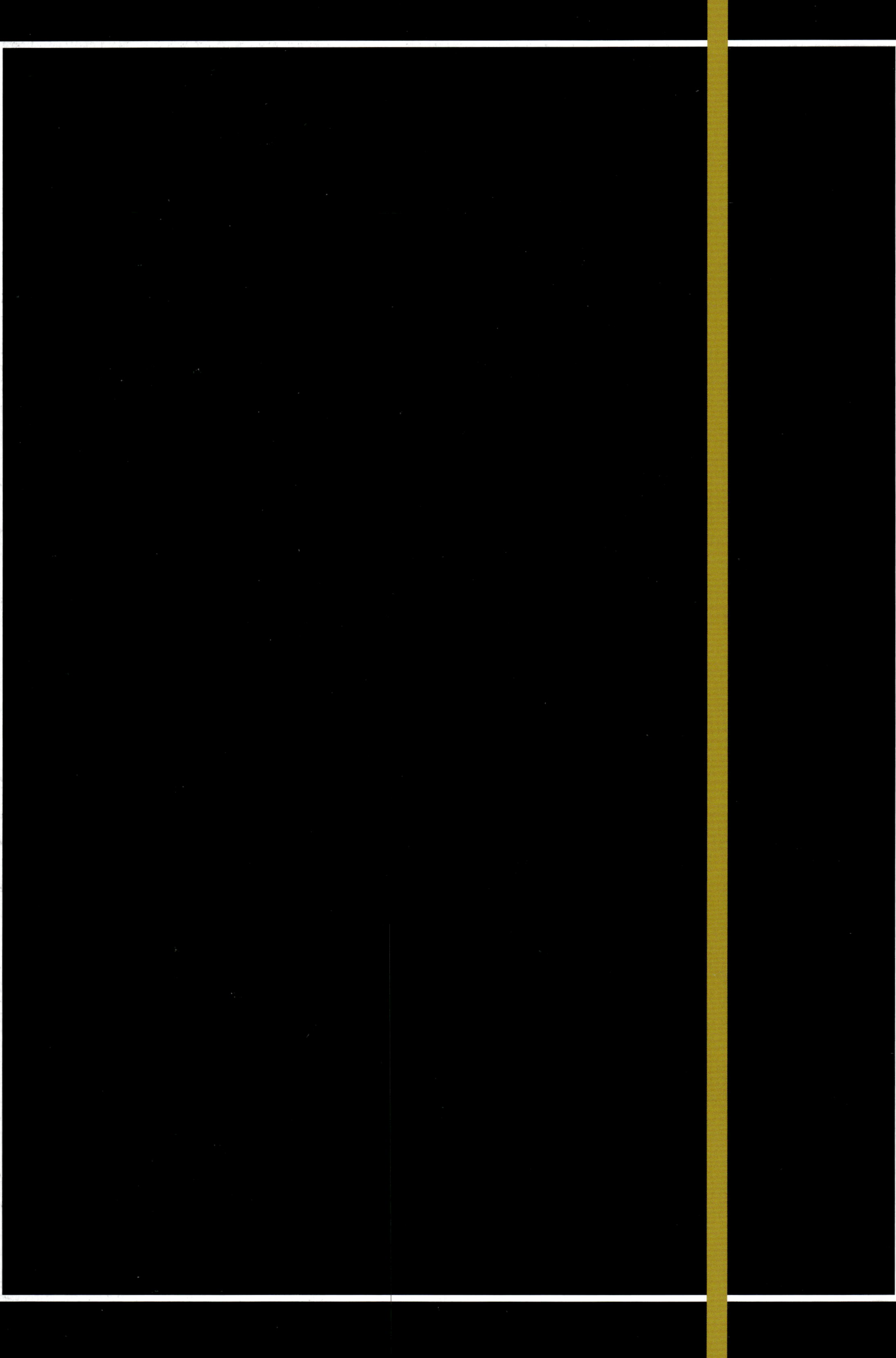

CHAPTER ONE

1945-1962

From Matanzas to Miami

CAPÍTULO UNO

1945-1962

De Matanzas a Miami

January, 1946, at five months of age.

Enero de 1946, a los cinco meses de nacido.

June 28, 1947. I was 22 months old in this picture; it was taken at my home on 85 Milanes Street by Miguel Beato, a friend of my father´s.

28 de junio de 1947. A los 22 meses de nacido. Fotografía tomada en mi casa de Milanés #85 por Miguel Beato, amigo de mi padre.

Get to know Demetrio Pérez, Jr.

Only hours after the United States unleashed its atomic power upon Hiroshima, Japan, and on the same day in which the former Soviet Union declared war against Japan; in the city of Matanzas, Cuba, I was born under the name of *Demetrio Alberto Pérez Jorcano (Jr).*

In Miami I earned a Bachelor's in Education and a Master of Science in Human Resources with a specialization in exceptional children.

Conozca a Demetrio Pérez Jr.

A solo horas del estallido del poderío atómico norteamericano sobre Hiroshima y el mismo día que la antigua Unión Soviética le declaró la guerra a Japón; en la ciudad de Matanzas, Cuba, nació *Demetrio* bajo el nombre Demetrio Alberto Pérez Jorcano (Jr.).

Nací el 7 de agosto de 1945 en Matanzas, Cuba. Durante mi formación educacional obtuve un Bachillerato en Educación y una Maestría en Recursos Humanos con especialización en niños excepcionales.

On my fifth birthday: August 7, 1950.

Al cumplir los cinco años, 7 de agosto de 1950.

May 20, 1952 in Corral Nuevo, Matanzas.

20 de mayo de 1952. Corral Nuevo, Matanzas.

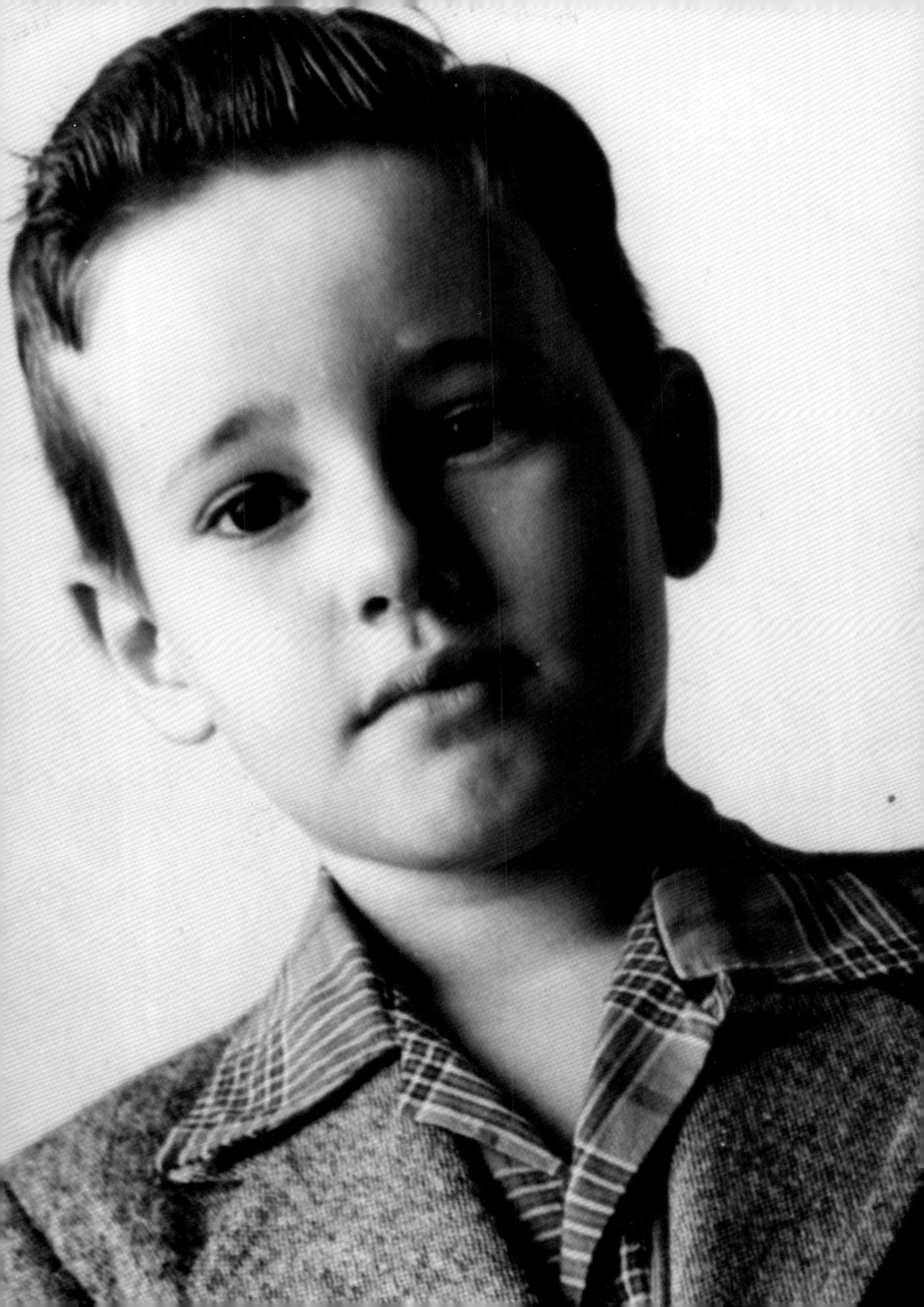

My parents sent me this picture, which they took in Matanzas in 1962, in the midst of the Cuban Missile Crisis and the suspension of flights to Cuba. This led me to begin the process to have my parents come to the U. S. via Mexico.

Desde Matanzas, en 1962, el recuerdo gráfico que mis padres dedicaban a mí, en medio de la crisis de los cohetes de octubre de aquel año, y la suspensión de los vuelos Habana-Miami, razón que me motiva a iniciar las gestiones de reencuentro con mis padres vía México.

My parents

My parents, both educators and Ph.Ds in education, undoubtedly influenced me to pursue such a career. Chalk dust and blackboards at an early age reinforced my vocation to educate, and for public affairs and the media.

I felt great pride for my birthplace, the city of Matanzas, Cuba, and the United States, which welcomed me when I arrived alone at the age of 16, offering refuge from political persecution, hospitality, citizenship, and a place to start a family and an enterprise.

My father, Dr. Demetrio Pérez Arencibia, who was raised with a puritan work ethic, was born in the town of Ceiba Mocha, a rural area of the city of Matanzas. He rode horseback to attend school in the nearest village. After completing his high school and commercial education, he joined the Military Education Corps as a Sergeant Teacher. In this role he taught in the rural areas of the provinces of Oriente and Matanzas.

When he graduated as a PhD from the University of Havana, my father became Chief of Rural Educational Mission #3A for the District of Matanzas through which he supervised all of the public schools in that region. This position is the equivalent of a regional superintendency in the U.S.

Mis padres

Mis padres, ambos educadores y Doctores en Pedagogía, indudablemente influyeron en mi camino educativo. El olor a tiza, pizarrón y redacción a edad temprana reforzaron mi vocación por la enseñanza, los asuntos públicos y los medios de comunicación.

Siento gran orgullo por mi lugar de nacimiento, la ciudad de Matanzas, Cuba, y los Estados Unidos de Norteamérica, nación que me brindó la bienvenida cuando llegué solo a la edad de 16, ofreciéndome refugio ante la persecución política; hospitalidad, ciudadanía y hasta lugar para formar familia y empresa.

Mi padre el Dr. Demetrio Pérez Arencibia, creció en un ambiente de trabajo y esfuerzo. Nació en el poblado de Ceiba Mocha, un barrio rural de la ciudad de Matanzas. Viajaba a caballo para asistir a la escuela nocturna más cercana. Y, después de terminar su educación secundaria y comercial se incorporó a los cuerpos militares de educación con el grado de sargento maestro, enseñando en las áreas rurales de las provincias de Oriente y Matanzas.

Al graduarse de doctor en Pedagogía en la Universidad de la Habana, el Dr. Demetrio Pérez Arencibia se convirtió en jefe de la misión educativa rural # 3A del distrito de Matanzas, teniendo a su cargo la supervisión de las escuelas de esa región.

My mother, María de los Angeles Nestora Jorcano y Grande, at the age of two years and five months in August, 1913.

Mi madre, María de los Angeles Nestora Jorcano y Grande, a los dos años y cinco meses, en agosto de 1913.

My father as a young man in Cuba.

Mi padre en tiempos tempranos.

CULTURA

ORGANO DE LA AGRUPACION SOCIAL DE CULTURA

Acogido a la Franquicia Postal e inscripto como correspondeencia de 2a. clase en la Administración de Correos de La Habana.

AÑO I

LA HABANA, NOVIEMBRE DE 1950

NUM. 6

DIRECTOR
Dr. Demetrio Pérez Arencibia.

ADMINISTRADOR:
Manuel M. Sánchez Pérez.

COLABORADORES:

Dra. Consuelo Miranda.
Dr. Jorge Casals.
Dr. Saúl Vento.
Dr. J. D. Rodríguez Bruguera.
Dra. Delia Carreras.
Dr. Elio Leiva.
Dr. Agustín Acosta.
Dr. Julio González.
Dr. Alberto Isla Robaina.
Dra. María del C. Rivero.
Sr. Juan J. Ollacarizqueta.
Dra. Zoraida Curbelo.
Dra. Olga Fernández Menéndez.

Redacción y Administración: Villegas 114, Depto. 23 — Teléfono W-9235
Talleres: Amargura 113, por Cuba — Teléfono A5-4051
LA HABANA

SUSCRIPCION ANUAL: 2.00

NUMERO SUELTO: 20

Teniente del Ejército Libertador
Sr. Alberto Bernal López.

"Cultura," a magazine published by my father in Havana.

La revista "Cultura", que publicara mi padre en La Habana.

"Cultura" magazine

The picture on the preceeding page is of the November, 1950 edition of Cultura, a monthly magazine that my father, Dr. Demetrio Perez Arencibia, published in Havana. His cousin, Manuel M. Sanchez Perez was the business administrator.

Among the prestigious people who wrote for the magazine were Dr. Jorge Casals Llorente, Agustin Acosta y Bello, Delia Carreras Torres, Elio Leiva Luna, Julio Gonzalez, Alberto Isla Robaina, Maria del Carmen Rivero, Zoraida Curbelo, and Olga Fernandez.

The cover shows the monument honoring the veterans from Matanzas and the revolutionary fighters who immigrated to Cuba at the La Ignacia farm in Ibarra, where the memories of Commander Antonio Lopez Coloma, Juan Gualberto Gomez and other heroes who on February 24, 1895 cried out: "Independence or death!"

The picture shows the moment when the president of the veterans association, Lieutenant Alberto Bernal and the president of the emigrants, Dr. Jose Garcia y Baylleres, unveil the busts of Commander Lopez Coloma and Juan Gualberto Gomez.

As a young boy I would often visit the Veterans Center with my father; it was located on Ayllon Street and I remember that Lieutenant Bernal once gave me a small Cuban flag with an inscription, which my mother stored in a chest and which I kept with great pride.

I learned to appreciate memorabilia at a very early age and among my keepsakes was a silver dollar that was given to me by Bishop Alberto Martin Villaverde one Holy Thursday at the beginning of the 1950s after I took part in the traditional washing of the feet that he presided.

I also had a small bat from the Havana baseball club, which was not my team. This bat was given to me by Don Benito Mechoso whose bookstore and electro-nics showroom was located across from the Ten-Cent store next to the Pinocho House owned by Ivan Azurmendi and Rosario Almodovar, a boys clothing store that I remember fondly.

Another silver dollar with the logo of the Godoy-Sayan bank had been given to me by my father's friend, Justo Lopez Sanchez, at the opening of the bank's branch in Matanzas on Milanes Street near the corner of Zaragoza Street. I also had many items from school, the Boy Scouts, and church that were unforgettable for me.

La revista "Cultura"

Corresponde esta imagen a la edición de noviembre de 1950 de la revista mensual "Cultura", que bajo la dirección del Dr. Demetrio Pérez Arencibia, se publicara en La Habana, teniendo como administrador a su primo Manuel M. Sánchez Pérez.

Entre sus prestigiosos asiduos colaboradores figuraban los doctores Jorge Casals Llorente, Agustín Acosta y Bello, Delia Carreras Torres, Elio Leiva Luna, Julio González, Alberto Isla Robaina, María del Carmen Rivero, Zoraida Curbelo, Olga Fernández Menéndez, entre otros.

Recoge esta portada el monumento inaugurado el 26 de noviembre por los Veteranos de Matanzas y Emigrados Revolucionarios en la finca "La Ignacia", en Ibarra, el que perpetúa la memoria del comandante Antonio López Coloma, Juan Gualberto Gómez y demás héroes que el 24 de febrero de 1895 dieron el grito de ¡Independencia o muerte!

Aparece, además el instante en que el Presidente de los Veteranos, Tte. Alberto Bernal y el Presidente de los Emigrados, Dr. José García y Baylleres, develan los bustos de los patriotas López Coloma y Juan Gualberto Gómez.

Yo visitaba frecuentemente, de pequeño, con mi padre, el Centro de Veteranos, últimamente en la calle Ayllón, y recuerdo una pequeña bandera cubana que me entregó el Tte. Bernal con una dedicatoria, la cual mi madre se encargó de conservarme en un estuche y la guardaba con orgullo.

Entre aquella memorabilia, que aprendí a conservar desde edad muy temprana, recuerdo un peso plata que me entregó el Obispo Dr. Alberto Martín Villaverde, un Jueves Santo de principio de los años cincuenta, al participar en el tradicional Lavatorio que él presidía.

Un bate pequeño del Club Habana, que no era mi equipo, que me entregó el pilar de los Mechoso, fundador de la prestigiosa firma que llevaba su apellido en la calle Independencia, Don Benito Mechoso, cuya librería y casa de efectos eléctricos estaba situada frente al Ten-Cents y al lado de la Casa Pinocho, de Iván Azurmendi y Rosario Almodóvar, tienda de ropa juvenil de la cual tan grato recuerdo guardo.

Otro peso plata dentro de los simbolismos del banco Godoy-Sayán, que me dedicó el buen amigo de mi padre Justo López Sánchez, al inaugurar la sucursal en Matanzas de esa entidad en la calle Milanés casi esquina a Zaragoza; aparte de todos aquellos recuerdos escolares, Scouts y religiosos que se hacen imborrables.

Parents' educational background

My father went to school on horseback, going each day from the countryside into the city of Matanzas where he completed high school at the Provincial Institute. He later graduated from college with a degree in land surveying. He took part in a program to educate rural populations, going to Banes in the province of Oriente and, later to Colon in the province of Matanzas. He returned to college and attended the University of Havana where he graduated with a doctorate in education. He also earned a degree in journalism and was a physical education teacher and bookkeeper. He was active in the Freemasons and served as Venerated Master of his lodge, Sol 36, on Independencia Street between Compostela and San Carlos streets. He also was the Deputy Grand Master of District M-4 during the term of Dr. Carlos M. Piñeiro y del Cueto who in exile was a professor at the Interamerican University in Puerto Rico.

He served as vice president of the Association of Cuban Teachers during the presidency of Dr. Rolando J. Espinosa Carballo, who was my mentor while in exile in Miami. My father was a national delegate representing Matanzas at the convention of the Association of Cuban Journalists. He also taught at the Fernando Lles y Berdayes journalism school. In 1958 he went to the University of Rio Piedras in Puerto Rico for a month as part of a Cuban delegation through a program conducted under the auspices of the U.S. Embassy under the direction of embassy official Francis Donahue. This separation was very difficult for me as I was very close to my father. In Miami my father revalidated his teaching credentials, earning a degree in education from Biscayne College.

My mother, Dr. María de los Angeles Jorcano y Grande was also a Ph.D. She taught at a rural school in the province of Matanzas and went on to become principal of that school.

The Freemasons´ lodge located at Carlos III and Belascoain streets in Havana. My father represented Gand Master Dr. Carlos M. Piñeiro y del Cueto at the District M-4 conclave.

Gran Logia Masónica, en Carlos III y Belascoain, en La Habana, a cuyo Gran Maestro Dr. Carlos M. Piñeiro y del Cueto, representó mi padre en el Distrito M-4.

This picture is from my father´s graduation in Miami. Joining him are my mother and their good friend, Dr. Rolando Espinosa.

El día de graduarse ahora en Miami dejaron este recuerdo en unión de su buen amigo, el Dr. Rolando Espinosa.

Estudios de mis padres

En ánimo de superación mi padre marchaba a la ciudad, a caballo, para formar una educación, llegando después a terminar el Bachillerato en el Instituto Provincial de Matanzas; tomar parte en el programa de Maestros Cívicos Rurales, enseñando en Banes, Oriente; posteriormente en zonas rurales de Colón, en Matanzas; acudiendo a la Universidad de La Habana hasta graduarse de doctor en Pedagogía. Obtiene diplomas de periodista, profesor de Educación Física y Tenedor de Libros. Participa activamente en la masonería, siendo en varias oportunidades Venerable Maestro de su Logia "Sol 36", en la calle Independencia entre Compostela y San Carlos; Diputado Gran Maestro del Distrito M-4, cuando presidía la Gran Logia el Dr. Carlos M. Piñeiro y del Cueto, en el exilio catedrático de la Universidad Interamericana de Puerto Rico.

Fue vicepresidente del Colegio Nacional de Pedagogos de Cuba, siendo Presidente el Dr. Rolando J. Espinosa Carballo, mi posterior mentor; delegado a la Asamblea Nacional del Colegio de Periodistas, por Matanzas; Profesor de la Escuela Profesional de Periodismo "Fernando Lles y Berdayes"; entre otras participaciones cívicas, profesionales y culturales. En 1958 fue parte de la Delegación Cubana a un seminario de un mes en la Universidad de Río Piedras, en Puerto Rico, bajo el auspicio del Punto IV de la Embajada de los Estados Unidos de América, coordinado por el Agregado Francis Donahue, separación que me fue muy difícil, a los 12 años, pues estaba bien apegado a él.

Demetrio is present in Education, Communications, Politics, and Business.

Educación, Comunicaciones, Política y Libre Empresa: ¡Presentes en Demetrio!

My beloved native city of Matanzas, Cuba.

Mi querida ciudad nativa de Matanzas, Cuba.

I am bringing a message from Matanzas

Many times people are surprised by my ability to recall details from my hometown, which I have not seen in 53 years.

I may have had to leave Matanzas, but Matanzas never left me. I remember it just as I left it in 1962. I have never returned to Cuba and I will not until the conditions that forced me to leave cease to exist.

I feel privileged to have been born in Matanzas. The people, the scenery, and the memories are so vivid for me. I was born on the 7th of August of 1945 at 11:40 a.m. as reflected on my birth certificate, which was issued on August 23rd of that year by Dr. Cesar Silvestre y de la Torre, the municipal judge in charge of the civil registry, and by city clerk Elpidio Bofill y Arnau. My mother gave birth to me at the medical center that was also known as the clinic of Dr. Tamargo, situated at 29 Tello Lamar Street. I lived at one address during my sixteen years in Matanzas: 85 Milanes Street.

My neighbor, the unforgettable "Nene" Lopez-Luis, who was a teacher, would take me to preschool classes at School #14 where she taught. My teacher was Graciela Mena, who lived on Domingo Mujica Street next to the family of Dr. Felix Diaz Gonzalez who was a childhood friend of my father's.

De Matanzas les traigo un recado

Muchas veces algunos se asombran de mis recuerdos de mi ciudad nativa, a cincuenta y tres años de haberla dejado. Me fui de ella, pero ella vive en mí, tal y como la dejé en 1962; sin haber viajado a la isla ni planear hacerlo mientras imperen las condiciones que me hicieron marchar.

Para mí es un privilegio haber nacido en Matanzas. Su gente, sus paisajes, sus recuerdos tan impregnados en mí, me dicen haber nacido allí un 7 de agosto de 1945, a las 11:40 de la tarde, según el acta de nacimiento de fecha 23 de agosto suscrita por el Juez Municipal Encargado del Registro Civil, Dr. César Silvestre y de la Torre y el Secretario Elpidio Bofill y Arnau.

Nací en el Centro Médico, tal vez entonces Clínica del Dr. Tamargo, en Tello Lamar #29, y residí en un solo lugar, Milanés #85.

De la mano de una vecina inolvidable, la profesora "Nené" López Luis, fui al pre escolar de la escuela #14, donde ella enseñaba, siendo la maestra, la recordada educadora Graciela Mena que vivía en la calle Domingo Mujica, al lado de la familia del Dr. Félix Díaz González, gran amigo de la infancia de mi padre.

Buey Vaquita Beach

Only a few kilometers from Bellamar Beach, on the Via Blanca highway that led to Canimar, Camarioca, and Varadero, was this inviting and beautiful, small, private beach. It was owned by the Botet family for a time and it had a snack bar, changing rooms, picnic tables, and even a cavern.

The beach had a helpful staff who maintained the grounds. Guillermo was the gentleman who greeted visitors to this extension of Matanzas Bay. It was here that my father taught me how to swim.

An interesting fact about Matanzas Bay is that it was deeper than the port of Havana and bigger ships such as the Ille de France, which I had the chance to visit while it was docked in Matanzas, would dock in there instead of Havana.

Playa Buey Vaquita

A escasos kilómetros de la playa de Bellamar, en el camino de la Vía Blanca a Camarioca y Varadero, estaba esta acogedora y familiar playita privada, propiedad de la familia Botet en una época, dotada de cafetería, merenderos, casetas de cambio de ropas y hasta su propia cueva.

Bien atendida y mantenida, con el señor Guillermo en la bienvenida. Sus aguas eran una extensión de aquella bahía matancera que por su profundo calado muchas veces albergaba a embarcaciones como el "Ille de Francia", que visité, y que no podían atracar en el puerto de La Habana.

Allí aprendí a nadar, enseñado por mi padre.

Bacunayagua Bridge, Matanzas

The Bacunayagua bridge was 310 meters long with an arch of 114 meters. The bridge was 110 meters above sea level and is considered to be one of seven marvels of Cuban engineering.

Contruction began in 1956 and the bridge was inaugurated on September 26, 1959. The Castro dictatorship has only usurped the past and destroyed its glory.

Puente Bacunayagua, Matanzas

El puente de Bacunayagua tenía una extensión de más de 310 metros, con una medida del arco de 114 metros y una altura de 110 metros sobre el nivel del mar, se considera una de las siete maravillas de la ingenieria civil de Cuba antes de la revolución castrocomunista.

Su construcción se inició en 1956 y fue inaugurado el 26 de septiembre de 1959. La revolución sólo ha servido para posesionarse del pasado y destruirlo.

Dr Ernesto Triolet´s Pharmacy

This beautiful colonial French pharmacy was founded by Dr. Ernesto Triolet and his wife Dolores in 1882. It was located two blocks from my home on Milanes Street near the corner of Santa Teresa Street, between La Vina market and the Louvre Hotel.

I was very familiar with the pharmacy as I visited it every day, especially in the days leading to my departure from Cuba. The pharmacy was run by Dr. Ernesto Triolet Figueroa, a descendant of the founder, who was married to Ms. Angelina Solaun, who was a cousin of my mother's and with whom we had a very close relationship. It was their son, Ernesto Triolet Solaun who met me at the airport when I arrived in Miami.

The pharmacy was expropriated by the Castro regime in 1964 when Dr. Triolet's health deteriorated and it was turned into a pharmaceutical museum.

The pill bottles, cups, and French porcelain mortar and pestles were hand painted and have been maintained in their original vases and shelves. I remember how tourists from the U.S. would go to Liberty Park and then walk to the pharmacy to try to buy some of those artifacts, something that Dr. Triolet vehemently resisted.

Dr. Triolet kept meticulous records and handwritten drug recipe books with more than a half million recipes. Many of the formulations incorporated plants and natural herbs. There were over three million products that had been prepared at that pharmacy. Dr. Triolet's grandchildren, who are the rightful heirs of the pharmacy, live in Miami.

La farmacia del Dr. ErnestoTriolet

A dos cuadras de mi casa, en la calle Milanés casi esquina Santa Teresa, entre los edificios de la Bodega "La Viña" y el hotel "Louvre", estaba esta hermosa farmacia colonial francesa, fundada por el Dr. Ernesto Triolet y su esposa Dolores, en 1882.

Allí se guardaban libros históricos con más de medio millón de fórmulas medicinales originales, que apelaban mucho a las plantas y medicina natural, de gran éxito, contando además con más de tres millones de etiquetas originales de productos allí preparados.

Sus pomos, vasos y búcaros de porcelana francesa, todos pintados a mano, se mantenían intactos en su estantería. Recuerdo que numerosos turistas norteamericanos, al llegar al parque de La libertad, se acercaban a la farmacia y le hacían propuestas para adquirir piezas de aquella joya, a lo cual se resistía totalmente el Dr. Triolet.

Personalmente, la farmacia del Dr. Triolet me era un lugar muy familiar, por el cual prácticamente pasaba todos los días, sobre todo antes de dejar la isla, en el período de 1960 a 1962. Su continuador, propietario y descendiente del fundador, era el Dr. Ernesto Triolet Figueroa casado con la señora Angelina Solaún, prima de mi madre, con quienes manteníamos relación estrecha, y cuyo hijo Ernesto Triolet Solaún me recibió al llegar a Miami.

En 1964, después de que su único hijo se ausentara de Cuba, y la salud del propietario se iba deteriorando, el régimen castrocomunista se apoderó de la farmacia y la declaró Museo Farmacéutico.

Sus nietos, herederos legítimos, radican en Miami.

Facade of the pharmacy of Dr. Ernesto Triolet on Milanes Street across from Liberty Park.

Fachada de la farmacia del Dr. Ernesto Triolet, en la calle Milanés, frente al Parque La Libertad.

A view of the Triolet family's living room which still has the detailed finishes from its founding.

Aspecto de la sala de la vivienda familiar que conservaba todos los detalles de la época de su fundación.

A handwritten drug recipe book from the Triolet Pharmacy.

Uno de los tomos de aquella colección histórica de más de medio millón de recetas.

The counter and shelves of the Triolet Pharmacy.

Mostrador y estantería de la Farmacia Triolet.

Sacred Heart of Jesus School

Continuing the work that was started on September 5, 1926 by the Marist Brothers, who had 800 schools throughout the world in the 1940s, the Sacred Heart School was under the leadership of the Trujillo Quintero and Rodriguez family at 5 Ayuntamiento Street.

It was here that I began my formal academic career in Kindergarten. My teacher was Ms. Elvirita Ribeaux de Trujillo, the wife of professor Jose Trujillo. Their children, Pepito and Francisco continue the family legacy, although not in the educational field. Professor Trujillo's sister, Tula, also worked at the school.

The principal was Mr. Francisco Trujillo Quintero, who was known to be strict and whose presence commanded respect. He was succeeded by his son, Francisco Trujillo Rodriguez.

The principal's wife, Ms. Edelmira Rodriguez de Trujillo, was the personification of grace during the challenging year that is first grade.

I remember many of the teachers at the school. The Trujillo siblings: Francisco, Pepe, Margarita, and Luis. I did not get to see the Sister Maria Teresa. Other teachers were: Clara Luz Area, "Nenita" Font Tio, Ms. Socorro, Nelida Gomez, "Manolin" Rodriguez, Zaydee Gomez, Ms. Aurora, Elisita Vera de Andricain, Father Francisco Quintero, Dr. Lima. A gentleman named "Cheo" who was the school's bus driver, and Rolando and his nephew who managed the cafeteria.

I don't know if Dr. Joaquin Garcia Martinez was teaching while I attended the school but he was at least related to it because several of his children attended the school.

The Trujillo family also directed the Colegio San Luis in the Versailles neighborhood. They led by example and they did a wonderful job of providing a top-notch education for the people of Matanzas.

I attended the School of the Sacred Heart until completing the sixth grade. I passed the entrance exam that allowed me to be admitted to the Provincial Institute of Matanzas for secondary school. I remember the initiation ceremony when the students who passed the exam were separated and given crew cuts at the entrance to the school. Antonio Barreiro was a distinguished barber who would come in afterwards to complete the impromptu haircuts. His shop was located on the first floor of the Andricain Building on Santa Teresa Street between Milanes and either Independencia or Medio streets.

Colegio "El Sagrado Corazón de Jesús"

Continuación de la obra iniciada bajo ese nombre el 5 de septiembre de 1926 por los Hermanos Maristas, con 800 colegios, en los años cuarenta a través del mundo, estaba ahora, al iniciarse la década de los cincuenta, bajo la propiedad y dirección de la familia Trujillo Quintero y Rodríguez, en la calle Ayuntamiento #5, El Sagrado Corazón de Jesús.

Allí comencé el Kindergarten formal, siendo la maestra bien recordada la señora Elvirita Ribeaux de Trujillo, esposa del profesor José Trujillo. Sus hijos "Pepito" y Francisco continúan la tradición familiar aunque no en la enseñanza. Su hermana Tula también compartía funciones.

Era el director del plantel, el señor Francisco Trujillo Quintero, cuya presencia convocaba al orden más estricto. Le sucedió su hijo Francisco Trujillo Rodríguez, de iguales inclinaciones profesionales.

La señora Edelmira Rodríguez de Trujillo, esposa del Director, toda bondad en esa aula fundamental y difícil que es el grado primero.

De sus profesores, a la mente me vienen los recuerdos de los hermanos Francisco, Pepe, Margarita y Luis Trujillo, no alcancé a la Hermana María Teresa.

Recordando a algunos: Clara Luz Area, "Nenita" Font Tió, la señorita Socorro, Nélida Gómez, "Manolín" Rodríguez, Zaydée Gómez, la señora Aurora, Elisita Vera de Andricaín, el Padre Francisco Quintero, el Dr. Lima El chofer del ómnibus escolar, el señor "Cheo" y el señor Rolando y su sobrino, en la cafetería.

No sé si el Dr. Joaquín García Martínez estuvo en algún momento enseñando, aunque sí vinculado como padre de varios hijos.

La familia Trujillo, que además dirigía el Colegio "San Luis", en Versalles, educaba con el ejemplo realizando una gran labor educativa de provecho para la sociedad matancera.

Ahí terminé el sexto grado, aprobando el examen requerido para ingresar en la segunda enseñanza en el Instituto Provincial de Matanzas, siendo parte de aquella ceremonia de "novatada" en la cual esperaban los ya ingresados para pelar "a rape" a los nuevos alumnos, usando tintes de "anhilina" y otros productos que imponían un pelado formal "a rape" en el salón de esa institución yumurina, que era el maestro de ese arte Antonio Barreiro, en los bajos del Edificio Andricaín, en Santa Teresa entre Milanés e Independencia.

Picture of my graduation from the "Sacred Heart of Jesus" a ceremony held the Sauto Theater in Matanzas, Cuba.

En mi graduación de la escuela primaria "Sagrado Corazón de Jesús", en el teatro Sauto, Matanzas, Cuba.

COLEGIO

EL SAGRADO CORAZON DE JESUS

Fundado en 1892

PRIMERA Y SEGUNDA ENSEÑANZA
KINDERGARTEN HASTA BACHILLERATO

Incorporado al Instituto de Segunda Enseñanza de Matanzas

AYUNTAMIENTO NUM. 5 **TELEF. 238**

School Bus.

Ómnibus destinado a conducir a los alumnos del plantel.

First Communion.

Primera comunión realizada por los alumnos del plantel.

These are my school pictures from fourth and fifth grades.

Aquí las fotos de mis recuerdos de cuarto y quinto grado.

A group of former students of "The Sacred Heart of Jesus School" in Miami.

Lázaro Verdura, Luis León, Demetrio Pérez Jr., Migdalia Alonso, Ivonne (González) Casas, Armando Acevedo, Marta Mechoso, Luis Canal, Mario González, José Manuel Iglesias y Félix Tirse, ex-alumnos del "Sagrado Corazón de Jesús", de Matanzas.

Professor Margarita Trujillo Azurmendi, representing the Trujillo family, receiving a tribute presented by alumni from Matanzas at the Matancero Ausente banquet in 2012.

La profesora Margarita Trujillo Azurmendi, a nombre de la familia Trujillo, en el acto del Matanccero Ausente 2012, recibió el tributo de sus antiguos alumnos y el Municipio de Matanzas en el Exilio.

Alumni of the "Sacred Heart of Jesus" in Matanzas gather to relive fond memories.

Con emoción se revivió los momentos gratos de la aulas del prestigioso Colegio " Sagrado Corazón de Jesús" de Matanzas.

Keeping me busy

Although I was selected to attend the Provincial Institute, my parents enrolled me at the Escuela Superior "A," located at Matanzas and Independencia streets where I recall that Dr. Delia Carreras Torres and Dr. Martha Vazquez Viera, both of whom were great friends of my family, were professors. The principal was Miguel Angel Arencibia Calderin. A great friend and colleague of my father's who lives in Chicago, Dr. Aimee Vazquez Viera Simpson, refreshed my memory about this school.

My parents tried to keep me busy morning, noon, and night, and steered me towards becoming a land surveyor.

I liberated myself from the Escuela Superior after only a few days. I did not want to attend three sessions of classes per day.

I then went to the "Raul Miranda School" on 82 Rio Street between Manzaneda and Zaragoza streets. Dr. Rosita Rodriguez Pascual was the principal. Many of the teachers there were professors from the Normal School for Teachers.

Among the faculty were Martha Jordan, Dr. Saul Vento, Dr. Consuelo Miranda, Dr. Guillermina Harves, Hugo Alvarez del Puerto, and Nereida Jimenez.

Due to the political turmoil that engulfed the country, with a deep resentment running through the population in reaction to the Communist system that was being imposed, I spent my last days in Cuba as a student at the Provincial Institute lamenting that the political crisis was not permitting me to take full advantage of the quality of teachers that I had access to, something to which I will refer later on.

Keep in mind that this is not an exhaustive research into Cuban education, which I had the opportunity to do when I published in 1994 a book entitled La Escuela Privada Cuba (The Cuban Private School) in which I wrote in detail about the great work undertaken by educators in both public and private schools in Cuba and the tradition of engraving the names of exceptional educators in gold letters.

Manteniéndome ocupado

A pesar de haber ingresado a la secundaria mis padres me matricularon en la Escuela Superior "A", de Matanzas e Independencia, de donde recuerdo a las doctoras Delia Carreras Torres y Martha Vázquez Viera, ambas estimadas amigas familiares, así como al director Miguel Angel Arencibia Calderín, como me aclaró la Dra. Aimée Vázquez Viera Simpson, gran amiga y antigua colega de mi padre, actualmente radicada en Chicago.

El propósito familiar era mantenerme ocupado mañana, tarde y hasta de noche con clases de Agrimensura y cuanta actividad respaldara el propósito.

De la Superior me liberé a los pocos días. Demasiado carga de horarios para cumplir tres sesiones.

Estuve también en el Colegio "Raúl Miranda", siendo directora la Dra. Rosita Rodríguez Pascual. Buena parte de los profesores eran catedráticos de la Escuela Normal para Maestros.

En el claustro recuerdo a Martha Jordán, Dr. Saúl Vento, Dra. Consuelo Miranda, Dra. Guillermina Harves, directora fundadora; Hugo Alvarez del Puerto, Nereida Jiménez, entre otros; situado en Tello Lamar 82, en una residencia propiedad de Rafael Díaz Tellaeche.

Por razones políticas y anticipando la salida del país con un sentido de rechazo al sistema comunista, estuve en el Instituto de Matanzas, lamentando que la situación imperante no me permitiera aprovechar la calidad de aquel profesorado, al cual me referiré más adelante.

Tengamos en cuenta que estos apuntes no constituyen un trabajo investigativo de consulta, como tuvimos oportunidad de hacer cuando publicamos en 1994 una obra titulada "La Escuela Privada Cubana", en la cual dejamos constancia de aquella gran cantera educativa de nuestra república en los sectores públicos y privados, donde se graban con letras de oro los nombres de excepcionales educadores.

During breaks from school I would accompany my father on visits to rural schools. Here I joined my parents at rural school #20 in Camarioca to present a Cuban Flag to a visiting educator from Mexico.

Visitaba las escuelas rurales desde edad temprana acompañando a mi padre cuando disponía de receso escolar. Aquí, junto mis padres y las pofesoras Perla Vidal Leyva y Oilda Martínez, en la escuela rural #20, de Camarioca, en la entrega de una bandera cubana a una educadora mexicana.

Here I was with my father on a trip through Caibarien on the northern coast of Las Villas province. This area was one of the Caribbean´s most important fishing centers and, at the time, was known around the world for its seafood.

Junto mi padre, en un recorrido por la zona pesquera de Caibarién, en la costa norte de Las Villas, uno de los centros pesqueros más grandes del Caribe, con mariscos de fama mundial en aquella época.

ILUSTRE AYUNTAMIENTO DE MATANZAS

Ilustre Ayuntamiento de Matanzas

SERIE 9ª 10 NUMERO 2437

Vale por DIEZ PESOS ORO que el Ylustre Ayuntamiento de Matanzas pagará al portador el dia 1º de Abril de 1884 con interes de 8 p% anual á contar desde 1º de Julio del presente año.

Matanzas 30 de Junio de 1880.

El Alcalde Municipal El Síndico El Contador El Secretario

The seat of government for the Province of Matanzas.

Panorámica del edificio del Ayuntamiento y Gobierno Provincial de Matanzas.

Fond memories

I have fond memories of many places in my hometown and throughout Cuba.

I remember the informal gatherings (tertulias) at the Parque de la Libertad, open air performances, and childhood games. The squash court in the patio of the Liceo, the library at the Casino Español and the Ramon Guiteras library, the Catholic Youth group, spending my formative years in the Boy Scouts, the chess club, the Tennis Club and the areas of Buey Vaquita, El Mamey, Canimar, Boca de Camarioca, Varadero, La Julia, the Springs at Bello, El Abra and on the Yumuri river. In short, these were unforgettable experiences.

MY GRANDPARENTS

On my mother's side was my grandmother, Juana Rosa Grande y Corso. She was the daughter of Jose Grande y Carreño, who came to Cuba from Pravia en Asturias, Spain, and of Micaela Corso y Hernandez, from Santa Ana, Matanzas and a resident at 63 Contreras Street. My grandmother had a profound influence on my childhood. My maternal grandfather was Carlos Jorcano y Marsans, a native of Tarragona, Cataluña in Spain. He lived at 122 Maceo Street and was the son of Jose Jorcano y Espinosa and Leonor Marsans y Ballester who were both from Barcelona, Spain. My mother never met her father as he died shortly after her birth.

On my father's side was Juan Perez y Perez, a native of the rural town of Ceiba Mocha and Basilisia Ynes Arencibia y Sanchez who was born in the town of Cabezas. My paternal grandmother died during my father's childhood. My father's paternal grandparents were Manuel Perez Rodriguez of Nueva Paz and Dolores Perez y Estevez from Santa Ana. His maternal grandparents were Vicente Arencibia y Carreño who was from Canarias in Spain and Encarnacion Sanchez from Cabezas in Cuba.

BAPTISM

I was baptized on December 1, 1945 by Reverend Dr. D. Jenaro Suarez y Muñiz, who was the pastor of the San Carlos Cathedral in the Diocese of Matanzas. My godparents were my grandfather, Juan Perez y Perez, and my grandmother, Juana Rosa Grande y Corso.

CONFIRMATION

I was confirmed on January 30, 1955 at the St. Peter the Apostle parish in the Versailles neighborhood by Bishop Alberto Martin Villaverde. My confirmation sponsor was Mario Diaz Trujillo.

I was blessed to have been able to visit and become familiar with each of the six provinces in Cuba as well as many remote areas before leaving the island.

Recuerdos gratos

De cada sitio de Matanzas y de la isla guardo un recuerdo grato.

El Parque de la Libertad y sus tertulias, retretas, juegos de infancia y conspirares juveniles. La cancha de "squach" del patio del Liceo; la Bibliotecas del Casino Español y la nueva "Ramón Guiteras", la Juventud Católica, la influencia de los Boy Scouts, el Club de Ajedrez; el Tennis, en las alturas de Bellamar, Buey Vaquita, El Mamey, Canímar, Boca de Camarioca, Varadero, La Julia, Los Manantiales de Bello, El Abra del Yumurí, en fin recuerdos imborrables.

MIS ABUELOS

Por la vía materna, Juana Rosa Grande y Corso, hija de José Grande y Carreño, natural de Pravia, en Asturias, España y de Micaela Corso y Hernández, natural de Santa Ana, Matanzas, vecina de Contreras #63; ¡De gran influencia en mi niñez!.

Carlos Jorcano y Marsáns, natural de Tarragona, Cataluña, España, fue vecino de Maceo #122. Hijo de José Jorcano y Espinosa y de Leonor Marsáns y Ballester, ambos de Barcelona. Mi madre no llegó a conocerlo. Murió temprano.

Juan Pérez y Pérez, natural de Ceiba Mocha y de Basilisia Ynés Arencibia y Sánchez de Cabezas, por la vía paterna. Mi padre no llegó a disfrutarla; murió muy temprano.

Era mi padre nieto de Manuel Pérez Rodríguez, natural de Nueva Paz y Dolores Pérez y Estévez, natural de Santa Ana, por la vía paterna.

Por la vía materna nieto de Vicente Arencibia y Carreño, natural de Canarias y Encarnación Sánchez, de Cabezas.

BAUTIZO

Bautizado el día 1º de diciembre de 1945, por el Presbítero Dr. D. Jenaro Suárez y Muñiz, cura Rector de la Santa Iglesia Catedral de San Carlos, ciudad Provincia y Diócesis de Matanzas, Cuba.

Padrinos: Juan Pérez y Pérez
Juana Rosa Grande y Corso

CONFIRMACIÓN

Fui confirmado el 30 de enero de 1955, en la Parroquia San Pedro Apóstol, de Versalles, por el Iltmo. y Rvdmo. Obispo Dr. Alberto Martín Villaverde, siendo padrino el Ing. Mario Díaz Trujillo.

Muchos recuerdos gratos guardo, porque tuve el privilegio de haber conocido las seis provincias cubanas antes de dejar la isla y muchos de sus rincones.

Recuerdo
de la
Primera Comunión
del niño
Demetrio Pérez
Jorcano
Recibida de manos del Iltmo.
y Rmo. Mons. Obispo Alberto
Martín Villaverde, el día 20 de
Junio de 1952, en la Santa
Iglesia Catedral de San Carlos,
Matanzas.

A remembrance of my First Communion on June 20, 1952 at the Cathedral of St. Carlos Borromeo in Matanzas.

Faith was always part of my family life. "Have faith and you will know what miracles are".

El niño
DEMETRIO ALBERTO
Nació el día 7 de agosto de 1945
Padres.
María de los A. Jorcano Grande
Demetrio Pérez Arencibia
Padrinos:
Juana Rosa Grande
Juan Pérez y Pérez
Fué bautizado
el día primero de diciembre de 1945, en la Iglesia
Catedral de Matanzas.

My baptism on December 1, 1945.

El mensaje de fe nunca ausente en nosotros. "Tened fe y sabréis lo que son milagros".

Miró

My mother receiving an award in 1958 at the seat of the provincial government of Matanzas, which was headed by Manuel Alvarez Díaz. The girl who is pinning the medal on my mother is a former student of hers, Ernestina Knight, who is the daughter of Santa and Pedro Knight. Pedro is the famous musician who was part of the "Sonora Matancera" and who later married Celia Cruz.

Mi madre, Dra María de los Angeles Jorcano y Grande recibiendo una distinción en 1958, en el gobierno provincial, que encabezaba Manuel Alvarez Díaz. Le coloca las flores su alumna Ernestina Knight, hija de Santa y Pedro Knight, el famoso trompetista de " La Sonora Matancera", después esposo de Celia Cruz.

Cathedral of St. Carlos Borromeo, part of the Diocese of Matanzas, in the city of Matanzas, Cuba.

Santa Iglesia Catedral de San Carlos de Borromeo, Ciudad, Provincia y Diócesis de Matanzas, Cuba.

Bishop Alberto Martin Villaverde

After serving as the keynote speaker and organizer of the Catholic National Congress, which brought over one million participants to the Civic Plaza, Bishop Alberto Martin Villaverde died on November 3, 1960. His memorial service was an eloquent expression of the support that he attracted and his funeral was at the Cathedral of Matanzas.

I recall participating in the services as a representative of the Boy Scouts. The services lasted for several days because of the number of people who wanted to pay their respects and it was necessary to bring dry ice to preserve his remains. I went with my troop to the Vidal Ice Cream Shop in Pueblo Nuevo which was owned by the father of Mirian Vidal, a classmate of "Raul Miranda", to get the dry ice.The Bishop was a great supporter of education. He frequently went fishing with my neighbor, Jose Ramon Caso. My father's involvement with the Freemasons was never an obstacle for the Bishop, who supported the work of Catholic teachers under the leadership of Laudelina Alvarez. I also remember participating in a cleansing of the feet ceremony on a Holy Thursday when he gave me a silver dollar as a memento and from his participation in my confirmation mass at the church of St. Peter. He was a great man.

Obispo Dr. Alberto Martín Villaverde

Después de haber sido orador principal y gran organizador del Congreso Nacional Católico, que contó con más de un millón de cubanos en la Plaza Cívica, dejó de existir el 3 de noviembre de 1960. Su sepelio constituyó una imponente demostración. Fue velado en la Iglesia Catedral de Matanzas.

Recuerdo haber participado activamente a través de los Boy Scouts. Hielo seco se hacía necesario para prolongar el estado de sus restos en las ceremonias velatorias, que se extendieron por varios días. Fuimos a la heladería Vidal, en Pueblo Nuevo. Su dueño era el padre de Mirian Vidal, compañera de Raúl Miranda, para obtener el suministro de hielo necesario. Gran auspiciador de las obras educativas, con amplitud de miras, con frecuencia recogía a mi vecino José Ramón Caso para ir de pesquería. La militancia masónica de mi padre no le era obstáculo a nuestro flamante Obispo que daba calor al quehacer de las maestras católicas, que lidereaba Laudelina Alvarez, allí al lado del obispado. Lo recuerdo cuando participé en el Lavatorio de Jueves Santos y cuando presidió mi confirmación en la Iglesia San Pedro. Gran hombre.

The Family Influence

From my grandmother, Juana Rosa Grande y Corso, I learned the importance of persistence and perseverance, character, and austerity. My grandmother became a widow shortly after my mother was born. It fell to her to assume the role of mother and father to raise her only daughter. She accompanied my mother up to her collegiate career in Havana and in the exercise of her profession. I never saw her get sick or give-up even in her last months of life when she suffered a sudden, fatal illness. My mother never left her during that time and the wake was held at our home at 85 Milanes Street in Matanzas, the home that I shared in Cuba with my parents and grandmother.

My mother, who was very smart, had the preparation and intuition to successfully handle any crisis that arose. She completed her studies to be a teacher and earned a doctoral degree in education. She avoided the spotlight and valued discretion. Her judgment, opinions, and advice were savvy and could not be overlooked. She successfully battled breast cancer at the beginning of the 1950s. The illness was discovered by our neighbor, Dr. Guillermo Caballero, who was a preeminent physician. Dr. Caballero referred my mother to Dr. Puentes Duany in Havana for a second opinion and he confirmed the diagnosis. My mother underwent a successful surgery under the care of a legendary Cuban surgeon, Dr. Jorge Salazar Silvestre, who was a friend and brother in freemasonry of my father's, at the Matanzas Medical Center. My mother died 40 years later in Miami in the early morning hours of December 27, 1992. She was active until her last breath and I think that she probably drove the ambulance to the hospital. Her death was certified by another family friend and eminent Cuban physician, Dr. Virgilio Beato Nuñez.

My mother was self-assured but pragmatic in her judgment; she was noble, but firm and very generous. She always knew how to balance each quality. I will never forget her goodbye to me at the Rancho Boyeros airport as I left to the U.S. when she told me: "Our country's destiny is in the hands of the great powers and it will be decided at their convenience."

My parents were married on July 30, 1944 in a civil ceremony officiated by Dr. Cesar Estorino y Romero, the husband of Lola Solaun, a beloved cousin of my mother's. I fondly remember Lola and her sister Angelina and Angelina's husband Dr. Ernesto Triolet Figueroa, who founded an historic French pharmacy that was expropriated by the Castro dictatorship and turned into a museum.

From my father I learned countless lessons about persistence and perseverance. At a very early age he lost his mother, Basilisa Arencibia y Sanchez, when his sister Celia was born. They lived in the town of Ceiba Mocha. His father, Juan Perez y Perez raised the two children with help from their aunt and uncle, Tocayo and Isidra Sanchez Perez, at whose home they lived in the San Francisco de Paula neighborhood alongside a dozen cousins.

La influencia familiar

De mi abuela Juana Rosa Grande y Corso, aprendí la importancia de la voluntad y perseverancia; el carácter y la austeridad. Viuda casi al nacer mi madre ---su única hija---, le tocó asumir el rol de padre y madre, acompañando a mi mamá hasta la carrera universitaria, en La Habana y en el ejercicio profesional. Jamás la vi enfermar o desistir hasta sus últimos meses de repentina enfermedad fatal; mi madre no se le separó un instante hasta despedirla y velarla en su propia casa de Milanés #85, en Matanzas, único lugar en el que viví en Cuba junto a mis padres y abuela.

Mi madre, muy inteligente, preparada con intuición propia para enfrentar crisis y superarlas. Terminó magisterio y doctorado en Pedagogía. Evitaba el protagonismo y prefería la posición discreta, aunque sus juicios, opiniones y consejos fueron siempre a tener muy en cuenta. Amenazada por un cáncer de seno, a principios de los años cincuenta; lo descubrió el vecino siempre recordado, el Dr. Guillermo Caballero, médico eminente. De inmediato, lo corroboró el Dr. Puentes Duany, en La Habana, a indicación del propio Dr. Caballero con una biopsia. Con el beneplácito de todos la operó con éxito una gloria de la cirugía cubana, amigo y compañero de Instituto y Masonería de mi padre, el Dr. Jorge Salazar Silvestre, en el Centro Médico de Matanzas. Mi madre murió 40 años más tarde en Miami, casi conduciendo el vehículo de rescate, un 27 de diciembre de 1992, certificando su defunción otra gloria yumurina, el Dr. Virgilio Beato Núñez.

Certera y algo pragmática en sus juicios, aunque noble, bondadosa, firme y muy espléndida, características que sabía compatibilizar. Cuando me despidió en el Aeropuerto de Rancho Boyeros, me decía: "Nuestro destino de libertad lo decidirán las potencias a su conveniencia".

Mi padre contrae matrimonio con mi madre el 30 de julio de 1944, en la Notaría del Dr. César Estorino y Romero, esposo de Lola Solaún, prima muy querida de mi madre, a quien recuerdo con cariño, al igual que a su hermana Angelina y su esposo, el Dr. Ernesto Triolet Figueroa, fundador de la histórica farmacia francesa que la tiranía castrista incautó y declaró museo.

De mi padre, sobradas lecciones de constancia y perseverancia. A temprana edad perdió a su madre Basilisa Arencibia y Sánchez, al nacer su hermana Celia, en el barrio matancero de Ceiba Mocha, tocando a su padre Juan Pérez y Pérez asumir la crianza, tarea en la que no estuvieron ausentes sus tíos Tocayo e Isidra Sánchez Pérez, al llevarlo a compartir en su hogar del caserío matancero de San Francisco de Paula, con una docena de primos.

The influence of the Boy Scouts

Another unforgettable experience was my time as a Boy Scout. My goal was to obtain the various merit badges that allowed me to learn about different professions and discover new skills.

The first badge that I tried for was journalism. The examiner was Dr. Jose Manuel Rodriguez Haded, editor of El Republicano newspaper; a leader in the Catholic church and a respected individual. Even though I had gone to his office at 28 Milanes Street several times with my father, I felt differently now as I was doing this on my own. I gladly completed the tasks that he assigned to me in a field for which I knew that I had a vocation from very early on.

I practically learned to read by typing. I was a very fast typist, a skill that I later perfected at the Instituto Mercurio run by Dr. Arcadio Martinez Martell. It came in very handy in my first job in Miami. I published my first newspaper as a third grader at the Sacred Heart school; it was called CUBA and consisted of a mixture of news, happenings at school and age-appropriate humor. I wanted to keep it high brow, though. I was not a stranger to the microphone in Matanzas and every once in a while I would give the scouting news. I always had opportunities and I never wasted them.

The other badge of the first two that I was able to choose was public speaking. The examiner was Dr. Jorge Casals Llorente, who had once been my next door neighbor on Milanes Street. He was the principal of the Provincial Institute, an accomplished poet, and also a respected individual in the community.

The assignments that I received for this badge emphasized improvisation. One day I went to Dr. Casals Llorente's new home a few steps from the military barracks and he invited me to give a speech to the palm trees in his beautiful back yard. I fondly remember this assignment.

The scouting world is filled with teaching moments. It also affords an opportunity to learn about one's self and discover skills and vocations. It is an incredible opportunity for growth so long as the right people are leading it, as was the case in the Yumuri District in Matanzas. I remember many good times from those days in the 1950s.

The world chief of the Boy Scouts at the end of the sixties was a distinguished son and friend from our City of Matanzas, Salvador Fernandez Bertran.

La influencia del Movimiento de los Boy Scouts

Otra experiencia inolvidable del tiempo Scout era el reto de la obtención de las especialidades que probaban, medían y daban oportunidad de aprendizaje al descubrirse temprano vocaciones, habilidades y hasta profesiones.

La primera que fui a buscar era la de periodista. Tenía como sinodal o examinador al Dr. José Manuel Rodríguez Haded, Director del periódico El Republicano, dirigente católico, gran caballero, aunque de edad temprana no era ajeno a ir con mi padre a su buró allá en la calle Milanés #28, ahora lo veía distinto al presentarme por cuenta propia. Con gran afán cumplí las asignaciones que me encargó. Campo por el cual mostraba vocación desde muy temprano.

Prácticamente aprendí a leer a la par que escribía en máquina, siendo bastante rápido hasta que lo profesionalicé después a través del Instituto Mercurio, de mi recordado Dr. Arcadio Martínez Martell, muy útil en mi primer empleo aquí en el exilio.

Allá en el Colegio "Sagrado Corazón", en tercer grado, hice mi primer periódico, se llamaba "Cuba", y mezclaba lo escolar, humorístico y propio de la edad, con la inquietud de imprimirle la mayor estatura. No era ajeno a los micrófonos de Radio Matanzas donde a cada rato aparecía con la nota scout, oportunidades siempre se me presentaban; desperdiciarlas jamás.

La otra especialidad, de las dos primeras escogidas, era la de orador. Sinodal, el Dr. Jorge Casals Llorente, vecino en una época puerta con puerta, en la calle Milanés 85, fue Director del Instituto Provincial, poeta de talla, otro gran caballero.

Las asignaciones en esta especialidad se regían más por la improvisación. Así comparecí un día ante su nuevo hogar del Paseo Martí, a unos pasos del Regimiento Militar #4, "Plácido", y me invitó a dirigirle la palabra a las palmas que presidían su hermoso patio. Recuerdo grato.

El mundo Scout es un diario aprender. Oportunidad también para el encuentro más formal con vocaciones y aptitudes. Recomendable siempre que el programa sea conducido por las personas apropiadas, como tuve el privilegio de encontrar allá en el Distrito Yumurí, de Matanzas. De aquellos tiempos de los años cincuenta guardo recuerdos buenos.

A la jefatura mundial de los Boy Scouts, a finales de los sesenta, llegó un amigo e hijo distinguido de nuestra ciudad de Matanzas, el Ing. Salvador Fernández Bertrán. Gran familia.

Dr. Jose Manuel Rodriguez Haded, editor of El Republicano newspaper, a leader in the Catholic church and a respected individual. He was my Scout examiner for the journalism badge in Matanzas.

En Miami, de nuevo, reunido con el Dr. José Manuel Rodríguez Haded, Director del periódico El Republicano, dirigente católico, gran caballero, quien me examinó de periodismo en Cuba en los Boy Scouts.

Matanzas Public school district headquarters. The building was two blocks away from my home and I would often visit it as a child.

Edificio de la Junta Escolar y Superintendencia de Matanzas. A dos cuadras de mi hogar. Lugar que visitaba frecuentemente desde edad temparana.

Dr. Jorge Casals Llorente, Former Principal of the Provincial Institute. He was my examiner for the oratory badge in the Boy Scouts.

Dr. Jorge Casals Llorente, ex Director del Instituto Provincial. Mi Sinodal de la especialidad de Orador en los Boy Scouts.

This picture was taken at the end of a Boy Scouts March in front of Salon Castro, which was owned by the family of my friend, Dr. Antonio Castro. Among others who appear in the photo are Oscar Gaetan with whom I reconneted later in life, Alfredo and Eduardo Melendez, Miguel Maribona, myself holding the flag, Fernando Medina, Carlos Acevedo, Aurelio Jaime de la Cruz, Raul Rodriguez, and Julio Erice. I am grateful to Fernando Medina´s father in law, Fidel Mederos a former city councilman who took it upon himself to coordinate the list of people who were presenting date documents to leave the country and whose efforts greatly alleviated the backlog.

Al finalizar un desfile scout, frente al Salón Castro, de la familia de mi querido Dr. Antonio Castro. Aparecen, entre otros, Oscar Gaetán, a quien la vida nos ha permitido reencontrarnos aquí, aunque no nos vemos nos hemos dicho presentes; los hermanos Alfredo y Eduardo Meléndez, Miguel Maribona, yo con la bandera, Fernando Medina, cuyo suegro, el ex concejal Fidel Mederos, asumió espontáneamente la gran tarea en Matanzas de coordinar la lista de los que presentaban la documentación de salida en la jefatura de policía, para abreviar el proceso. Gesto que recordamos y agradecemos. También Carlos M. Acevedo, Aurelio Jaime de la Cruz, Raúl Rodríguez y Julio Erice.

Milanes Street. This is where I lived. / La calle Milanés, donde viví.

MY NEIGHBORS / LOS VECINOS DE MI CUADRA

From west to east: Magarola garage, Lucia Alvarez and her academy, my home, Jose Luis and Carmela Lopez, "La Hamaca" cigar factory; Dr. Juan Flor Jorganes and family; Duque de Heredia family, after the "Pekin restaurant"; formerly the Aldrich Family. The house was last occupied by Dr. Joaquin Aldrich. However, upon his designation in the 1950s as the doctor for the Port of Matanzas he moved to the house that was allocated for the position that he occupied. He sold his house to Francisco Verdura Blanco who was married to Narcisa Cabanas, the sister of Dr. Gloria Maria Cabanas. They built the "Lazaro Building" there in honor of their youngest son, whom I consider to be an exceptional person.

At the "Lazaro Building" lived a daughter of Armando Barani; Ana Cruz and her mother; Lidia Villar Pages and her mother, and the professional offices of Drs. Lopez Junco and Cardounel; Lopito Insurance; Cuca Leiva and Fernando Artamendi; Three Balls Jewelry, owned by Fernando and Constantino Artamendi.

On the north side, from east to the west: "Abelardo Hair Salon"; Humberto Cardounel´s family and his mother in law, Conchita; the Flor-Cruza family; Dr. Leandro Area´s family; Manuel Perez Manguart´s family; Dr. Ramon Manguart, notary public; the Alcebo Irastorza family, after Menocal Radio and Sherwin Williams store; Josefina Flowers and the Castañeda-Moliner family; professor Casimiro Soler Arganza, Odilia and Natalia; Jose Ramon y Nena Caso; Dr. Luis Rabelo´s, dental office; the Irastorza-Gutierrez family, and the Castañer-Piedra-Cañiso family.

The meaning of being a neighbor

Among the many things that the Castro dictatorship stole in its quest to destroy the Cuban family was the meaning of being a neighbor.

Unlike the present-day in which we rarely know who lives next to us and, much less, around us, in Cuba our neighbors were like family with whom we shared openly.

After seeing one million people leave Cuba at the outset of the dictatorship, the Castro regime devised a strategy to move families who were fiercely loyal to it from one province to another to destroy the neighborhood unit and replace it with the so-called "Committees for the Defense of the Revolution" that were nothing more than local snoops who were charged with spying on everyone and reporting the information to the regime. Familial and neighborhood bonds were replaced by contempt and distrust, which was part of the strategy to weaken Cuban society.

That is why I pay homage to the institution of the Cuban neighborhood and my fond memories of the families who lived on that block on Milanes Street between Manzaneda and Zaragoza streets that I left in 1962 but which continue to live on in my heart today. I don't think that there was a single block in all of Matanzas in which I could not identify or know at least one family that resided there.

El concepto del vecino

Entre las muchas cosas que el régimen incautó, amén de destruir y enlutar a la familia cubana, estaba esa gran institución que era el vecino.

Distinto a los tiempos actuales en que buena parte de las veces no sabemos quien vive en la propiedad cercana, en Cuba había un concepto muy alto de las familias que vivían alrededor, que sentían como propias penas, alegrías y dolores.

Fue estrategia de la tiranía ---sobre todo al encontar a más de un millón de personas abandonando la isla en los años sesenta---, el traladar a familias adictas al régimen de una provincia a otra, para ir desintegrando la unión vecinal y reemplazarla por los llamados comités de defensa de la revolución, encargados de averiguar y delatar todo movimiento en su cuadra que creyeran opuesto a los planes de la tiranía. La destrucción de la familia y el concepto vecinal no podían escapar al propósito de desintegración social. Por eso rindo homenaje a la institución vecinal, guardando recuerdo grato de todas aquellas familias que en 1962, al dejar la isla, vivían en mi cuadra de Milanés entre Manzaneda y Zaragoza, no sin antes apuntar que no creo hubiera una cuadra en Matanzas en la que no conociera, relacionara o identificara al menos a una familia allí residente.

My time at the Provincial Institute in Matanzas

Because my tenure was short-lived and less intense due to the impending political crisis, I did not have the chance do do everything that my father and many of my friends from previous classes who enjoyed their robust experiences there had done. Even though the impending exile and a current of skipping school because the classes would not count were the order of the day, education and the acquisition of knowledge cannot be stolen. Time was a teacher.

From the teachers that I was assigned I remember Drs. Olga Sicre Valhuerdi, Clara Luz Ruiz Jimenez de Baez, Luis Davidson San Juan, Robertina Maqueira Mayans, Elio Leiva Luna, Dela Diaz Alvarez de Villar, Gabriel Villar Roces, Estrella Fuentes del Pozo, Aleida Blanco Jorge, Joaquin Garcia Martinez, Jose Anido and Octavio González in surveying, Alberto Tio-Schweyer and his wife Lolina, Ricardo Linares, Avelino Romero Fernandez, Eulalia Rodriguez del Castillo, and Consuelo Diaz Guerra.

Other teachers whose classes I did not have the pleasure of attending but who I nonetheless hold in very high esteem are Drs. Carmen Urrechaga Vidauzarraga, Jorge Casals Llorente, Manuel Labra Fernandez, Gonzalo B. Cuni y Valera, Hilda Santamarina y Garcia and her husband Jaime, Jose J. Nodarse y Cabrera, Jose Diwaldo Garcia Suarez, Ricardo Luis Guerrero Valdes, Angel Gomez Freire, Jose F. Wegener, and Manuel Higinio de Armas y Gonzalez.

In one way or another they all touched the lives of the community in Matanzas; a world in which we all knew each other. What an incredible faculty! We have to be proud of the incredibly talented educators that existed in those days.

Mi paso por el Instituto Provincial de Matanzas

Además de no muy extenso y menos intenso ante la situación imperante, no tuve oportunidad de recibir todo lo que adquirieron mi padre y muchos amigos de generaciones anteriores que lo vivieron a plenitud. El momento era la salida del país, incluso la corriente era de ausentarse pues esos grados no valdrían. La educación y el conocimiento nunca se pierden. El tiempo enseña.

De aquellos profesores, que a mí tocaron, recuerdo a los doctores Olga Sicre Valhuerdi, Clara Luz Ruiz Jiménez de Báez, Luis Davidson San Juan, Robertina Maqueira Mayans, Elio Leiva Luna, Delia Díaz Alvarez de Villar, Gabriel Villar Roces, Estrella Fuentes del Pozo, Aleida Blanco Jorge, Joaquín García Martínez, José Anido y Octavio González en Agrimensura, Alberto Tió y Schweyer y su esposa Lolina, Ricardo Linares, Avelino Romero Fernández, Eulalia Rodríguez del Castillo y Consuelo Díaz Guerra.

Otros, a quienes no tuve de profesores, pero sí recuerdo gratamente, los Dres. Carmen Urréchaga Vidauzárraga, Jorge Casals Llorente, Manuel Labra Fernández, Gonzalo B. Cuní y Valera, Hilda Santamarina y García y su esposo Jaime, José J. Nodarse y Cabrera, José Diwaldo García Suárez, Ricardo Luis Guerrero Valdés, Angel Gómez Freire, José F. Wegener y el Ing. Manuel Higinio de Armas y González, todos afectos de mis padres.

De una u otra manera todos tocaban las vidas de aquel mundillo matancero, donde todos nos conocíamos. ¡Qué profesorado! Para mi orgullo, de grandes quilates. También aquellos otros, que honraron la docencia matancera en otras facultades; honor a ellos.

Institute of Secondary Education, Matanzas, Cuba.

Instituto de Segunda Enseñanza de Matanzas, Cuba.

Character formation

My character was defined at a very early age. As a result I have never wavered from my vocations.

I knew that I enjoyed public speaking and participating in politics and public service since childhood.

A commercial from my childhood urged Cubans to "get to know Cuba first, and foreign territory later." I had the good fortune to be able to travel to all six of Cuba's provinces and the Isle of Pines in the sixteen years that I lived in Cuba.

Pinar del Rio. Around 1958 as I arrived at the Rancho San Vicente with my father, he received a message that his mother-in-law had died in Havana. We immediately returned home. This marked the first time that I spent the night outside of my home when I stayed at my cousin Gustavo's house at 1165 San Jose Street. This is also the address that I adopted as my home for the purpose of arranging my exit from Cuba. My passport arrived there as well as my exit papers. It was Gustavo who taught me how to fend for myself in Havana.

The area of Soroa in the Pinar del Rio province had jasmine trees, tobacco plantations and many towns during my quick trip through it.

I got around on my own in Havana at the age of 14 and that allowed me to later make all of the arrangements for my departure from Cuba. I would always visit the national office of the Boy Scouts, the Centro Filatélico, the national offices of the Association of Cuban Teachers and many other important sites.

By the age of 10 I already knew all of Matanzas' 22 municipalities and the locations of rural schools. I often served as a guide for visitors and for new teachers. I learned about this territory from a very early age by traveling it alongside my father. I helped my father, who was a regional school superintendent, with administrative tasks.

CHARACTER IS FORGED AT AN EARLY AGE

I was eager to learn, to grow and to compensate for my lack of age and supposed immaturity by learning from those who were older than me. I spent as much time as I could with my father. I would accompany him to inspect rural schools and those experiences gave me a big dose of reality. I attended meetings and national conventions and used those experiences as a class to learn how to conduct myself like an adult. I put into practice the lessons that I learned and used them as character building exercises.

Formación de Carácter

Carácter y vocaciones definidas desde muy temprana edad. Nunca llamados a dudas. Dotes expositores, proyección política. No por gusto estaba yo listo para empezar bien temprano. Aquellos talleres fueron fundamentales en un rápido aprender y despertar.

Un comercial turístico nacional decía "Conozca a Cuba primero y al extranjero después". Las seis provincias y la Isla de Pinos, tuve oportunidad de recorrer en varias oportunidades durante mis dieciséis años de vivir en la isla.

Pinar del Río. Una vez, cerca de 1958, llegando con mi padre a una reunión en el Rancho San Vicente, recibió la noticia de la muerte de su madre política en La Habana. Regreso inmediato. Primera vez que pasaba una noche fuera de mi casa, no en hotel; era en casa de mi primo Gustavo, San José 1165, dirección que adopté durante mis trámites de salida, sede a donde llegó mi pasaporte y documentos. Primo que me enseñó a desenvolverme solo en La Habana.

De la región pinareña: Soroa, Los Jazmines, las plantaciones tabacaleras, muchos municipios en el recorrido rápido.

La capital habanera la recorría solo a los 14 años y me desenvolvía después en las gestiones para salir, sin pasar por alto mis visitas a la Oficina Nacional Scout, Centro Filatélico, Colegio de Pedagogos y muchos otros sitios.

A los 10 años sabía donde estaban las escuelas rurales, y muchas veces era el guía para visitantes y nuevos maestros. Aprendí a recorrerlas muy temprano de la mano de mi padre. Auxiliaba a mi padre en el trabajo administrativo.

EL CARÁCTER SE FORMA A EDAD TEMPRANA

Ávido de aprender, crecer, desafiar los retos que la falta de edad o "inmadurez" atribuyen, busqué la manera siempre de compensar esa supuesta limitación a través del contacto y la influencia de personas mayores que yo, y muy en particular con mi padre a quien acompañaba desde edad muy temprana a recorridos por escuelas rurales que me permitían aquilatar muchas realidades; a asambleas y convenciones nacionales que adoptaba como escuela de aprendizaje temprano, experiencias que al adquirirlas las ponía en práctica en el trato diario de la edad, contribuyendo así a la formación del carácter.

My vocation for journalism

When I was 7 years old, as a student in the third grade, much like today when I decided to write this book, I went to a store that sold printing supplies called Casas and Mercado next to the post office on Independencia Street. I asked the clerk for a box of stencils, bond paper, a stapler, and staples. These were the supplies that I needed to print the newspaper that I was going to publish: CUBA. Later I would go to another store, Casa Odell which was located on Dos de Mayo Street half a block away from the Provincial Institute, to order additional supplies.

That is how I launched my first newspaper. Realizing that I had to make ends meet, I went to see Luis Canal Rodriguez, owner of La Reina, a store in Matanzas, to convince him to become an advertiser. This generous Spaniard, at whose dinner table I had a permanent spot, agreed. I will add that Luis and his wife, Maria Acevedo de Canal, were the parents of my best friend Avelino. I really enjoyed sharing with them and the affection that they shared with me, which was a byproduct of the long friendship between my father and Armando Acevedo Mancebo, Maria Acevedo de Canal and the influence of Colonel Perucho Acevedo.

I continued to practice journalism at the Provincial Institute, as a Boy Scout, and at the AIP news agency at the beginning of my exile from Cuba. However, I knew that I would not be able to make a living in this profession, which lead me to other ventures, although I never stopped being a journalist.

I accompanied my father to the national convention for the Association of Cuban Journalists in Cienfuegos when I was 8 years old. I attended meetings and workshops at the event and we stayed at the San Carlos Hotel at which I would later stay while attending a Cuban teachers convention. I was enthralled by the debates, the speeches, and the exhibits.

At a meeting of the executive board of the Cuban Teachers Association in San Jose del Lago, Mayajigua, near the Yaguajay in Las Villas, I was named an honorary teacher during a dinner. It was there that I first enjoyed frog legs. I recall that event, which was presided by Dr. Jose Manuel Barber, with great fondness.

In Matanzas I had a half-page section in "Noticias", a daily newspaper published by Pablo Sanchez Bencomo. My section was entitled "Scouting Life." I was grateful for this early opportunity to explore my interest in journalism.

I also have fond memories of Dr. Jose Manuel Rodriguez Haded, who I have mentioned here, at "El Republicano" newspaper. Nelida Santana and Guillermo Gomez Fluriach were a couple that published "El Imparcial" newspaper and she later wrote a section for "El Matancero Libre" entitled "Mezclilla" (This and That) which was a continuation of her work in Matanzas. Antonio Pimentel Herrera, a native of Puerto Padre, founded "Adelante," a daily newspaper, and later wrote for "El Matancero Libre" a section entltled "Te llamo pa'tras" (I'll Call You Back). Dr. Ramon Calvo, who published "El Debate", also published me frequent articles.

Mi vocación periodística

Con mis 7 años, en tercer grado de primaria, al igual que ahora decido dejar estos apuntes, comparecí ante la tienda de artículos de imprenta "Casas y Mercado", en la calle Independencia, al lado de Correos, y pedí una caja de "stencils", papel bond, presilladora y presillas para imprimir el periódico "CUBA". Igual lo hice después ante la "Casa Odell", en Dos de Mayo a media cuadra del Instituto. Ambos gentilemente me despacharon el pedido de inmediato.

Así surge mi primer periódico. Necesitaba costeabilidad. Fui a ver entonces a Luis Canal Rodríguez, gerente de "La Reina" y le convencí para ser anunciante. Cariño y generosidad no le faltaban a este asturiano en cuyo hogar yo tenía un puesto fijo en su espléndida mesa.

Querían él y su esposa María Acevedo de Canal que yo influyera en el apetito de mi amigo Avelino. Por mi parte disfrutaba mucho aquella mesa y puesto, sobre todo el calor afectivo retroactivo de antecedentes familiares amigos de mi padre: Armando Acevedo Mancebo, María Acevedo de Canal y la influencia buena del Coronel Perucho Acevedo.

De la mano de mi padre asistí a la Asamblea Nacional del Colegio de Periodistas, en Cienfuegos, cuando apenas tenía unos 8 años. Participé en las reuniones, hospedándonos en el Hotel San Carlos, donde posteriormente estuve en una convención de pedagogos. Me atraían aquellos debates, exposiciones y relatos. En una reunión del ejecutivo nacional de los pedagogos, en San José del Lago, Mayajigua, cerca de Yaguajay, en Las Villas, me declararon simbólicamente en un acto social en la noche ---donde por primera vez comí ancas de rana-- "Pedagogo Honoris Causa", recordando con simpatía aquella reunión presidida por el Dr. José Manuel Barber, con representativos de las seis provincias, a quienes ya conocía con afecto, cariño y simpatía.

En Matanzas publiqué una sección de media página en el periódico "Noticias", que dirigía Pablo Sánchez Bencomo. Se titulaba "Vida Scout". Temprana hospitalidad que agradecí.

También guardo recuerdo grato del Dr. José Manuel Rodríguez Haded, a quien menciono en estos apuntes, de "El Republicano". De los esposos Nélida Santana y Guillermo Gómez Fluriach, de "El Imparcial", habiendo colaborado ella durante varios años con su sección "Mezclilla" en nuestro periódico, continuación de aquella columna de la Matanzas de ayer. Antonio Pimentel Herrera, oriundo de Puerto Padre y quien fundó el combativo diario "Adelante", y publicó con nosotros la sección "Te llamo pa'tras". El Dr. Ramón Calvo, director de "El Debate", en varias oportunidades me publicó colaboraciones.

Siendo mi padre profesor de la Escuela Profesional de Periodismo "Fernando Lles y Berdayes", de Matanzas, tuve oportunidad de relacionarme mucho con aquella profesión que tanto me agradaba, no desperdiciando oportunidad para fortalecer mi vocación.

San Jose del Lago, Mayajigua, Las Villas, Cuba. This is where the National Board of the Cuban Teachers Association met.

San José del Lago, Mayajigua, Las Villas, Cuba, sitio donde tuvo lugar la reunión del Ejecutivo del Colegio Nacional de Pedagogos.

San Carlos Borromeo Cementery in Matanzas, where my predecessors rest.

Cementerio de San Carlos Borromeo, en El Naranjal, Matanzas, donde descansan mis antecesores.

My vocation for radio

I felt an attraction for radio from a very early age. I had the opportunity to appear on various radio shows as a kid through programs that my father had for education and the Freemasons and, later, I would give the scouting report on local radio.

When I started to work at the AIP news agency in Miami I was assigned to the radio department and I had many chances to write, produce, edit and even read weekend news bulletins on the air. The bulletins were broadcast on the station WMIE on NW 36th St., that would later be known as WQBA. I didn't get to do this because I was the most skilled employee, it was simply that I was the only one willing to work on Sundays and I never wasted an opportunity to show what I could do.

During that period around 1964 big news events happened almost every Sunday. There were many hijackings of airliners to Cuba, there were local disturbances, or just interesting news stories.

That also gave me the chance to open the microphones up to many notable personalities and institutions that would come to the station on Sunday to broadcast their statements. I wrote the news, I produced the programs, and I called guests.

This past Christmas I accidentally ran into the gentleman who served as the station manager back then, Mr. Herbert Levin. In my conversation with Mr. Levin I reminded him of his critique that my voice was radio averse. That is why perseverance pays dividends. By remaining steadfast in my purpose I was able to seize many other opportunities and I have now been hosting a weekly talk-show on Saturday afternoons on WAQI-AM, Radio Mambi, the top rated AM radio station in South Florida during the past 25 years. I also broadcast daily editorial comments that appear on the station's daily newscasts at noon.

I am grateful to my friend and fellow Matancero Armando Perez Roura for the opportunity that he gave me in radio.

I cannot overlook the impact of radio in Matanzas. There was Radio Mechoso, which I came to know through anecdotes told by Raul Tapanes Estrella and Roberto Cazorla. Radio Matanzas was owned by Ramon "Cuco" Armando de Zayas (a/k/a Berrinche), and my friend Elio Montenegro Falcon was the news anchor. Another friend, Cruz Rodriguez, hosted shows about American music. Radio Tiempo featured several young talents from my childhood, such as Adalberto Sardinas Cruz, Lionel Rodriguez de la Torre, Omar Marchant, Monroe, and others. Radio Menocal at one point had its station a block away from my home on Milanes Street, the owner was Osvaldo Menocal Santana who hailed from Colon. There were also my friends from Ceiba Mocha, Armando Perez Roura who presided the National Broadcasters Association of Cuba, and Roberto Cazorla who began his promising career in the arts in Havana.

Mi vocación radial

Desde temprana edad me sentía vinculado a la radio, e hice algunas apariciones en espacios alternos escolares y masónicos de mi padre en Radio Matanzas y posteriormente a través de los Boy Scouts.

Al iniciarme en la Agencia AIP, en Miami, precisamente estuve en el Departamento de Radio y tuve oportunidad amplia para redactar, producir, coordinar y editar. Posteriormente tuve a mi cargo los boletines de noticias dominicales de la que después fue WQBA, ---entonces WMIE en la calle 36 del North West y la avenida 15--- no porque fuera el mejor, sino porque muy pocos estaban dispuestos a trabajar los domingos. Y yo lo que buscaba era la oportunidad de poderme demostrar que sabía ¡qué sí podía!

En aquel período, sobre 1964, raro era el domingo que no desviaran un avión hacia La Habana, ocurriera una revuelta local o se presentara una noticia interesante. Así, tuve oportunidad de abrir los micrófonos a todas las figuras e instituciones de aquel entonces, y quienes comparecían ante esos micrófonos bien escuchados. Mucho me relacioné.

Redactaba, hablaba, dirigía y hasta contactaba.

En esta última Navidad 2014, al encontrarme accidentalmente con el gerente de entonces, Herbert Levin, le recordaba cuando me declaró "voz antiradial". Por eso, la perseverancia siempre paga dividendos. La constancia nos aferra al propósito. Durante los últimos veinte años he dirigido un programa radial los sábados, a través de Radio Mambí, emisora que se mantuvo en los más altos lugares en décadas a través de los estudios Arbitron, además de dos comentarios durante la semana, que me permiten exponer e intercambiar razones e ideas, aparte de difundirlas a través de los canales cibernéticos.

Agradezco a mi coterráneo y amigo Armando Pérez Roura, la oportunidad de haberme acercado a esas ondas desde los años ochenta.

No puedo pasar por alto la influencia de nuestra radio yumurina, desde la antigua Radio Mechoso, que no alcancé a conocer en mi época, pero sí sabía de su existencia a través de anécdotas de Raúl Tápanes Estrella y Roberto Cazorla. Radio Matanzas, propiedad de Ramón "Cuco" Armando de Zayas, "Berrinche", con mi querido Elio Montenegro Falcón al frente de sus noticieros, y sin olvidar a mi buen amigo Cruz Rodríguez, que dirigía programas de música norteamericana. Radio Tiempo, a la que se incorporaron figuras jóvenes de entonces como Adalberto Sardiñas Cruz, Lionel Rodríguez de la Torre, Omar Marchant, Monroe, entre otros. Radio Menocal, que en una época estuvo en la cuadra de mi casa, en Milanés, bajo la dirección de su propietario Osvaldo Menocal Santana, nativo de Colón.

Y oriundos de Ceiba Mocha, Armando Pérez Roura, quien presidiera el Colegio Nacional de Locutores de Cuba y Roberto Cazorla, que iniciara una prometedora carrera artística profesional en La Habana.

My father speaking at a public school in the Corral Nuevo neighborhood in Matanzas during an Independence Day event on May 20, 1952. Next to him is the school´s principal, Ramona Marrero.

Mi padre en el uso de la palabra en una celebración del aniversario de la Independencia de Cuba, 20 de mayo de 1952, en una escuela pública rural del barrio Corral Nuevo, en Matanzas, Cuba. A su lado, la directora de esta escuela, la profesora Ramona Marrero.

My son, Demetrio Jose, Reverend Martin Añorga and me.

Demetrio, padre e hijo, junto al Rev. Martín N. Añorga.

At the First Civic Education Seminar at Lincoln-Martí, with Reverend Max I. Salvador and Dr. Horacio Aguirre.

Al inaugurarse el Seminario de Formación Ciudadana en las escuelas Lincoln-Martí, junto al Rev. Max I. Salvador y el Dr. Horacio Aguirre.

With Monsignor Agustin A. Roman on my talk-show on Radio Mambi.

Aquí teniendo como invitado en el programa radial Educación y Comunidad al Monseñor Agustín A. Román.

My political vocation

I was born with a vocation for journalism and politics. Both of these interests dovetailed with my family's involvement in education and my own entrepreneurial spirit. These four ingredients were interrelated and complementary.

As a boy of barely five years of age I would eagerly await the arrival of the newspapers and magazines at my house so that I could read the news. I enjoyed this more than playing with toy soldiers or reading children's stories.

I would later go to Casa Can, a news store that was two blocks from my home on Contreras or Byrne streets and the southwest corner of Zaragoza Street. The shop was across the street from the home where my mother's aunts lived and I would spend time there reading some magazines and buying others. In later years I would go to the Ramon Guiteras Library across from the park. This public library was created through a private trust funded by the namesake's daughter, Gertrudis Guiteras, for the enjoyment and use of the people of Matanzas. In the 1970s I would be reacquainted with the library and the trust when an executive of the Industrial Bank of Rhode Island, which had the responsibility to disburse the funds for the library's operation, came to Miami because the bank had $700,000 that it had not been able to deliver in accordance with the terms of the trust because the U.S. embargo prevented the transfer of funds to the communist island.

According to the terms of Ms. Guiteras' trust, the funds from the trust were to be used by the people of Matanzas to establish a library. The Municipality of Matanzas in Exile, an organization established by the exiled people of Matanzas to maintain their heritage and traditions, tried to establish its right to the funds as Ms. Guiteras' trust envisioned. However, at that time our organization lacked the resources to properly defend our position in the legal system. Had this issue been raised today the result would likely have been different. But everything happens for a reason. Even though Ms. Guiteras' intent was violated, at least a private library was built with the funds at Belen Jesuit Prep School in Miami.

My early thirst for reading familiarized me with the political process. I gained an understanding of what I would read by observing events as they would unfold over days, months, and years.

One day when I was six years old Senator Aquilino Lombard Thorndike visited my home. I was sitting on the front steps of the house with my cousin Gustavo when I got the idea to affix one of his campaign signs to a couple of pieces of wood and then hang it on the electric post in the street. As I was doing this a passerby who apparently did not like the electoral process happened upon me and remarked: "What is a child at that age doing in politics? Surely his father would not allow that!" I held my tongue and allowed the man to walk away so as not to bring my family's attention to one of my earliest forays into politics.

Mi vocación política

Como algo que "viene de fábrica", la vocación política y periodística eran natas desde mi nacimiento, a lo cual no quedaba distante el factor educacional con más influencia familiar y el ingrediente empresarial que desarrollé temprano. Cuatro disposiciones que bastante se relacionaban y complementaban.

Recuerdo que tenía menos de cinco años, cuando me las arreglaba para ser el primero en repasar los periódicos y revistas que a la casa llegaban. Realmente me interesaban más que los muñequitos, novelitas o libros de cuentos, que consideraba pura fantasía.

Iba a la "Casa Can", una tienda de publicaciones, periódicos, revistas, a dos cuadras de mi casa, en Contreras o Byrne y Zaragoza, en la esquina suroeste, frente a las tías de mi mamá, y allí me leía algunas y adquiría otras. Después llegó la Biblioteca. Ramón Guiteras, frente al Parque, una biblioteca pública, de raíz privada, para disfrute de los hijos y vecinos de Matanzas, donada testamentariamente por la señorita Gertrudis Guiteras. Gran obra. Bien familiarizados estuvimos en los setenta cuando nos visitó el Industrial Bank de Rhode Island, que disponía de unos $700,000 en fondos retenidos de esa herencia al no poderse girar las transferencias a Cuba comunista.

Aunque el Municipio en el exilio y un grupo de matanceros tratamos de hacer valer el derecho de los yumurinos a continuar recibiendo ese beneficio, tal y como lo había destinado la señorita Guiteras, en aquel momento no contábamos con los medios y recursos necesarios para defender la posición exitosamente. Hoy hubiera sido bien distinto. Pero, recordemos que todo tiene su razón de ser. Aunque la intención de la donante fue violada, al menos una biblioteca privada aquí quedó producto de aquellos fondos, en el Colegio Belén de Miami.

A través de la lectura muy temprana me familiarizaba con aquel quehacer político, que después con sobrados dotes de observación reforzaba en el transcurso de los días, meses y años.

Un día, cuando tenía menos de siete años, visitaba mi casa el Senador Aquilino Lombard Thorndike. Conversaba en el quicio de la puerta con mi primo Gustavo. Cogí dos maderitas, les presillé un pasquín y lo adherí al poste eléctrico de la calle. Pasaba un señor, de aparente desafío a los procesos electorales, y me dice: "¡Quién ha visto a un niño metido en política! Su padre no lo permitiría". Sin responderle, lo manejé discretamente para no hacerlo de "consumo" familiar.

Public service

The man's comments nonetheless inspired me. That is where I realized my vocation for public service. I wanted to help people and participate in the decision-making process for projects to benefit my community. Less than twenty years later I would put those ideals into practice in Miami but the process was distinctly different than in my homeland.

To become a candidate in Cuba you had to be selected from within the political party at an assembly that was controlled by the party's leadership. In the U.S. anyone can declare his or her candidacy even though the candidate must then, in a partisan election, first be elected in a party primary before qualifying for the general election. Although very different on their face, the two systems are similar in practice because a candidate who lacks resources will have a more difficult time getting elected.

The purpose of this is not to engage in a detailed analysis of elections in Cuba versus the U.S. but rather to highlight that journalism, politics, education, and free enterprise were very dear to me from an early age. Of these, free enterprise is crucial because it is necessary to have a means of generating income to have the time to pursue ideals. All of these pursuits are interwoven and complementary.

While Dr. Rolando Espinosa was my mentor, I have to clarify that I became involved in politics in the U.S. through Maurice Ferre, who at the time was a State Representative and later served as Commissioner and Mayor of the City of Miami, as well as Miami-Dade County Commissioner. I learned a lot from him. I had an idealist bent and the training from my introduction to local politics was intense.

Do loyalty, commitment, sincerity, discretion, and honesty count in politics? It depends. That is not the purpose of this narrative; that is a topic for another time.

Politics builds relationships but rarely does it create friendships.

I crossed paths with Enrique Ros in 1980. We met at a Republican party function at the old Omni Hotel in Downtown Miami. Two days later we had lunch and sealed a spontaneous commitment. Enrique was a gentleman and we changed local politics with the campaign of 20,000 visits when I ran for City Commissioner in Miami. The campaign showcased the power of going door-to-door and getting voters to personally interact with a candidate instead of seeing the person on signs or flyers.

Each day during the campaign Enrique would go walking with me and our friend Rene Dominguez. We had a stack of 3 by 5 cards (there was no electronic database back then) that would serve as the walking list and where I would make notes about each voter to follow-up on later with a phone call, a letter, or a reminder. Enrique Ros' dedication was exceptional.

El servicio público

Sin embargo, aquella frase, me retó a pesar de la corta edad; y ahí oficialicé mi vocación por los asuntos públicos, en un concepto amplio de servicio, ayuda al prójimo, consecución de planes y proyectos de beneficio ciudadano. En fin, algo que en menos de dos décadas después, traté de poner en práctica aquí en Miami, aunque los conceptos y proyecciones son bastante diferentes.

En Cuba las postulaciones había que obtenerlas en las asambleas partidistas, controladas lógicamente por los factores imperantes; aquí cualquiera puede declararse candidato, pero tiene que ir a una elección primaria para llegar a discutir la posición, vehículo que hace más amplia la aspiración pues es el voto popular y no el de "maquinaria" el que puede decidir la candidatura, aunque en la práctica ambas resultan por el estilo si no cuenta con los recursos inevitables. De cualquier modo, cada uno tiene sus propias características y en ambos sistemas hemos encontrado mucha gente con sobrada buena intención.

No es el propósito hacer un ensayo del tema y menos enjuiciar los sistemas. Solo hacer constar que el periodismo, la política, la educación y la libre empresa, vibraron en nosotros desde tiempos bien tempranos. Y conste, el componente de libre empresa, comercio y negocio nunca estuvo ausente, pues siempre entendimos que sin crearse las fuentes financieras es imposible plasmar ilusiones en cualquier época, tiempo o lugar. Todos esos factores tienen que marchar a la par, para poder complementarse. Lo demás es puro cuento.

Si el doctor Rolando Espinosa fue mi gran mentor en estos trajines, debo decir que me asomé a la política a través de Maurice Ferré, entonces Representante Estatal, Comisionado, y Alcalde de Miami en aquella época. Posteriormente Comisionado del Condado. Mucho aprendí por su conducto. Buena escuela.

El ingrediente de idealismo no me faltaba; el entrenamiento espontáneo fue intensivo.

¿Cuentan la lealtad, el compromiso, la sinceridad, la discreción, y la palabra en política?. Todo depende. No es el tema que provoca estos apuntes. En otro momento nos referiremos con más amplitud.

En política se pueden hacer relaciones escasamente amistades.

Enrique Ros apareció en nuestro camino en 1980. Nos encontramos en un acto republicano en el antiguo hotel Omni; dos días más tarde almorzamos, sellamos compromiso espontáneo, desinteresado y caballeroso. Cambiamos la política local, al lanzar la campaña de las 20,000 visitas. Mostramos la necesidad de "tocar puertas", de mostrar al candidato, de instar a votar por alguien que se ha visto y no por un pasquín o anuncio. Así lo hicimos en recorridos diarios, en compañía de René Domínguez, y basado en tarjeteros de papel, no electrónicos, que servían de base a una infraestructura de llamadas, cartas, tarjetas y avisos.

The road to single-member districts

We were also helped by many exceptional Cuban political leaders during that campaign, among them: Senator "Pepin" Gonzalez Puente, Senator "Millo" Ochoa, Dr. Vicente Grau Imperatori, congressmen Roberto Rodriguez de Aragon and Antonio Alonso Avila. Unfortunately all of these great men have passed on. What a privilege it was to have the counsel, contacts, and relationships of these great men in that campaign.

Bruno Barreiro, Sr. was my campaign treasurer, his wife "Mimi" never wavered when it came time to go door-to-door to visit with voters. We all worked together and were learning the ropes as we went along. Miriam and Leonel Alonso, who I met through Lazaro Asencio, helped organize caravans of supporters as we traveled the streets of Miami generating a groundswell of support. Miriam later became active in politics herself.

There were also countless friends who would spontaneously join us to walk precincts, call voters, post campaign signs, host get togethers, and much more. My friends from Matanzas always came through.

I humbly offer that we changed the course of local politics in Miami. In that campaign we also saw present-day Congresswoman Ileana Ros-Lehtinen launch her political career with a successful run for State Representative in the Florida legislature. Bruno Barreiro Jr. has also represented us with honor as a State Representative and as a Miami-Dade County Commissioner.

That effort in 1981 was also the birth of the movement to create single-member districts, an effort in which Enrique Ros immersed himself. Enrique worked tirelessly in the background, analyzing data and poring over census reports. Aside from his significant contributions as a historian and author to preserve Cuba's heritage, Enrique also was responsible for the effort that allowed our community to carve a space in local, state, and national politics.

The political arena requires a much more detailed narrative and I commit to giving it the space and attention that it deserves in a future book.

El camino a los distritos de representación directa

Mucho ayudaron en esa concepción los Senadores "Pepín" González Puente y "Millo" Ochoa, Vicente Grau Imperatori, los congresistas Roberto Rodríguez de Aragón y Antonio Alonso Avila; todos desaparecidos. ¡Qué experiencia, relaciones y contactos para vertebrar una verdadera campaña electoral! Enrique Ros, algo excepcional.

Bruno Barreiro padre, en la Tesorería; "Mimi" no dudó a la hora de tocar puertas, como la recuerdo una vez en la calle nueve del SW. Todos aprendíamos, unos de otros. Miriam y Leonel Alonso, conocidos a través de Lázaro Asencio, no vacilaron en la planificación de caravanas de entonces. Miriam comenzó después una vida política muy activa.

Y junto a ellos un sin fin de amistades que de manera espontánea se incorporaron a las visitas a las casas, bancos telefónicos, colocación de propaganda, actos y más, comenzando por mis afectos de mi nativa Matanzas que nunca me han defraudado.

Con la mayor humildad podemos repetir que se cambió el curso de la política local. Y de ese proceso surgió la necesidad de los distritos electorales, empeño al cual Enrique Ros se dirigió y cuyos primeros resultados lo vimos en la campaña inicial a la legislatura estatal de nuestra hoy congresista Ileana Ros-Lehtinen. Bruno Barreiro Jr. nos representa con honor en la Comisión del Condado Miami-Dade y anteriormente lo hizo en la Legislatura de la Florida.

Con un trabajo muy discreto, profesional, analítico y caballeroso, Enrique Ros, aparte de sus contribuciones a la preservación de la historia cubana, bien puede ser recordado también como uno de los grandes responsables del camino que se comenzó a abrir a principios de los ochenta para la adquisición de un debido y merecido espacio político para aquellos entonces más marginados.

El compromiso queda en pie, algo amplio elaboraremos próximamente para ahondar en temas y detalles que ya van siendo históricos.

Sculpture of Jose Marti at Liberty Park in Matanzas

Dr. Ramon Luis Miranda Torres was Jose Marti's personal physician in New York. In 1905 he paid homage to Marti by installing a sculpture at Liberty Park in Matanzas. The piece was unveiled on February 24, 1909 at a ceremony that included the vice-president of the Republic, Alfredo Zayas, Matanzas mayor Alfredo Carnot, Conrado E. Martinez, and Laura Carnot, who removed the veil.

Italian sculptor Salvatore Buerni was commissioned for the project and it was made in Rome where both statues (Liberty and Marti) were exhibited in August, 1908. The Liberty statue measures 5.5 meters from its base and the statue of Jose Marti, in a meditative pose, is 2.5 meters tall. The piece is cast in bronze and rests on a pedestal of granite from Lombardy that has a volume of 1.5 square meters. There are several bronze accoutrements as well, including a Cuban flag at Marti's feet and a commemorative plaque honoring Dr. Ramon Luis Miranda Torres for his gift.

According to records in the office of the historian of the city of Matanzas, there is a time capsule inside the pedestal and in the days before the official unveiling the capsule was filled with several of Marti's historic literary works such as Ismaelillo, Los Versos Sencillos (The Simple Verses), issues of various newspapers like El Correo de Matanzas, La Nueva Aurora, and El Moderador, along with a collection of coins.

Historical records also note that this sculpture is the most authentic rendition of Jose Marti and that Dr. Miranda Torres spared no expense to make his idea a reality.

A verse from Marti's poetry is also inscribed:

I want that when I die,
Without a homeland but without a master
To have a branch on my tombstone
With flowers and a flag.

Dr. Miranda Torres first wrote about about his idea in an article that was published on May 1, 1903 in New York. The article was reprinted in Excelsior newspaper on August 6, 1928 and in a magazine published by the Cuban Ministry of Education in Havana in 1952.

I am grateful to historian and LIBRE writer Maria Teresa Villaverde Trujillo for providing the information that explains the significance of the statue that presides over this park in Matanzas, which was published in an article in LIBRE on Tuesday, February 7, 2012.

La escultura de Martí en el parque "La Libertad" de Matanzas

El Dr. Ramón Luis Miranda Torres, quien fuera médico personal de José Martí en New York, en 1905 concibió rendir homenaje al Apóstol con una escultura ubicada en el parque La Libertad de Matanzas, que fue inaugurada el 24 de febrero de 1909, en cuyo acto participó el vice presidente de la república Alfredo Zayas, el alcalde municipal Alfredo Carnot, el ingeniero Conrado E. Martínez y Laura Carnot, quien descorrió el velo que lo cubría.

Salvatore Buerni, escultor italiano, tuvo a su cargo la realización del conjunto realizándose en Roma, ciudad donde se exibieron ambas estatuas --- La Libertad y Martí --- en agosto de 1908. En su totalidad posee unos 5.5 metros desde su base.

La estatua de Martí ---se asegura que en pose de meditación--- mide 2.5 metros de alto, confeccionada en bronce y está colocada sobre un pedestal de granito de ravena de Lombardía que conforma un basamento cuya primera base inferior es un cuadro de 1.5 metros cuadrados. Posee varios adornos de bronce, una bandera cubana a los pies del conjunto y una lápida donde señala al Dr. Ramón Luis Miranda Torres como el autor del proyecto.

Según consta en la oficina del historiador de la ciudad de Matanzas, unos días antes de la apertura enterrados fueron en el pedestal escultórico las obras de Martí "Ismaelillo" y "Los Versos Sencillos" así como varios números de los periódicos "El Correo de Matanzas", "La Nueva Aurora", "El Moderador" y una colección de monedas.

Testimonios de la época dieron fe de que esta es la efigie del Apóstol mejor lograda ya que el Dr. Miranda puso todo su empeño en que así se realizara.

En una tarja el verso martiano:

Yo quiero cuando me muera,
sin Patria pero sin amo
tener en mi losa un ramo,
de flores y una bandera.

Todo esto aparece en un artículo redactado por el Dr. Miranda, el primero de mayo de 1903 en New York, y que fue publicado en el periódico "Excelsior" el 6 de agosto de 1928, y en la Revista Cubana, en 1952, por el Ministerio de Educación, La Habana, Cuba.

Agradecemos a la historiadora y colaboradora de nuestro periódico LIBRE, la señora María Teresa Villaverde Trujillo, toda esta información que explica el significado de esa estatua que preside nuestro parque matancero y que fue por nosotros publicada en la edición del martes 7 de febrero de 2012.

The U.S. Embassy in Havana. On July 20, 2015 the building was officially redesignated as the U.S. Embassy after the normalization of relations between the U.S. and Cuba.

Embajada de los Estados Unidos en La Habana, donde oficialmente se reanudaron la relaciones diplomáticas entre los EE.UU. y Cuba este 20 de julio de 2015.

The University of Rio Piedras, Puerto Rico.
Universidad de Río Piedras, Puerto Rico.

In Puerto Rico

In February 1958, my father participated in an international seminar held at the University of Rio Piedras, in Puerto Rico. One of the workshops was conducted by Dr Carmen Gomez de la Tejera. Together with my father in the picture are some of the people who accompainied him on the trip: Dr. Juan A. Faget from Santa Clara, Dr. Armando Rodriguez from Havana, Dr. Mercedes Pacheco from Palma Soriano, Dr. Maria T. Delgado from Havana, Dr. Juan Emilio Alvarez from Havana, and Dr. Victor Oruña from Pinar del Rio.

En Puerto Rico

En el mes de febrero de 1958, participó mi padre en un seminario en la Universidad de Río Piedras, siendo conducida una de las sesiones por la Dra. Carmen Gómez de la Tejera. Junto al Dr. Demetrio Pérez Arencibia, compartían aquella delegación educacional cubana a Puerto Rico, los doctores Juan A. Faget, de Santa Clara; Armando Rodríguez, de La Habana; Mercedes Pacheco, de Palma Soriano; María T. Delgado, de La Habana; Juan Emilio Alvarez, de La Habana y Víctor Oruña, de Pinar del Río.

The seminar was organized by the U.S. Embassy and included participants from other countries, among them: Napoleon Efrain Gonzalez from San Salvador, Hans Leistensechineidar from El Salvador, Edgar Solis Perez from Nicaragua, Jose Dolores Rivera Gonzalez and Maria Isabel Diaz Gomez from Mexico.

I am able to share these memories today because of the forethought of my mother, who always took meticulous notes and taught me to do the same.

Compartieron ese seminario auspiciado por el Punto IV de la Embajada de los Estados Unidos, Napoleón Efraín González, de San Salvador; Hans Leistensehineidar, de El Salvador, Edgar Solís Pérez, de Nicaragua; y María Isabel Díaz Gómez, de México.

Todo esto hoy me permito el privilegio de conservarlo y compartirlo gracias al sentido previsor y preocupado de mi madre, quien cuidaba todos esos detalles y me inculcó continuarlos. A pesar de que la férrea censura castrista no permitía la obtención o recuperación de aquellos recuerdos, no faltó buena voluntad para superarlos y hacérmelos llegar por diferentes vías antes de partir de la isla. Hoy atesoro esas imágenes que tanto me dicen.

On the eve of a New Year: 1962

It was almost midnight on December 31, 1961 when I was with a group of older Scout leaders in front of Liberty Park when three agents of the G-2 security forces appeared and searched me because I had a bulky item in my right pant pocket. They alleged that they had received a report that someone was going to plant a bomb at the corner of Milanes and Santa Teresa streets across from the Andricain building and less than two blocks from my home. It was all false. The bulky item was nothing more than a portable radio that I used to listen to anti-Castro radio programs that were broadcast from abroad.

Among those who were with me that night was Juan Luis Garcia, who was closely tied to the Catholic Church and openly conspiring against the Castro dictatorship. Together with my friend Concha Lopez they used the vehicles from the Social Services to denounce the atrocities being committed. Also there was Mario Laguardia, district chief of the Boy Scouts, and Saul Santana, leader of Troop 3 from the Irene Toland school.

The G-2 agents took me to my house and turned me over to my parents. Every once in a while during that time my father would hear a rumor about my possible detention by State Security.

On April 17, 1961, the day of the Bay of Pigs invasion, my parents had me go into hiding for several days because state security agents were looking for me. Thousands of Cubans, including people from Matanzas and the other provinces of Cuba were herded into concentration camps at the "La Conga" farm, at the Palmar del Junco baseball stadium, at Sports City (Ciudad Deportiva) in Havana, and at many other sites throughout the island. I was not scared despite my young age.

On January 6, 1959 at 9:00 p.m., at the age of 13, I understood that we had to leave Cuba because chaos reigned over the country in the midst of the celebrations that some were enjoying, maybe with good intentions, and the opportunism that others who had until then supported the outgoing government. In the midst of that debauchery of hate and vengeance I made it clear to my parents that we had to leave.

Unfortunately my youthful intuition was right. I would have left that very Three Kings Day if my youth had not prevented me from doing so until three years later.

Sham trials were being held under the name of "revolutionary tribunals" where the accused would summarily be convicted and sentenced to death by firing squad in less than 15 minutes and without even having the opportunity to defend themselves. People were being detained, jailed, and tortured for simply disagreeing with a policy of the regime. The lives of so many good people were cut short and this was only the beginning of 56 years and counting of hatred, terror, crime, and impunity that cannot be erased by a simple change in policy but, rather, by demanding liberty for all just like in 1895.

Long live a free Cuba!

En la víspera de 1962

Cerca de las doce de la noche del 31 de diciembre de 1961, frente al parque La Libertad, junto a un grupo de adultos dirigentes Scouts, ---generalmente me reunía con gente mayor--- aparecieron tres agentes del G-2 a registrarme, porque alegaban que llevaba un bulto en el bolsillo derecho del pantalón del traje que vestía, y que había intención de colocar un explosivo en esa esquina de Milanés y Santa Teresa, frente al edificio Andricaín, a menos de dos cuadras de mi casa.Todo una falsedad. El tal bulto no era más que un radio de transitores, portátil, que usaba para escuchar y compartir las transmisiones radiales anticastristas que se dirigían desde el exterior.

Entre los presentes estaban Juan Luis García, conspirador abierto, muy vinculado a la Iglesia Católica, quien junto a mi amiga Concha López, usaban los vehículos de Bienestar Social para denunciar las atrocidades. También Mario Laguardia, Jefe de Distrito y Saúl Santana, Jefe de la Tropa #3, de Irene Toland.

Los agentes del G-2, me condujeron a mi casa y me entregaron a mis padres. A mi padre a cada rato le llegaban mensajes de amenazas de detención hacia mi.

Cuando la invasión de Playa Girón, 17 de abril de 1961, permanecí escondido muchos días. Me fueron a buscar y no me encontraron. Centenares de cubanos en Matanzas y las seis provincias cubanas, presos en campos de concentración abiertos allá en la finca "La Conga" y el estadio Palmar de Junco. En La Habana, en la Ciudad Deportiva y en infinidades de sitios a través de la isla.

Nada de eso me sorprendía. A pesar de mi corta edad, el 6 de enero de 1959, sobre las 9 p.m., a los trece años entendí clara y visionariamente que había que dejar la isla y que el caos se había apoderado de la nación, en medio de aquel grandioso júbilo popular de unos tal vez de sana intención, y de otros de pleno oportunismo después de grandes vinculaciones al gobierno saliente en medio de aquella borrachera de odio, venganza y bajeza.

Aquel día le dije a mis padres que había que dejar ese país ante lo que venía. Desafortunadamente, no me equivoqué a pesar de mis trece años. Aquel mismo Día de Reyes, me hubiera marchado si la edad me lo hubiera permitido, sin haber esperado tres años después.

Los paredones de fusilamiento, aquellos "tribunales revolucionarios", con sus juicios públicos y hasta radiales, sin oportunidad de defensa para los acusados, las posteriores detenciones, cárceles y horrores por solo discrepar, que troncharon las vidas de tanto cubano bueno, eran solo un anticipo de esos 56 años de odio, terror, crimen e impunidad, que no se borran con un cese del llamado embargo ni una supuesta reanudación de relaciones; sólo con una verdadera libertad como ocurrió en 1895.

¡Viva Cuba Libre!

At the Airport

I recall the beautiful dawn of Sunday, June 3, 1962 as I arrived at Rancho Boyeros airport; the three hours that I spent in the "pecera" (fish bowl), separated by a glass partition from my parents and their friend Martin Tapanes who were there to see me off. I remember the uncertainty that gripped all of us as we waited to board the flight. Several people were told that they would not be allowed to leave. I will never forget how the customs "inspectors" pillaged our belongings, taking anything of value and heartlessly ripping apart family pictures or mementos that some had packed.

I cannot forget how the passengers on the flight broke into enthusiastic applause once the plane took off on its way to freedom. I left Cuba suffering from hay fever but upon touching down in Miami it seemed as if I had dropped that ailment into the ocean below because I have never again had an episode of hay fever.

Years later I would learn that upon returning home to Matanzas, my father developed a heart condition. When he arrived at home my father went to see his friend and neighbor, an eminent cardiologist named Ernesto Varela who ran tests at the Matanzas Medical Center and diagnosed a heart episode provoked by the stress of the separation from his only son. Fortunately we were reunited two years later in Miami.

In contrast to those who attribute a lack of identity to their obligated exile from Cuba and the resulting separation from their families, the decision to leave Cuba was my own and upon arriving in the U.S. I made it my mission to bring my parents here.

Only those who lived the experience of being exiled and arriving alone in a completely foreign land can understand it. While the theme of the book is not a denouncement of Communism, the failed ideology's influence cannot be overlooked. As my father said when taking his final breaths before he died:

"Don't ever forget about the four letters: C-U-B-A."

Date	Name of Child	Birth Date	Visa	Staying With (Name and Address)
3/62	GARCIA FONTE, LAZARO	8-29-48	F	C.W.B. MAT.
"	ANAYA ESCALONA, NATALIA A.	1-13-52	F	CWB. FLA
"	ABREU GOMEZ, ARAMIS	12-13-[illegible]	F	AUNT - EUDALIA ABREU - 520 SW 1 ST. APT 18 - MIAMI
"	PADRON DUEÑAS, ALBERTO	1-8-49	F	FRIEND - RAUL GONZALEZ 3651 SW 3 ST., MIAMI -
"	ALONSO CLAVO, MARIA I.	5-28-46	PAR	FRIEND - [illegible] MARTIN 1545 MERIDIAN AVE. MB. APT. 3 [illegible]
"	ESTRADA FAJARDO, RAQUEL R.	9-28-45	PAR	FRIEND - ISABEL MENDOZA [illegible] NW 30 ST., MIAMI - NE452[illegible]
"	ABADIN MOLINE, JOSE J.	8-14-48	F	COUSIN - EMILIA ABADIN 344 NE - 26 ST. MIA - FR-3-3818
"	NARANJO BERCANDE, FRANCISCO.	11-1-45	PAR	UNCLE - JUAN BERCANDE. FR4095 1612 BRICKELL AVE. MIAMI
"	De la PUENTE RUIZ, ENRIQUE F.	12-24-51	F	FATHER - FELIX DE LA PUENTE 767 NW 35 ST., MIAMI - 634-343[illegible]
"	CALZADILLA BELLO, IVONNE C.	5-9-56	F	GODMOTHER, AIDA TOMAS - 301 SW 1 ST., MIAMI, -
"	CONTRERA EXPOSITO, LAURO E.	8-18-46	F	BROTHER - GILBERTO CONTRERA 119 NE 11 TERR., MIAMI - FR1-7666
"	GONZALEZ CANALS, OTTO I.	11-28-55	PAR	I.R.C. MR. AGUILA
"	PEREZ JORCANO, DEMETRIO A.	8-7-45	PAR	COUSIN - ERNESTO FRIDLEZ 47 NE 65 ST. STARDUST APT. COURT PL 10673
"	ALVAREZ FONT, TERESITA AMELIA	1-5-46	PAR	AUNT - LUCRECIA FONT 2838 NW 1 AVE. - MIA - FR17216
"	GOMEZ MARTIN, GLADYS M.	9-23-45	PAR	RELATIVE - MA. LUISA COSTA CA63181 10340 SW 45 ST. MIAMI -
"	ORTEGA MENENDEZ, FERMINA L.	7-7-49	PAR	CWB - Fla City
"	" " AMPARO I.	10-30-47	PAR	CWB - Fla City
"	" SECUNDINA I.	1-15-46	PAR	CWB - Fla City

Passenger log from the Pan Am flight on Sunday, June 3, 1962, at 10:00 a.m.

Listado de personas que vinieron en el vuelo de Pan American, el domingo 3 de junio de 1962, a las 10:00 a.m.

En el aeropuerto

En la llamada "pecera", aquella vitrina que nos separaba de los familiares que alcanzaban a despedirnos, solo imperaba la inquietud y asaltaba la duda.

Allá mis padres y su amigo Martín Tápanes, que los acompañó al aereopuerto.

Cuando llegaron a Matanzas, mi padre fue a ver a su amigo y vecino el eminente cardiólogo Dr. Ernesto Varela, quien después de unas pruebas en el Centro Médico de Matanzas le diagnosticó un episodio cardíaco que el desprendimiento del hijo único le dejaba. Afortunadamente no transcurrieron dos años para encontrarnos en Miami, sin que la altura de Ciudad México le afectara; por el contrario, lo fortaleciera en la ilusión del encuentro familiar.

En constraste con quienes atribuyen cierta falta de identidad a la salida obligada de Cuba por parte de padres y familiares, pláceme hacer constar que siempre gocé de respeto a mis decisiones y fui yo quien arreglé la salida mía y de mis padres.

Así me asomo el domingo 3 de junio al Aeropuerto de Rancho Boyero hasta dejar la isla, en medio del aplauso estruendoso que se hacía sentir en aquel vuelo camino a la libertad.

Salí de Cuba con un gran padecimiento de "coriza". Al llegar a Miami aquel domingo 3 de junio, parece que la dejé en las aguas del Golfo, hasta el presente.

Haber seguido aquel itinerario solo lo conoce quien lo vivió, de ahí nuestro rechazo al sistema comunista, que no es el tema que ocupa este recuento pero que tampoco puede estar ausente, como decía mi padre en sus horas de despedida y hoy perdura en su tumba:

"Las cuatro letras a no olvidar: CUBA"

At Rancho Boyeros airport with my mother as we welcomed my father home from his trip to Puerto Rico in March, 1958.

Marzo de 1958. En el aeropuerto de Rancho Boyeros con mi madre, recibiendo a mi padre a su regreso de Puerto Rico .

OPERATION PEDRO PAN

OPERACIÓN PEDRO PAN

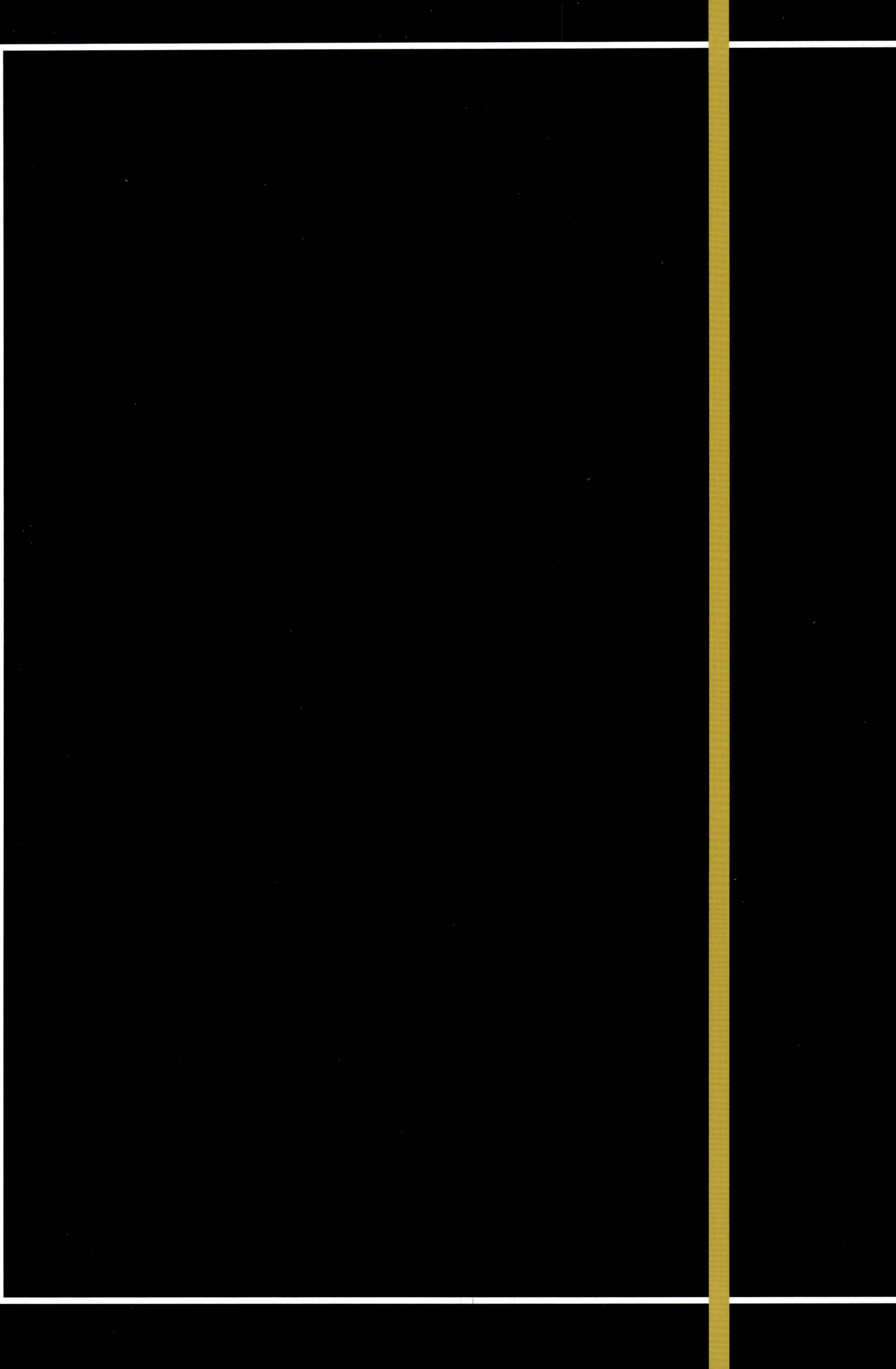

CHAPTER TWO

1962-1980

Entrepreneurial, civic
and political endeavors

CAPÍTULO DOS

1962-1980

Huellas empresariales,
políticas y públicas

Downtown Miami in 1962.

La ciudad de Miami en 1962.

Reunited in Miami

When I was 16, political conditions in Cuba forced me to be separated from my parents as I traveled to Miami in search of freedom. On June 3, 1962 I arrived on American soil as part of Operation Pedro Pan during which more than fourteen thousand Cuban children left their homeland and the Communist tyranny.

After having worked at various jobs available to immigrants (delivering newspapers, cutting grass, selling doughnuts on street corners, picking tomatoes, etc.), I began high school and graduated from Miami Edison Senior High School in 1963. My first formal job was at the AIP news agency.

On April 5th, 1964, I reunited with my parents in Miami.

Miami nos unió

Cuando tenía 16 años de edad, las condiciones políticas me obligaron a separarme de mis padres en busca de libertad, llegando a Miami el 3 de junio de 1962 como parte de la Operación Pedro Pan, mediante la cual más de catorce mil niños y jóvenes cubanos encontramos refugio y libertad en Norteamérica.

Después de desempeñar diferentes tareas al alcance de los refugiados de entonces (distribución de periódicos, mantenimiento de jardines, venta de doughnuts en la calle, recogida de tomates, etc.) me gradué de la escuela Miami Edison, ya había realizado estos estudios en Cuba. Mi primer empleo formal fue en una agencia de noticias.

El 5 de abril de 1964 me vuelvo a reunir con mis padres en Miami.

My arrival in Miami June 3rd, 1962

I remember my arrival at Miami International Airport on the afternoon of June 3, 1962. Back then it was a tiny air strip that bears no resemblance to the bustling airport of today, which continues to expand and develop as one of the world's preeminent gateways.

Awaiting my arrival were my cousin, Ernesto Triolet Solaun, and Mario Diaz Trujillo. The first Matancero (as residents of my hometown are known) that I saw in the U.S. was Jorge Garcia Martinez, who I ran into in a hallway at the airport. Today Jorge is married to a childhood friend, Maria Conchita Botet Jimenez.

I brought a green and white suitcase with three changes of clothing, which was the only thing that the Castro dictatorship allowed me to take. The clothes consisted of the finest Czechoslovakian wool available in Cuba, from Flogart, a department store in Havana. These items were supposed to keep me warm in the harsh northern cold of June.

We boarded a local transit bus to leave the airport. On the way to my cousin's house I saw an ad for a show by Garrido and Piñeiro at the Tivoli Theater on Flagler Street. Two hours later we arrived at the Stardust Cottages at 47 NE 65th Street. The property was owned by an Italian man named Henry Centodocatti. In addition to my cousins there were other familiar faces living at the property: Nena and Manolo Velasco with their children, Nenita and Manolito; Minin Nodarse de Hidalgo Gato and Ramon Hidalgo Gato and their children. On July 4th we would accompany the Hidalgo Gato family to the airport as they left for New York. Also there were Regina and Felix Ferrin and their kids. I also met Martha Trias with her daughter Martha Amalia and her aunt Carmela.

Across the street from the cottages was a Methodist church that held services in Spanish and had a youth group that met on Friday evenings led by minister Norka Feijoo.

My first Fourth of July was spent cutting the grass of the mango grove at the cottages. We sure did enjoy quite a few juicy mangoes that tamped down our hunger.

I started the school year at Miami Edison Senior High School and graduated at the end of the year in 1963. While attending school I also did any odd job that I could find.

I learned so much from the adversity that I faced at that time. It gave me maturity and strengthened my character. I would not be deterred from my goal of reuniting with my parents. When that finally happened it became the first validation of the power of perseverance and persistence that I referred to earlier.

Mi llegada a Miami: 3 de junio de 1962

Queriendo mantener el más elevado grado de positivismo en estos apuntes, recuerdo la llegada al mediodía al Aeropuerto de Miami, algo bien distante a lo que es hoy y seguirá siendo, en su futura expansión y desarrollo.

Me esperaban mi primo Ernesto Triolet Solaún y el Ing. Mario Díaz Trujillo, afecto de la infancia. En los pasillos, el primer matancero que aquí encontré, Jorge García Martínez, hoy casado con otro afecto de la infancia familiar María Conchita Botet Jiménez.

Nos montamos en un ómnibus local. Yo traía una maleta verde y blanca conteniendo las tres mudas de ropa que las reglas permitían, piezas de la más elevada lana checoeslovaca llegada a la tienda Flogart, para prevenir "el supuesto frío" de junio.

En el recorrido, los anuncios del espectáculo de Garrido y Piñeiro en el Teatro Tívoli de Flagler. Casi dos horas más tarde llegamos a la vivienda en unos apartamentos nombrados "Stardust Cottage", propiedad de un señor italiano nombrado Henry Centodocatti, en el 47 NE 65 Street. En el sitio también residían, además de las familias anfitrionas Nena y Manolo Velasco, con Manolito y Nenita; "Minín" Nodarse de Hidalgo Gato y Ramón Hidalgo Gato e hijas, a quienes llevamos al Aeropuerto el 4 de julio camino a New York, antes de asumir el corte de la hierba del sitio y disfrutar una espléndida producción de mangos. También allí Regina y Félix Ferrín e hijos, todos matanceros. Conocimos a Martha Trías y su hija Martha Amalia y su tía Carmela.

Al frente, una Iglesia Metodista de servicios hispanos y reuniones juveniles los viernes, a cargo de la pastora Norka Feijóo.

Mi primer 4 de Julio lo empleamos cortando una espléndida plantación de mangos del sitio de vivienda. Aunque la remuneración fue escasa la cuota de mangos consumida compensó el esfuerzo.

Comencé en la escuela Miami Edison Señor High School de donde me gradué en 1963, a la par que realizaba cuanto trabajo buscara o se me presentara.

My first home in the U.S: Stardust Cottages, 47 NE 65th Street.
Mi primera vivienda en los EE.UU.

De las adversidades de entonces, enseñanzas a granel. Madurez y fortalecimiento de carácter, sin desviar la brújula, cuyo horizonte me indicaba el reencuentro con mis padres, lo cual fue la primera gran muestra de perseverancia y realización, y a lo cual me refiero en los inicios.

Working to bring my parents

I worked hard trying to save money to bring my parents from Cuba. After many sleepless nights and arduous work, on February 14, 1964, I managed to arrange for my parents' departure to Mexico City. They stayed there for two months until April 5th, when we were finally reunited in Miami.

In Miami my parents, who were in their fifties, and I worked hard to realize our dream. My father revalidated his degree and earned another Bachelor's Degree in education at Biscayne College. In 1968 we established the first "Lincoln-Marti School." That is how Lincoln-Marti began.

The effort to create Lincoln-Marti was a lesson in perseverance taught by my parents, who for two years labored in odd jobs until they were able to return to their profession and vocation. They were an example of dedication, integrity, austerity, and responsibility. I can never forget how hard they worked to satisfy the financial obligations that they incurred to start their school.

When they finally had the chance to share in vacations, trips, and simply rest, their health began to fail. They died within four years of each other but they left a legacy that is summed up in the inscription on my father's tombstone: "We will never forget the four letters: C-U-B-A" and the one on my mother's: "Don't leave us in your absence." I complement those sentiments with the inscription on a bench that overlooks their graves: "What I do today you will understand tomorrow."

The vast educational experience of my family helped me to better identify the needs of the new generations, a concept that I summarize under the motto: "Education is one." My father died on April 5, 1988 and my mother on December 27, 1992. Both devoted more than 60 years of their lives to education.

Trabajé arduamente para traer a mis padres

Trabajé duro para ahorrar dinero y poder traer a mis padres de Cuba, lo cual logré el 14 de febrero de 1964, siendo mi primera gran ilusión de extraordinaria satisfacción personal. Mis padres permanecieron en Ciudad México hasta el 5 de abril de ese año, fecha en que nos reunimos en Miami.

Unidos en Miami, mis padres, (quienes ya superaban los cincuenta años), trabajamos arduamente para alcanzar un sueño. En 1968 fundan el primer centro educativo **"Lincoln-Martí"**. Mi padre revalida sus estudios y obtiene un Bachillerato en Educación en Biscayne College. Así comienza **Lincoln-Martí**.

Gran lección de perseverancia al iniciar mis padres, la obra LINCOLN-MARTÍ, después de dos años en todo tipo de empleo hasta llegar al encuentro con sus vocaciones y profesiones.

Dieron ejemplo de dedicación plena, integridad, administración y marcada austeridad, llegando incluso a cumplir en menos de 7 años los compromisos financieros contraídos.

Cuando más podían compartir viajes, recorridos y descansos, la salud los retaba, falleciendo ambos a cuatro años de distancia, aunque dejando un legado ue se resume en el mensaje en la tumba de mi padre. “Que no se olviden las cuatro letras C-U-B-A” y a mi madre: “No nos faltes en ausencia”, a lo que correspondo con una lápida en el mismo campo santo, dirigida a mis sucesores: “Lo que yo hago, tú no lo comprendes ahora; más lo entenderás después…”

La vasta experiencia educativa de la familia es un factor esencial que me permite identificar mejor las necesidades de las nuevas generaciones, algo que resumo en la expresión *"la educación es una"*. Mi padre fallece el 5 de abril de 1988 y mi madre deja de existir el 27 de diciembre de 1992. Ambos dedicaron más de 60 años de sus vidas a la educación.

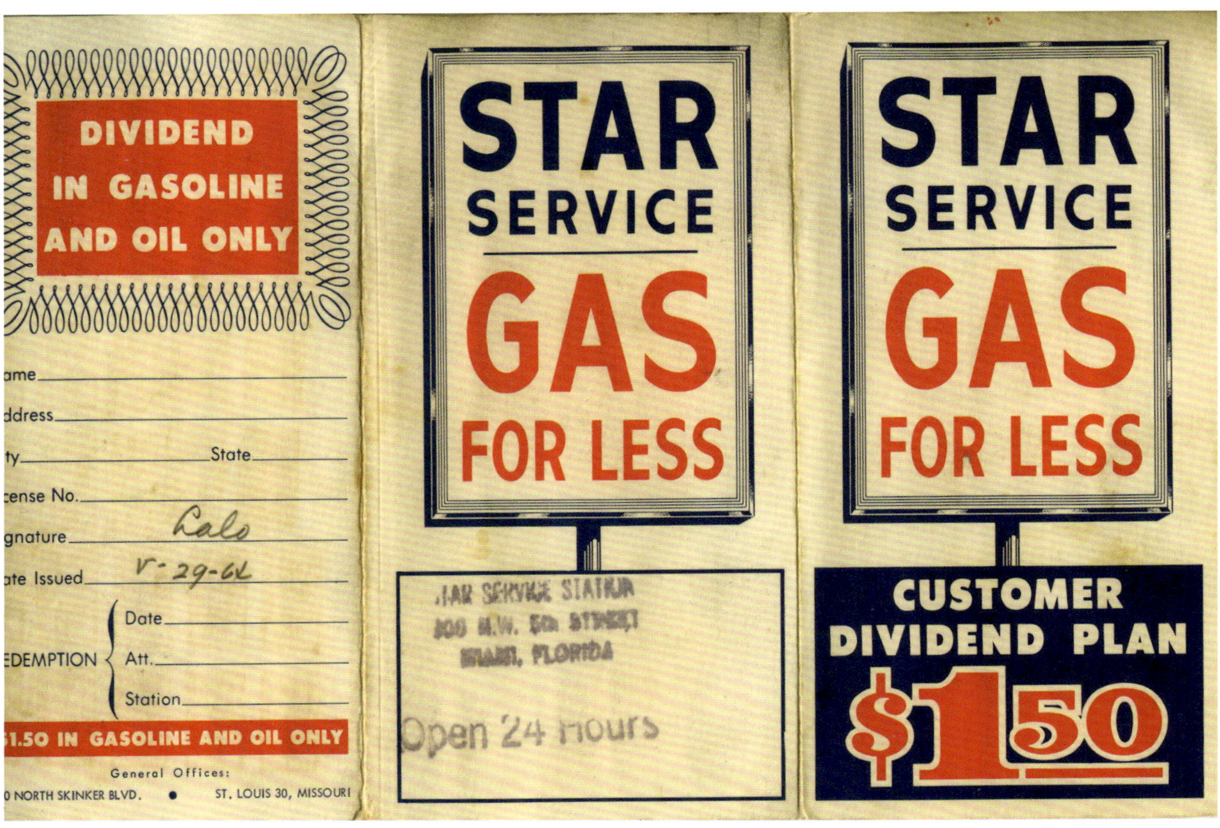

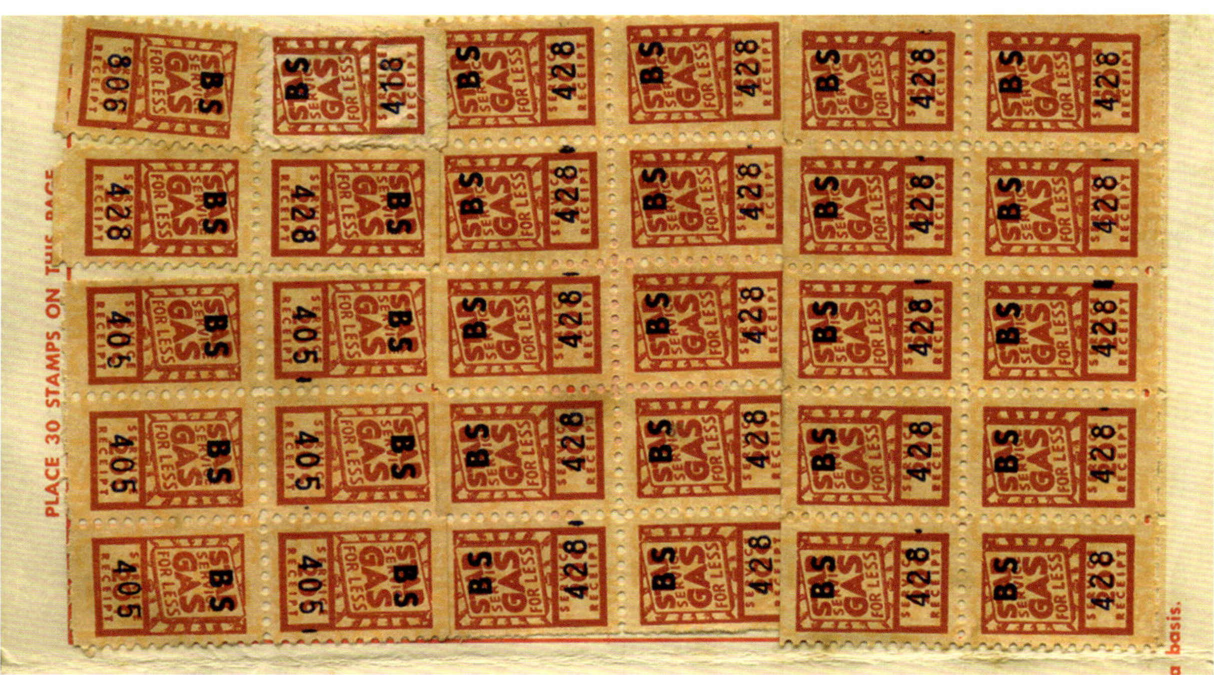

A gallon of gas in 1963 cost 17 cents and I would go to Star Service stations to fill my coupon book so that I could claim a free tank of gas (up to $1.50) after collecting 120 coupons.

Entonces el galón de gasolina costaba unos diez y siete centavos y las gasolineras Star Service ofrecían un tanque gratis ($1.50) después de llenar una libreta de 120 cupones.

My First Job

My first job was with the AIP news agency where I did anything and everything. All I needed was a chance to show what I could do and I relished every opportunity as I loved working in journalism. I soon realized, though, that there was no room for advancement or professional growth there and I longed to do more. I later left the agency to start my own business but my departure was made on very good terms. I remained close friends with my supervisors and co-workers through the end of their lives.

After leaving the AIP news agency I opened a party rental business with a lot of used chairs that I bought from the Rooney Plaza Hotel in Miami Beach. The business was short-lived and I moved on to open a carpet store located in a storefront at what today is the reception area of a building that I occupy on SW 27th Avenue and 8th Street. I bought the building 37 years after I opened that carpet store; another lesson in perseverance.

My parents opened the first Lincoln-Marti two years after they arrived.

Mi primer empleo formal

Muchas fueron las asignaciones hasta lograr el primer empleo formal en la agencia AIP, donde sólo yo necesitaba que me dejaran mostrar cuanto podía ejecutar en aquel campo que mucho me gustaba.

Anticipando su poco sentido empresarial, que tratamos de aportar, y sabiendo la ausencia de espacio para desarrollar potenciales, de manera amistosa y agradecida me encaminé a emprender por cuenta propia, manteniendo excelentes relaciones con sus protagonistas hasta los días finales de casi todos.

Inicié un negocio de renta de sillas, mesas y útiles para fiestas después de comprar un lote de sillas del antiguo Rooney Plaza, en Miami Beach, lo cual mantuve por tiempo limitado.

De ahí me inicio en el giro de alfombras y posteriormente abrí una tienda propia en el lugar que hoy es la recepción del edificio que ocupamos, 2700 SW 8 St., Miami. Casi cuarenta años más tarde regresé en otras condiciones al sitio donde había comenzado. Otra lección de perseverancia.

At the springs of the Máximo River in Camaguey.

En los "cangilones" o piscinas naturales del río Máximo, en Camagüey.

I first opened a party rental business at 7292 NW 1st Court in 1967. In 1968 I opened a carpet warehouse at 580 NW 72nd Street together with Adan Jimeno Soler, who introduced me to the business. In 1970 I opened a carpet showroom under the name "Demetrio's Carpets" at 810 SW 27th Avenue.This last location was the smallest storefront from among the twelve that existed in the building at the centrally located corner of 27th Avenue and Calle Ocho. Thirty seven years later I would return to that location to purchase the entire building. Today the property serves as the headquarters of the LINCOLN-MARTI organization. I came back to where it all began.

Primero abrí una firma de renta de sillas, mesas y artículos de festejos en 7292 NW 1 Ct., en 1967. Un almacén de alfombras en el 580 NW 72 St., junto a Adán Jimeno Soler, quien me enseñó el giro, en 1968, y en marzo de 1970 abrí "Carpets by Demetrio", tienda de exhibición de alfombra, en el 810 SW 27 Ave, Miami, en el más pequeño de una docena de establecimientos comerciales que allí existían, en la céntrica esquina de la avenida veinte y siete y la Calle Ocho del south west de Miami, lugar al que regresé treinta y siete años más tarde (2007), donde aquel salón de exhibición sirve hoy de recepción a las oficinas centrales del Grupo LINCOLN-MARTÍ que ocupa todos los espacios de las antiguas tiendas de entonces. Una vez más, "todo regresa a su lugar de origen".

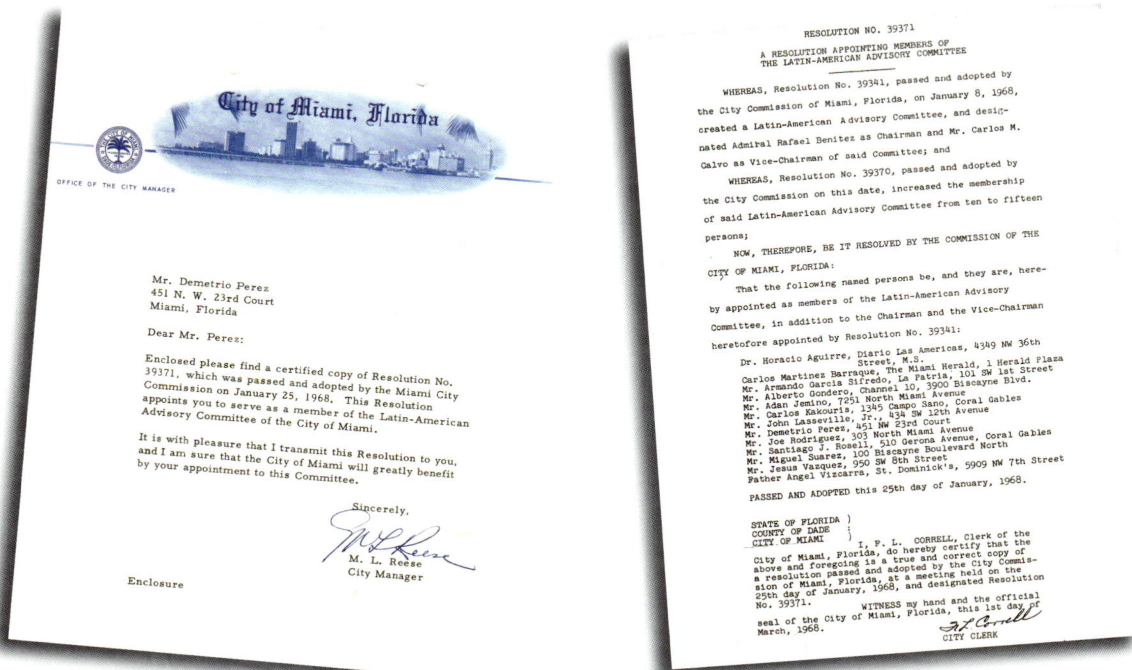

City of Miami, Florida

OFFICE OF THE CITY MANAGER

Mr. Demetrio Perez
451 N. W. 23rd Court
Miami, Florida

Dear Mr. Perez:

Enclosed please find a certified copy of Resolution No. 39371, which was passed and adopted by the Miami City Commission on January 25, 1968. This Resolution appoints you to serve as a member of the Latin-American Advisory Committee of the City of Miami.

It is with pleasure that I transmit this Resolution to you, and I am sure that the City of Miami will greatly benefit by your appointment to this Committee.

Sincerely,

M. L. Reese
City Manager

Enclosure

RESOLUTION NO. 39371

A RESOLUTION APPOINTING MEMBERS OF THE LATIN-AMERICAN ADVISORY COMMITTEE

WHEREAS, Resolution No. 39341, passed and adopted by the City Commission of Miami, Florida, on January 8, 1968, created a Latin-American Advisory Committee, and designated Admiral Rafael Benitez as Chairman and Mr. Carlos M. Calvo as Vice-Chairman of said Committee; and

WHEREAS, Resolution No. 39370, passed and adopted by the City Commission on this date, increased the membership of said Latin-American Advisory Committee from ten to fifteen persons;

NOW, THEREFORE, BE IT RESOLVED BY THE COMMISSION OF THE CITY OF MIAMI, FLORIDA:

That the following named persons be, and they are, hereby appointed as members of the Latin-American Advisory Committee, in addition to the Chairman and the Vice-Chairman heretofore appointed by Resolution No. 39341:

Dr. Horacio Aguirre, Diario Las Americas, 4349 NW 36th Street, M.S.
Carlos Martinez Barraque, The Miami Herald, 1 Herald Plaza
Mr. Armando Garcia Sifredo, La Patria, 101 SW 1st Street
Mr. Alberto Gondero, Channel 10, 3900 Biscayne Blvd.
Mr. Adan Jemino, 7251 North Miami Avenue
Mr. Carlos Kakouris, 1345 Campo Sano, Coral Gables
Mr. John Lasseville, Jr., 434 SW 12th Avenue
Mr. Demetrio Perez, 451 NW 23rd Court
Mr. Joe Rodriguez, 303 North Miami Avenue
Mr. Santiago J. Rosell, 510 Gerona Avenue, Coral Gables
Mr. Miguel Suarez, 100 Biscayne Boulevard North
Mr. Jesus Vazquez, 950 SW 8th Street
Father Angel Vizcarra, St. Dominick's, 5909 NW 7th Street

PASSED AND ADOPTED this 25th day of January, 1968.

STATE OF FLORIDA)
COUNTY OF DADE :
CITY OF MIAMI)

I, F. L. CORRELL, Clerk of the City of Miami, Florida, do hereby certify that the above and foregoing is a true and correct copy of a resolution passed and adopted by the City Commission of Miami, Florida, at a meeting held on the 25th day of January, 1968, and designated Resolution No. 39371.

WITNESS my hand and the official seal of the City of Miami, Florida, this 1st day of March, 1968.

F. L. Correll
CITY CLERK

My First Civic Appointment

On January 25, 1968, the City of Miami Commission issued Resolution 39371, appointing me as a member of the Latin American Advisory Committee of the City of Miami. This designation served as my formal entry into public service and I felt a moral duty to make a contribution to the work that was being done. There were many prominent members of the community from whom I learned quite a bit on the committee, among them: Dr. Horacio Aguirre, Alberto Gandero, Armando Garcia Sifredo, Carlos Martinez Barraque, Adan Jimeno, Carlos Kakouris, John Lasseville, Joe Rodriguez, Santiago J. Rosell, Miguel Suarez, Jesus Vazquez, Juan Amador Rodriguez, Rev. Angel Vizcarra, Carlos M. Calvo and Admiral Rafael Benitez, who served as the chairman of the committee. I was appointed as the committee's secretary.

The committee meetings were held at the former site of the city of Miami's administration building on Northwest 12th Avenue and 11th Street.

You could say that at the age of twenty two, this was the beginning of my political career.

That appointment also reminded me of how far I had come. I remembered the day in 1963 in which I purchased my first car from a coworker named Roberto García. It was a used 1951 Plymouth that cost me $60.00 payable in 6 installments. A gallon of gas at the time cost 17 cents and I would go to Star Service stations to fill my coupon book so that I could claim a free tank of gas (up to $1.50) after collecting 120 coupons.

Mi más temprana designación

El 25 de enero de 1968, a través de la Resolución 39371, de la Comisión de la Ciudad de Miami, fui designado a la Comisión Asesora de Asuntos Latinoamericanos de la Ciudad, nombramiento que me valió para oficializar mis opciones de ese giro de servicios, ayudar y aportar en el compromiso público, junto a una serie de figuras prominentes de quienes mucho podía aprender, entre quienes se encontraban el Dr. Horacio Aguirre, Alberto Gandero, Armando García Sifredo, Carlos Martínez Barraqué Adán Jimeno, Carlos Kakouris, John Lasseville, Joe Rodríguez, Santiago J. Rosell, Miguel Suárez, Jesús Vázquez, Juan Amador Rodríguez, el Padre Angel Vizcarra, Carlos M. Calvo, y el Almirante Rafael Benítez, que asumió la presidencia, siendo yo designado secretario.

Las reuniones públicas se celebraban en la antigua sede municipal, donde estuviera el Departamento de Policía de la Ciudad, en la avenida doce y la calle once del north west.

Pudiéramos decir que allí abrimos nuestro inicio más formal en la participación pública en Miami. Tenía 22 años de edad.

Esa designación me recordaba el contraste con la adquisición de un auto Plymouth 1951, en 1963, por $60.00 pagadero en seis plazos mensuales a mi colega de AIP Roberto García. Entonces el galón de gasolina costaba unos diez y siete centavos y las gasolineras Star Service ofrecían un tanque gratis ($1.50) después de llenar una libreta de 120 cupones.

John Sadler, executive of Southern Bell, Admiral Rafael Benitez, Carlos M. Calvo, Alberto Gandero, Jesus Vazquez, Eliseo Riera Gomez, Adan Jimeno, Santiago Rosell, Anita Llano, and I.

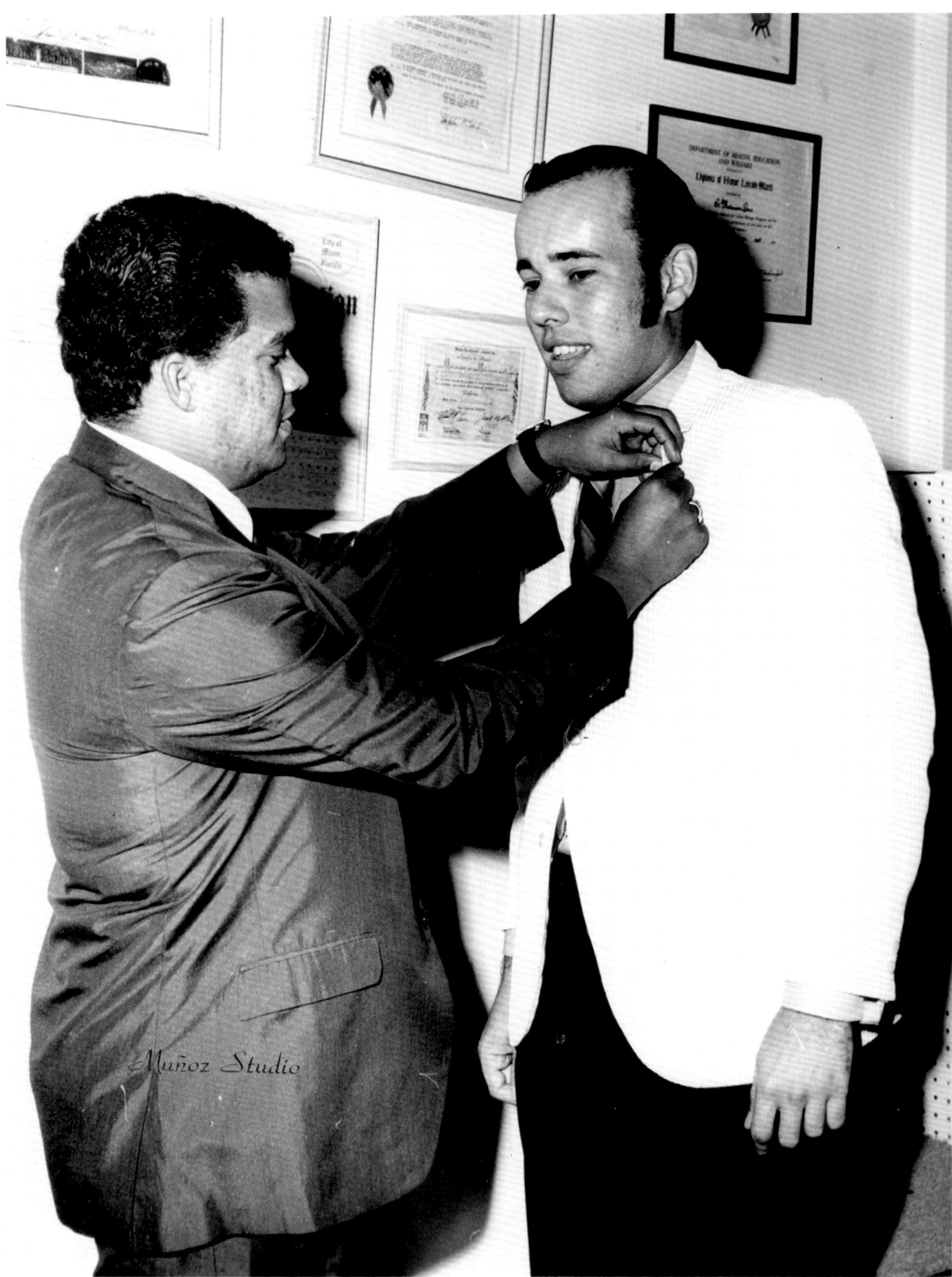

I was honored by the former Cuban National Commissioner of Training of the Cuban Boy Scouts, Armando Salas Martínez, when he visited Miami.

Fui honrado por el ex Comisionado Nacional de Adiestramiento de los Boy Scouts de Cuba, Armando Salas Martínez, entonces residiendo en América Central y visitando Miami.

At an event at the YMCA International José Marti of which I was a board member. It was located at 450 SW 16 Avenue. Today the building houses a Lincoln-Martí campus.

En un acto en el auditorium de la YMCA Internacional José Martí, a cuya directiva pertenecí, en el 450 SW 16 Ave. Hoy esa edificación es ocupada por el grupo Lincoln-Martí.

The Matancero Ausente Banquet now in Miami

Matanzas native Edmundo Amoros made a spectacular catch on a ball hit by Yogi Berra in the 1955 World Series. The catch saved the series for the Brooklyn Dodgers and made Amoros a hero. That November he was honored in Matanzas when the annual celebration of the day of the Matancero was dedicated to him.

There was a banquet in Amoros' honor at the Gelpi Technology Institute in Matanzas and several other public ceremonies celebrating the triumph of this native son who in 1949 had been the leading hitter of the Cuban youth league where he played for the Deportivo Pueblo Nuevo team from Matanzas. In 1951 Amoros was the leading hitter in the Venezuelan baseball league playing for the Maracaibo baseball club. He did the same during the Caribbean World Series in 1952 in Panama. In 1953 he led the Cuban winter league in hitting while playing for Havana. He was a star in Major League Baseball.

At 10 years of age, I helped to organize those events alongside my father. It was that experience which prompted me to propose the resurrection of the traditional Dia del Matancero Ausente in Miami in 1966. Since then this traditional celebration, which originated in Cuba, has been kept alive and given the people of Matanzas the opportunity to come together in Miami to see their old friends and neighbors.

This picture shows me receiving one of the first honors ever given to me from the people of my hometown. It was given by Dr. Delia Diaz de Villar, together with Oscar Mechoso, Juan Miguel Andricain, my father, Rene Dominguez, Enrique del Campo, Eduardo Gonzalez Rubio, Pedro Milian, and Agustin Alles Soberon.

Recibí uno de mis primeros honores de parte de mis coterráneos de Matanzas, entregado por la Dra. Delia Diaz de Villar en unión de Oscar Mechoso, Juan Miguel Andricaín, Demetrio padre, René Domínguez, Enrique del Campo, Eduardo González Rubio, Pedro Milián y Agustín Alles Soberón.

El Día del Matancero Ausente ahora en Miami

Aquella jugada que llevó a Edmundo Amorós a la cúspide de la fama beisbolera: su captura espectacular de un largo batazo de Yogi Berra, que salvó para los Dodgers la Serie Mundial de Béisbol de 1955, lo hizo acreedor del reconocimiento de todos sus coterráneos, dedicándole el "Día del Matancero Ausente", de entonces a honrar su carrera deportiva a través de aquella jugada.

Un banquete celebrado en el Instituto Tecnológico de Gelpi, en Matanzas, y muchos otros actos en su honor, sellaron aquel triunfo del destacado coterráneo que en 1949 había alcanzado el "champion bate" de la Liga Juvenil Cubana jugando para el Deportivo "Pueblo Nuevo" de Matanzas. En 1951, quedó en primer lugar entre los bateadores de la Liga de Venezuela al defender las franelas del Club Maracaibo. Igual galardón obtuvo en la Serie Mundial del Caribe de 1952, en St. Paul, Montreal, en 1953. El mismo año fue "champion bate" de la Liga Invernal Cubana cuando jugó para el Club Habana. En las Grandes Ligas siempre fue un ídolo.

Con apenas 10 años de edad entonces, estuve muy cerca de la organización de aquellos eventos a través de mi padre, recuerdos que me motivaron en 1966 a proponer en Miami la celebración anual del "Día del Matancero Ausente", continuación de aquella tradición establecida en Cuba republicana, y la cual ha sido mantenida a través de los años, dando oportunidad a matanceros y amigos de muchas otras regiones de viajar a Miami para participar en esos actos.

People from more than 20 cities came to Miami.

Matanceros de más de veinte ciudades viajaron a Miami.

Here I am with a group visiting from Tampa.

Con una comitiva de Tampa.

Matancero Ausente Day

The annual celebration of the *Matancero Ausente* in November is an opportunity to reunite the people of Matanzas who are now dispersed throughout the world. Today the children and grandchildren of *Matanceros,* as the people of Matanzas are called, accompany their elders from countries as far as Germany, Spain, France, Puerto Rico, and cities throughout the U.S.

The banquet features the Continental Brass band which is led by Matancero Jesus Argain, and Mariachi group Mexico 97 has livened the festivities at the Yumuri Farm where Matanceros gather informally on the afternoon before the banquet to enjoy a typical Cuban country-style meal featuring roast pork. The event is held each year at the Big Five Club in Miami.

This celebration was an annual tradition in Cuba prior to the current dictatorship taking power. It was reestablished in Miami in 1966.

El Día del Matancero Ausente

La celebración anual del Día del Matancero Ausente, en el mes de noviembre, se ha convertido en la oportunidad de reunir a los matanceros dispersos, contando con la presencia de decenas de hijos y vecinos de esa ciudad radicados hoy en diferentes ciudades, estados y países, incluso de Francia, Alemania, España y Puerto Rico vienen con frecuencia.

Animados por la Orquesta Continental Brass, del músico de Matanzas Jesús Argaín, y el Mariachi México 97, hemos compartido una reunión con los matanceros de otras ciudades en la Finca Yumurí, donde disfrutamos el exquisito lechón asado típico cubano. Y posteriormente el banquete formal en los salones del Club Big Five de Miami.

Una tradición mantenida desde 1966, y que es prolongación de la antes celebrada en Cuba cuando era república democrática.

Dr. Dominica Alcantara, an accomplished painter.

La pintora Dra. Dominica Alcántara.

Cooking the roast pork at the Yumuri Farm.

Un lechón en la Finca Yumurí.

Mariachis Mexico 97 at the Yumuri Farm.

El Mariachi México 97 en la Finca Yumurí.

Martin Dihigo Llanos "The Immortal One" To the Baseball Hall of Fame

Martin Dihigo was born on May 25, 1905 in Matanzas. He went on to play more than 500 games in the Cuban professional league. He had a .300 batting average during 23 seasons and lead the league in hitting during the 1927-1928 season while playing for Havana. He also lead the league with 42 homeruns in the 1935-1936 season on the Santa Clara team. Dihigo was the league MVP in 1927-1928, in 1935-1936 playing for Marianao, and in 1941-1942 with Havana.

Dihigo was a great talent who excelled both offensively and defensively. In 1935-1936 he was named the best pitcher in the Cuban league with 11 wins and 2 losses. That same year he was the leading hitter in the league with a .358 batting average. In 1938-1939 he was named the league's best hitter and pitcher when he had a .389 batting average while winning 18 games and losing 2.

The first no-hitter in the Mexican baseball league was pitched by Martin Dihigo on September 16, 1937 while playing with Aguila de Veracruz. Dihigo went on to play for and manage teams in Panama, Dominican Republic, Venezuela, and Puerto Rico.

I lead a crusade with the Municipality of Matanzas in Exile and other exile organizations to induct The Immortal One into the Baseball Hall of Fame in Cooperstown, New York. Dihigo was elected to the Cuban Baseball Hall of Fame in 1955. In 1964 he was elected to the Mexican Baseball Hall of Fame and he was among 12 players from the Negro League to be inducted into Cooperstown.

I feel honored to have been part of the campaign to make Martin Dihigo part of the Major League Baseball Hall of Fame, resulting in his formal induction on August 8, 1977 during a ceremony that I proudly attended.

Baseball Hall of Fame in Cooperstown, New York.

Salón de la Fama del Baseball, en Cooperstown, Nueva York.

Martín Dihigo Llanos, "El Inmortal" al Hall de la Fama del Baseball

Martín Dihigo Llanos nació el 25 de mayo de 1905 en la ciudad de Matanzas.

Dihigo participó en más de 500 juegos en la Liga Profesional de Baseball cubano. Tenía un promedio de 300 al bate en 23 temporadas, siendo el líder durante la Serie 1927-1928 con el equipo de La Habana, y también en la temporada 1935-936 con 42 "Homeruns" jugando para el Santa Clara.

Fue declarado el jugador más útil a sus equipos en 1927-1928 jugando para el Habana; 1935-1936 para el Marianao y 1941-1942 para el Habana.

Estableció dos marcas mundiales que no fueron superadas en muchos años. Durante la temporada 1935-1936 mientras dirigía el equipo de Santa Clara ganó el Campeonato de Pitcheo con 11 juegos ganados y 2 perdidos y un promedio al bate de 358 mereciendo el "Champion Batter". En 1938 estableció otra marca al ganar tres títulos muy codiciados: "Champion Batter", con 389; "Champion Pitcher", con 18 juegos ganadosy dos perdidos, siendo quien menos "Homeruns" permitió en la temporada con un promedio de 0.90 por ciento por juego.

El primer "No Hit, no Run" registrado en las Ligas Mexicanas el 16 de septiembre de 1937, en Veracruz, con el "Ágil de Veracruz" y una puntuación 4-0. Después, jugó y dirigió en Panamá, Santo Domingo, Venezuela y Puerto Rico, participando en 262 juegos, con 106 juegos.

Martín Dihigo fue seleccionado al Salón de la Fama en Cuba en 1955. Después, en México, en 1964. Y en EE.UU. entre los 12 jugadores seleccionados para formar el Salón de Cooperstown, en la Galería de las Ligas Profesionales de los jugadores negros.

A través del Municipio de Matanzas y numerosas instituciones del exilio cubano, encabecé una cruzada para solicitar la inclusión de "El Inmortal" en el Salón de la Fama del Baseball, de Cooperstown, New York.

Honrados nos sentimos al haber promovido aquella campaña que culminó con su inmortalización en el Salón de Cooperstown el 8 de agosto de 1977, a cuya ceremonia tuvimos el honor de asistir.

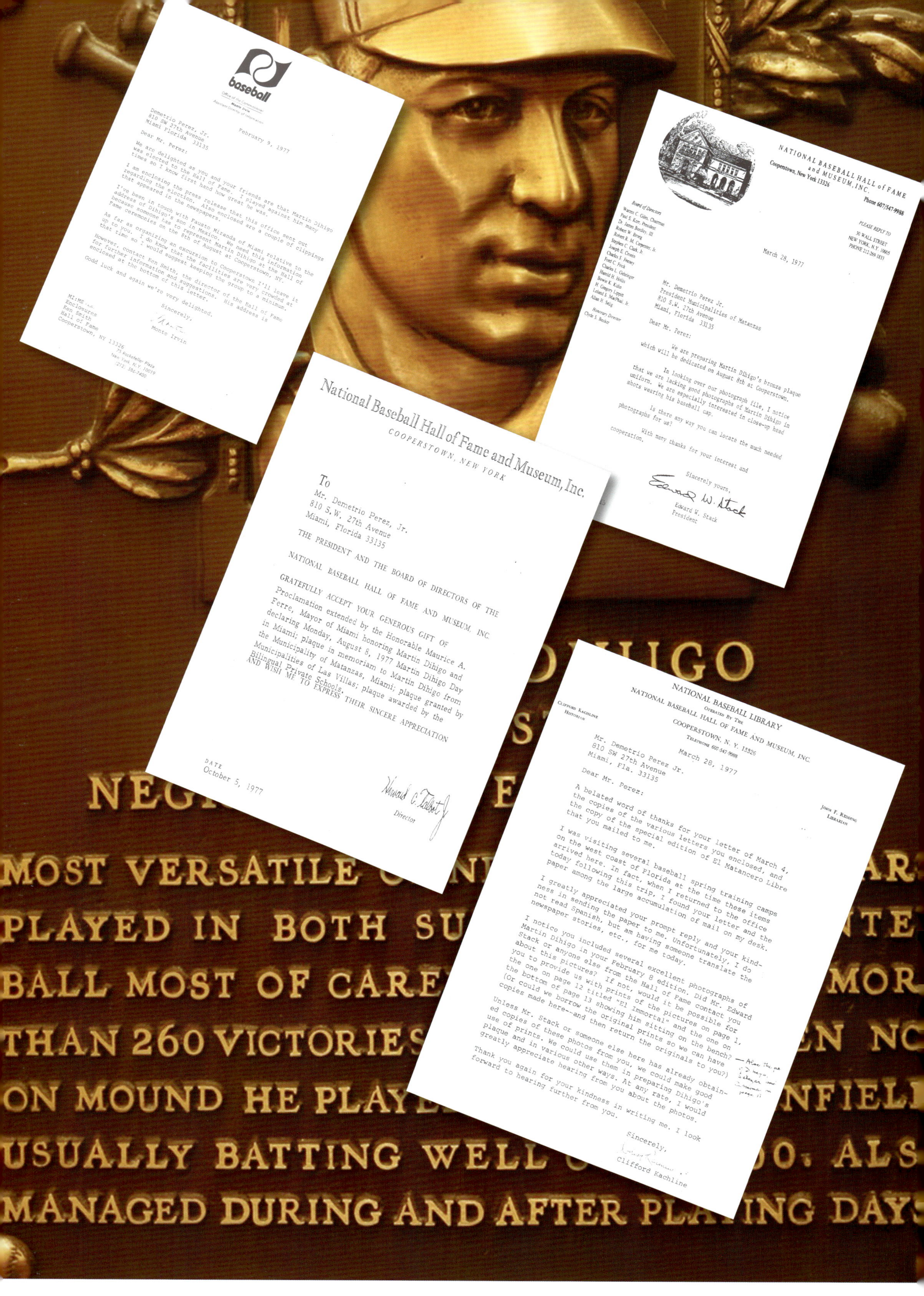

baseball
Office of the Commissioner
Monte Irvin
Assistant Director of Information

February 9, 1977

Demetrio Perez, Jr.
810 SW 27th Avenue
Miami Florida 33135

Dear Mr. Perez:

We are delighted as you and your friends are that Martin Dihigo was elected to the Hall of Fame. I played against him many times so I know first hand how great he was.

I am enclosing the press release that this office sent out regarding the election. Also enclosed are a couple of clippings that appeared in the newspapers.

I've been in touch with Fausto Miranda of Miami relative to the address of Dihigo's son in Mexico. We need this information because someone has to represent Martin Dihigo at the Hall of Fame ceremonies on the 8th of August at Cooperstown, NY.

As far as organizing an excursion to Cooperstown I'll leave it up to you. I do know that the facilities are very crowded at that time so I would suggest keeping the group to a minimum. However, contact Ken Smith, the director of the Hall of Fame for further information and suggestions. His address is enclosed at the bottom of this letter.

Godd luck and again we're very delighted.

Sincerely,

Monte Irvin

MI:MS
Enclosures
Ken Smith
Hall of Fame
Cooperstown, NY 13326

75 Rockefeller Plaza
New York, N.Y. 10019
(212) 586-7400

NATIONAL BASEBALL HALL of FAME
and MUSEUM, INC.
Cooperstown, New York 13326
Phone 607/547-9988

Board of Directors
Warren C. Giles, Chairman
Paul S. Kerr, President
Dr. James Bordley, III
Robert W. Broeg
Robert R. M. Carpenter, Jr.
Stephen C. Clark, Jr.
Joseph E. Cronin
Charles S. Feeney
Ford C. Frick
Charles L. Gehringer
Harold H. Hollis
Bowie K. Kuhn
H. Gregory Lippitt
Leland S. MacPhail, Jr.
Allan H. Selig

Honorary Director
Clyde S. Becker

PLEASE REPLY TO
30 WALL STREET
NEW YORK, N.Y. 10005
PHONE 212-269-1833

March 28, 1977

Mr. Demetrio Perez Jr.
President Municipalities of Matanzas
810 S.W. 27th Avenue
Miami, Florida 33135

Dear Mr. Perez:

We are preparing Martin Dihigo's bronze plaque which will be dedicated on August 8th at Cooperstown.

In looking over our photograph file, I notice that we are lacking good photographs of Martin Dihigo in uniform. We are especially interested in close-up head shots wearing his baseball cap.

Is there any way you can locate the much needed photographs for us?

With many thanks for your interest and cooperation.

Sincerely yours,

Edward W. Stack
President

National Baseball Hall of Fame and Museum, Inc.
COOPERSTOWN, NEW YORK

To
Mr. Demetrio Perez, Jr.
810 S.W. 27th Avenue
Miami, Florida 33135

THE PRESIDENT AND THE BOARD OF DIRECTORS OF THE
NATIONAL BASEBALL HALL OF FAME AND MUSEUM, INC.
GRATEFULLY ACCEPT YOUR GENEROUS GIFT OF
Proclamation extended by the Honorable Maurice A. Ferre, Mayor of Miami honoring Martin Dihigo and declaring Monday, August 8, 1977 Martin Dihigo Day in Miami; plaque in memoriam to Martin Dihigo from the Municipality of Matanzas, Miami; plaque granted by Municipalities of Las Villas; plaque awarded by the Bilingual Private Schools.
AND WISH ME TO EXPRESS THEIR SINCERE APPRECIATION

DATE
October 5, 1977

Howard C. Talbot Jr.
Director

NATIONAL BASEBALL LIBRARY
OPERATED BY THE
NATIONAL BASEBALL HALL OF FAME AND MUSEUM, INC.
COOPERSTOWN, N. Y. 13326
TELEPHONE 607-547-9988

CLIFFORD KACHLINE
HISTORIAN

JOHN F. REDDING
LIBRARIAN

March 28, 1977

Mr. Demetrio Perez Jr.
810 SW 27th Avenue
Miami, Fla. 33135

Dear Mr. Perez:

A belated word of thanks for your letter of March 4, the copies of the various letters you enclosed, and the copy of the special edition of El Matancero Libre that you mailed to me.

I was visiting several baseball spring training camps on the west coast of Florida at the time these items arrived here. In fact, when I returned to the office today following this trip, I found your letter and the paper among the large accumulation of mail on my desk.

I greatly appreciated your prompt reply and your kindness in sending the paper to me. Unfortunately, I do not read Spanish, but am having someone translate the newspaper stories, etc., for me today.

I notice you included several excellent photographs of Martin Dihigo in your February 8 edition. Did Mr. Edward Stack or anyone else from the Hall of Fame contact you about this pictures? If not, would it be possible for you to provide us with prints of the pictures on page 1, the one on page 12 titled "El Immortal" and the one on the bottom of page 13 showing him sitting on the bench? (Or could we borrow the original prints so we can have copies made here--and then return the originals to you?)

Unless Mr. Stack or someone else here has already obtained copies of these photos from you, we could make good use of prints. We could use them in preparing Dihigo's plaque and in various other ways. At any rate, I would greatly appreciate hearing from you about the photos.

Thank you again for your kindness in writing me. I look forward to hearing further from you.

Sincerely,

Clifford Kachline

MARTIN DIHIGO
"EL MAESTRO"
NEGRO LEAGUES 1923-1947
MOST VERSATILE OF NEGRO LEAGUE STARS.
PLAYED IN BOTH SUMMER AND WINTER
BALL MOST OF CAREER. REGISTERED MORE
THAN 260 VICTORIES AS PITCHER. WHEN NOT
ON MOUND HE PLAYED OUTFIELD OR INFIELD,
USUALLY BATTING WELL OVER .300. ALSO
MANAGED DURING AND AFTER PLAYING DAYS.

LIBRE newspaper and other challenges

I founded LIBRE newspaper on July 4, 1966 as El Matancero Libre. It has been published every week since then, 52 times per year. The print edition presently has 64 pages and the newspaper's website (www.libreonline.com) features up-to-the-minute news coverage and current events.

LIBRE's 50th anniversary is just around the corner.

I also broadcast two commentaries each day on the radio. These editorials are also distributed via e-mail to the thousands of people who subscribe to my mailing list.

There is also the www. lincolnmarti.tv website which broadcasts information about the schools, news, and other events of interest to the community.

I also organize an annual banquet and reunion for the residents of my hometown of Matanzas in Cuba. This yearly event brings together the former residents of Matanzas, who were dispersed due to their exile from Cuba, along with their families every November.

I also prepare the annual José Martí Parade, an endeavor that I have undertaken since 1974. The parade takes place on January 28th of each year to celebrate the legacy of José Martí while bringing together families and students from public and private schools in Miami-Dade. The parade is part of the City of Miami's official events.

In 2002 I created the International Poetry Contest which is held each year at the Manuel Artime Auditorium in Miami to coincide with the celebration of Cuban independence on May 20th. The contest receives entries from around the world and the submissions are reviewed by a panel of distinguished academics and intellectuals who select the award-winning entries.

These are some of the highlights from more than four decades of work in education, business, journalism, civics, and politics. These tireless efforts are summarized in my mantra:

"What I do today, you will understand tomorrow."

El periódico LIBRE y otros retos

Pude ver mi sueño y vocación de periodista hechos realidad con la fundación del periódico LIBRE, el 4 de Julio de 1966. LIBRE se publica semanalmente durante las 52 semanas del año. Su edición escrita consta de 64 páginas y la electrónica puede obtenerse en www.libreonline.com con cobertura de noticias y eventos recientes. Ya próximo a celebrar su cincuenta aniversario, como otra buena prueba de la ley de la perseverancia.

Realizo los "comentarios" radiales diarios, los que además de ser trasmitidos por radio, son distribuidos gratis, a través de correos electrónicos, a millares de suscriptores. También existe www.lincolnmarti.tv que televisa las informaciones sobre las escuelas, noticias y eventos de actualidad.

Desde 1966 organizo, la celebración anual del Día del Matancero Ausente, dando oportunidad de intercambio y reunión a los hijos y vecinos de su municipalidad de Matanzas en el exilio.

Dirijo desde 1974 la Parada Escolar Martiana, cada 28 de enero en el día del aniversario del natalicio del apóstol cubano, reuniendo a autoridades, familias y estudiantes de escuelas públicas y privadas de Miami-Dade para honrar el legado de José Martí, cuya actividad es reconocida e incluida en el calendario oficial de eventos de la Ciudad de Miami.

También tengo el privilegio de patrocinar y convocar, desde 2002, un concurso internacional anual de poesías, a cargo de un prestigioso Tribunal, teniendo su acto de premiación en la fecha o alrededores del 20 de mayo de cada año en el Teatro Manuel Artime, con la participación de poetas de diferentes ciudades, estados y países.

He resumido algunas de las actividades a través de más de cuatro décadas en la educación, empresas, comunicaciones, cívicas y políticas, en el contenido de este Salmo:

"Lo que hago hoy, lo entenderán mañana"

JULY 1966
EL MATANCERO LIBRE
ORGANO OFICIAL DEL
MUNICIPIO DE MATANZAS EN EL EXILIO
Año I
Julio de 1966
No.1
JUNE 2015
LIBRE
Celebrando 49 años
Ex-Presidente Lucio Gutiérrez denuncia "Golpe" para poner a Correa
34
DIRECTOR: Demetrio Pérez Jr.

I.A.P.A

On November 4, 1967, on the occasion of the reunion of exiled residents of the town of Matanzas in Cuba, known as the banquet of the Matancero Ausente in Miami, Dr. Horacio Aguirre, founder of Diario Las Americas daily newspaper and board member of the Inter-American Press Association (I.A.P.A) presented me with the membership certificate for El Matancero Libre (LIBRE) in the IAPA after its application for admission was approved during the IAPA's assembly in San Juan, Puerto Rico in October of the same year.

S.I.P.

El 4 de noviembre de 1967, al celebrarse el Día del Matancero Ausente, el Dr. Horacio Aguirre, fundador de "Diario Las Américas", y dirigente de la Sociedad Interamericana de Prensa (S.I.P.) me entregó el certificado y botón de membresía de esa institución, comunicándome el acuerdo de aceptación adoptado en reciente asamblea celebrada en octubre en San Juan, Puerto Rico.

An Education Laboratory

Italian educator Maria Montessori brought a revolutionary approach to early education with her curriculum and methodology. Lincoln-Marti, drawing on the personal experiences of its founders, became a laboratory in which new educational philosophies that bridged different languages and cultures became essential parts of this new organization whose name is rooted in the legacies of Abraham Lincoln and José Martí; two monumental figures who turned adversity into triumph.

The educational philosophy also drew from the teachings of Lord Robert Baden-Powell who believed in learning through play by complementing the educational process with character-building games and activities that instilled discipline.

The school uniform, which in the 1960s did not enjoy the popularity that it has today, has been a hallmark for both students and faculty at Lincoln-Marti and is yet another unique aspect of the organization's approach.

At the inauguration of the day care center on July 4, 1968. In this photo are Charles Shaver, the founder of the Little Shaver Nursery group, and his wife; Dr. Maxwell, my parents, and Dr. Delia Díaz de Villar who helped them to open the center.

Apertura del "Day Care", Miami 4 de julio de 1968. Aparecen el empresario Charles Shaver y su esposa, fundador del grupo "Little Shaver", el Dr. Maxwell, mis padres y la Dra. Delia Díaz de Villar, que compartió con ellos en la parte inicial del centro.

Alongside my parents, their trusted friend Alicia Tudela and Dr. Ofelia Baez are the first staff members of the day care center.

Junto a Alicia Tudela, de la mayor confianza y amistad de mis padres y la Dra. Ofelia Báez, algunos de los pioneros de aquel esfuerzo.

Un laboratorio educativo

Lo que la educadora italiana María Montessori planteara con sus experiencias, textos y metodologías aquí se concebía a través de este laboratorio que aportaba los conocimientos y experiencias propias para incorporar a un medio nuevo, pero no distinto, donde las diferencias de idioma, cultura y experiencias probadas lejos de convertirse en obstáculo, resultaban esenciales para la culminación de este experimento que llegó a encontrar en los nombres de los patriotas y pensadores Abraham Lincoln y José Martí la manera mejor de juntar propósitos inspirados en las filosofías de dos figuras que desde escenarios distintos convertían las adversidades en realizaciones y dejaban un legado rico en contenido, ejecutorias, proyectos y retos.

En el ensayo no faltó el concepto Scout del General inglés Robert Baden-Powell de "aprender jugando", complementando lo educativo con juegos y actividades formadoras de carácter y disciplina.

El uniforme escolar, poco popular en aquellos comienzos de los finales de la década de los sesenta, para clientes y personal, llamó la atención de muchos.

The origin of the Lincoln-Marti insignia

Over the years I have heard many stories as to the origin of the Lincoln-Marti insignia. While I am flattered by the many diverse theories that abound, which are a testament of the impact of the brand, I want to set the record straight and provide the definitive account of how this logo came to be.

I designed the logo based on the insignia of the Sacred Heart school that I attended in Matanzas, Cuba. I shared my idea with Dr. Gabriel Villar Roces who sketched the design, incorporating unique elements to give the Lincoln-Marti logo its own identity.

Having selected the historic figures of Lincoln and Marti as the name of the institution in 1968, the stripes from the flags of the United States and Cuba are represented along with the colors that both flags share: red, white, and blue.

The red color symbolizes valor and resistance, white embodies purity and the blue represents justice, perseverance, and vigilance.

The partially cloaked star is a call to remain steadfast on the journey and never give in to obstacles.

There are many similar flags and color schemes and that is also part of Lincoln-Marti's founding philosophy of inclusion.

In addition to its unique identity, the insignia is also copyrighted and legally protected to prevent its unauthorized use.

It gives us great pride to see the impact that this logo that was created in 1968 has had in our community.

The proccession of Kindergarten graduates as they entered the ceremony.

Los graduados de Kindergarten entrando en el salón para recibir honores y felicitaciones..

¿De dónde surge el emblema Lincoln-Martí?

Aunque cada uno está en libertad de expresar lo que mejor crea, a través de los años he escuchado muchas versiones sobre el surgimiento del monograma Lincoln-Martí lo cual nos convence de su impacto, divulgación y capacidad de penetración, características que no rechazamos.

Lo cierto es que este emblema surgió basado en los recuerdos gratos de mi escuela primaria "Sagrado Corazón de Jesús", de Matanzas, Cuba, compartiendo los detalles con el Dr. Gabriel Villar Roces quien lo llevó al lienzo otorgándole sentido de identidad.

Habiendo escogido las figuras de Lincoln y de Martí para designar a la nueva institución, en 1968, venían a mi mente las franjas o departamentos de las banderas de las patrias de los respectivos próceres: rojo, blanco y azul.

El rojo simbolizando valor y resistencia; el blanco, la pureza, y el azul, la perseverancia, la justicia y la vigilancia. Una estrella no terminada es el llamado a no abandonar el rumbo ni desmayar ante los obstáculos del camino.

Muchas son las banderas con colores y características comunes. Así no nos apartamos del sentido de inclusión que ha inspirado a Lincoln-Martí desde un comienzo.

Además de razón de identidad, el emblema cuenta con su correspondiente protección legal para limitar su uso a las instituciones no autorizadas.

Para mí es un orgullo que cada vez merezca más reconocimiento ese emblema que creamos en 1968 y por día se populariza más, gracias a la confianza que esta comunidad nos otorga.

Lincoln-Marti's Alma Mater

MY SONG FOR YOU

Lincoln Martí, you'll always be with me
And your memories I'll keep lovingly
Inside your walls I learned how to dream
A part of me you will always be.
I am singing now this song to you
and I'm going to make your dreams come true
Studying for a future soon to be
we are proud students of Lincoln Martí.
With strength and friendship always together
we are going to conquer the world easily
with plenty of love, and liberty.
I am singing now this song to you
and I'm going to make your dreams come true
Studying for a future soon to be
we are proud students of Lincoln Martí
we are proud students of Lincoln Martí

The Lincoln-Marti Choir at a performance.

La Coral Lincoln-Martí en una actuación.

Himno de Lincoln-Martí

MI CANCIÓN PARA TI

Lincoln-Martí, conmigo estarás
Y tus recuerdos siempre voy a amar
En tus entrañas, aprendí a soñar
Cosa que nunca yo podré olvidar.
Canto esta canción que es para ti,
Y haremos tus sueños realidad,
Estudiando por el porvenir,
Somos orgullo de la Lincoln Martí.
Uniendo la fuerza y la amistad,
Conquistaremos un mundo
Lleno de amor y libertad.
Canto esta canción que es para ti,
Y haremos tus sueños realidad,
Estudiando por el porvenir,
Somos orgullo de la Lincoln Martí
Somos orgullo de la Lincoln Martí.

What makes Lincoln-Marti unique?

• It is open from 6:00 a.m. to 7:00 p.m. to make it convenient for working families.

• It is open on most holidays to serve families that have to work on those days.

• Families can have all of their children served under one roof.

• In addition to its regular services, it provides before and after school care, transportation, meals, field trips, and other amenities in a high quality and safe environment.

• It has been serving the community since 1968 with a proven track record of excellence.

• Families feel at home at a place that listens to their concerns and meets their needs.

• It has locations throughout the community to serve families in their neighborhoods.

• It even has its own store to provide families with high quality clothing and supplies at an affordable price.

These pictures are from Lincoln-Marti's first graduation ceremony.

En las primeras graduaciones de lo que comenzaba a iniciarse bajo el nombre LINCOLN-MARTÍ.

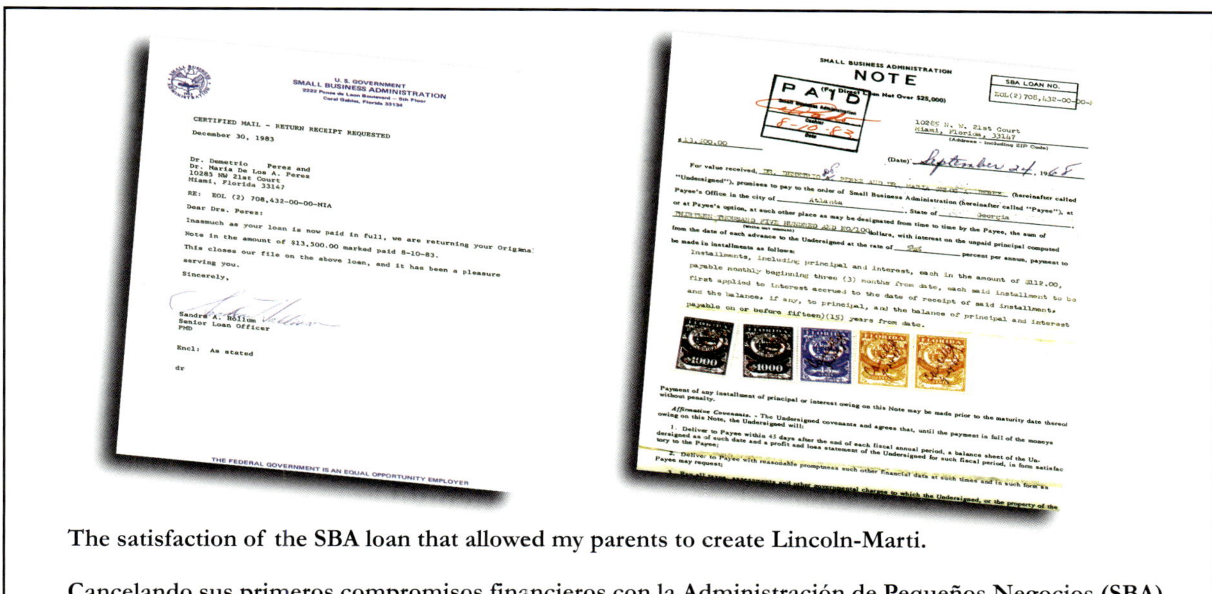

U. S. GOVERNMENT
SMALL BUSINESS ADMINISTRATION
2222 Ponce de Leon Boulevard – 5th Floor
Coral Gables, Florida 33134

CERTIFIED MAIL - RETURN RECEIPT REQUESTED

December 30, 1983

Dr. Demetrio Perez and
Dr. Maria De Los A. Perez
10285 NW 21st Court
Miami, Florida 33147

RE: EOL (2) 708,432-00-00-MIA

Dear Drs. Perez:

Inasmuch as your loan is now paid in full, we are returning your Original Note in the amount of $13,500.00 marked paid 8-10-83.

This closes our file on the above loan, and it has been a pleasure serving you.

Sincerely,

Sandra A. Hollum
Senior Loan Officer
PMD

Encl: As stated

dr

THE FEDERAL GOVERNMENT IS AN EQUAL OPPORTUNITY EMPLOYER

SMALL BUSINESS ADMINISTRATION
NOTE
(For Direct Loan Not Over $25,000)

SBA LOAN NO. EOL(2)708,432-00-00-[illegible]

PAID
Small Business Administration
Cashier
8-10-83
Date

$13,500.00

10285 N. W. 21st Court
Miami, Florida, 33147
(Address - including ZIP Code)

(Date) September 24, 1968

For value received, [illegible] (hereinafter called "Undersigned"), promises to pay to the order of Small Business Administration (hereinafter called "Payee"), at Payee's Office in the city of Atlanta, State of Georgia, or at Payee's option, at such other place as may be designated from time to time by the Payee, the sum of THIRTEEN THOUSAND FIVE HUNDRED AND NO/100 dollars, with interest on the unpaid principal computed from the date of each advance to the Undersigned at the rate of [illegible] percent per annum, payment to be made in installments as follows:

Installments, including principal and interest, each in the amount of $112.00, payable monthly beginning three (3) months from date, each said installment to be first applied to interest accrued to the date of receipt of said installment, and the balance, if any, to principal, and the balance of principal and interest payable on or before fifteen)(15) years from date.

Payment of any installment of principal or interest owing on this Note may be made prior to the maturity date thereof without penalty.

Affirmative Covenants. - The Undersigned covenants and agrees that, until the payment in full of the moneys owing on this Note, the Undersigned will:

1. Deliver to Payee within 45 days after the end of each fiscal annual period, a balance sheet of the Undersigned as of such date and a profit and loss statement of the Undersigned for such fiscal period, in form satisfactory to the Payee;

2. Deliver to Payee with reasonable promptness such other financial data at such times and in such form as Payee may request;

The satisfaction of the SBA loan that allowed my parents to create Lincoln-Marti.

Cancelando sus primeros compromisos financieros con la Administración de Pequeños Negocios (SBA).

¿Por qué Lincoln-Martí es único y diferente?

• Porque sus horarios se extienden de 6:00 am a 7:00 pm y tratan de evitar los largos feriados para beneficio de las familias que trabajan.

• Porque abren en muchos días festivos para mejor servir a las familias que trabajan durante esas fechas.

• Porque alientan y facilitan la ventaja de tener a todos los hijos o hijas bajo un mismo techo.

• Porque a sus servicios regulares agregan atención antes y después de clases, transporte, nutrición, excursiones, edificios propios, seguridad, cercas, rejas y hasta cámaras y radios.

• Porque han logrado establecer un nexo y una confianza desde 1968, dando sobradas muestras de estabilidad institucional.

• Porque existen canales de comunicación para atender individualmente las preocupaciones de la familia.

• Porque cuentan hasta con tienda propia y exclusiva con todos los uniformes y materiales especialmente diseñados para Lincoln-Martí.

• Porque sus transportes recogen y dejan a sus alumnos en la puerta de sus hogares, y no en paradas distantes. Y además están situados en las diferentes barriadas para hacerse más accesibles a nuestras familias

Lincoln-Marti Who we are and where are we headed?

Lincoln-Marti began after my parents made the decision to amicably leave a child care chain that had been started by local businessman Charles Shaver. After fulfilling their obligations to the group and reaching an agreement on the separation, I joined my parents to create Lincoln-Marti.

This new organization would expand to encompass a chain of child care centers and private schools dedicated to meeting the needs of underserved populations. The organization began by filling a need for families who had to work and needed a safe, clean place to which they could entrust the care of their children in a familial environment. Lincoln-Marti added an educational component to its services by using the expertise of its founders, who had more than 30 years of experience in education in Cuba, to incorporate a formal curriculum to a service that had, until then, lacked that facet.

Another unique aspect of Lincoln-Marti's services was bilingual education. Given Miami's rapidly changing demographics, many families were drawn to Lincoln-Marti because their children would also learn Spanish. Lincoln-Marti accepted children from infancy and helped them to learn to read and develop their skills at an early age. This philosophy has been validated many times over as research into the child care field shows that the first four years of a child's life are crucial for future development. At the time that Lincoln-Marti started, Pre-Kindergarten was not yet a recognized grade in Florida's educational system.

When my parents and I had the vision to have Lincoln-Marti participate in subsidized child care programs many of the criticisms carried an underlying racial element of bigotry because those programs primarily served minority populations. Over time our critics began so soften but the damage to their reputations had already been done. When something is done with sincerity it cannot be slandered.

My philosophy of inclusion is reflected in all of my work; public, private, and personal. Let there be no doubt.

Lincoln-Martí: ¿Quiénes somos y hacia dónde vamos?

En 1968, lejos de imitar esquemas existentes, y después de desvincularnos amistosa y agradecidamente, en menos de tres años, de un grupo inicialmente liderado por el empresario local Charles Shaver, cumpliendo las distintas obligaciones financieras y corporativas de manera anticipada, ahora con mi incorporación trazamos un nuevo rumbo mediante la creación de una cadena de guarderías y posteriormente centros de educación privada, capaces de identificarse con las necesidades de las familias individual y directamente, tratando de establecer mi propio "niche" desde un comienzo al proponerme llenar el vacío que creaba la necesidad del surgimiento de un sistema que diera oportunidad a las familias de acudir a sus empleos con la tranquilidad de dejar a sus hijos en un lugar seguro, higiénico, familiar y que desde un principio uniera el componente educativo que faltaba entonces a esos servicios, basados en la experiencia educacional de sus fundadores con más de treinta años de ejercicio en Cuba republicana.

Así, logramos incorporar al propósito un personal de características similares y experiencias ilimitadas que supieron despertar el interés de aquellas familias que sin distingo alguno comprobaban el progreso temprano de sus hijos incluso en la adquisición de un nuevo idioma y un caudal de experiencias básicas para la formación infantil desde edad bien temprana que el tiempo se ha encargado de demostrar su efectividad, y dejar reconocer que es la época más apropiada para la formación del niño, y en un tiempo en el cual hasta el Kindergarten era oficialmente ignorado por el sistema escolar de la Florida.

Cuando decidimos que Lincoln-Martí participara en los diferentes programas gubernamentales disponibles, no faltaron las críticas porque esos planes estaban dirigidos principalmente a grupos minoritarios. Las críticas fueron amortiguándose, pero el intento de lastimar reputaciones era evidente. Cuando algo está hecho con sinceridad y buena fe, no hay espacio para la difamación.

Nuestra filosofía de inclusión está reflejada en todo nuestro trabajo; público, privado y personal. Que no quede duda.

CHAPTER THREE

1981-2000

Goals and accomplishments

CAPÍTULO TRES

1981-2000

Realizaciones y retos

Elected Office

I have dedicated myself to education, enjoying the privilege of fatherhood and being a grandfather to my three grandchildren: Sofia, Demetrio Javier, and Nicolas; reliving the experiences that I enjoyed with my father in Cuba, with my son and grandchildren here in Miami. One instance in which I was reminded of my youth, touring rural schools with my father in Cuba, came in the aftermath of Hurricane Andrew in 1992 when I worked tirelessly to reestablish educational services for migrant families in the rural areas of Homestead.

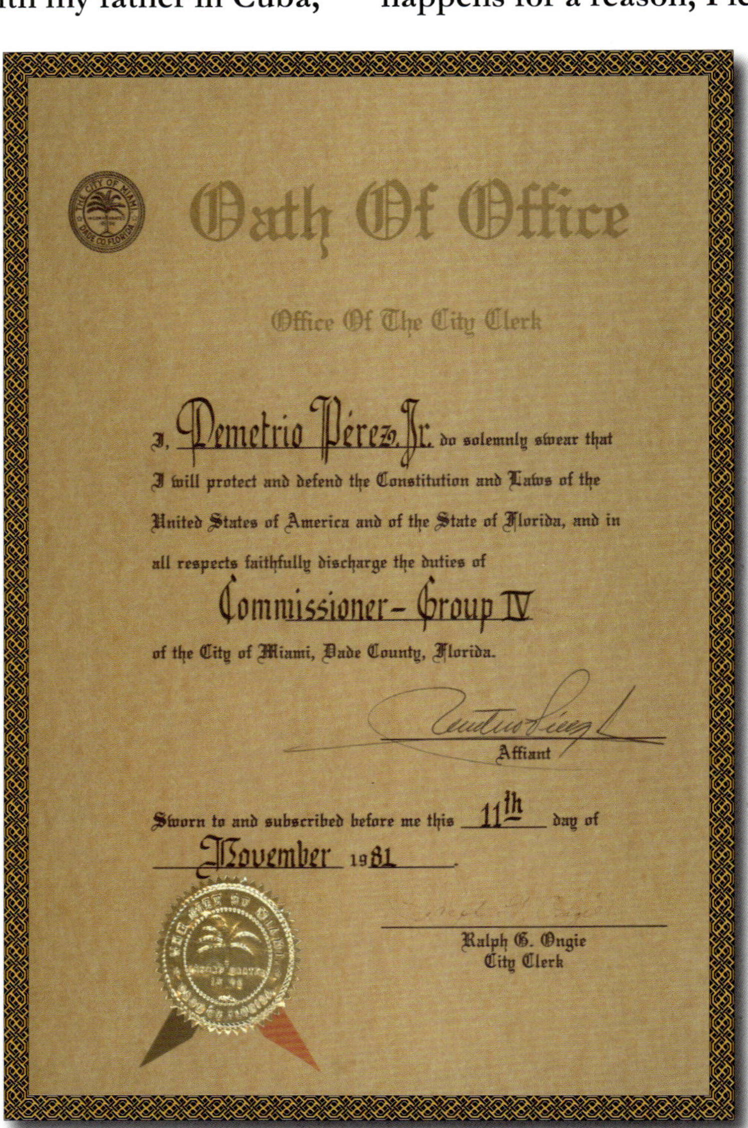

Oath Of Office

Office Of The City Clerk

I, Demetrio Pérez, Jr. do solemnly swear that I will protect and defend the Constitution and Laws of the United States of America and of the State of Florida, and in all respects faithfully discharge the duties of Commissioner - Group IV of the City of Miami, Dade County, Florida.

Affiant

Sworn to and subscribed before me this 11th day of November 1981.

Ralph G. Ongie
City Clerk

During my tenure as Commissioner and Vice-Mayor of the City of Miami (1981-1985), members of the City Commission were elected at-large by voters throughout the city instead of the current district system. Even though I was not reelected in 1985, a straw-ballot measure that I proposed to prevent city government from imposing a tax increase on Miami residents was approved by 85% of the electorate.

Understanding that everything happens for a reason, I learned from my experience and refocused my energy on the Lincoln-Marti institution that my family and I founded. My hard work and dedication bore fruit as the organization's success allowed it to grow and offer its services to greater numbers of underserved populations throughout Miami-Dade.

In 1996 I was elected to the Miami-Dade County School Board, representing District 5 after winning the general election of November, 1996 with an overwhelming 72% of the vote. I was subsequently re-elected without opposition in 2000. During my first two years on the board I was elected and re-elected as its Vice-Chair.

En cargo público electivo

Me he dedicado especialmente al desarrollo infantil, disfrutando el privilegio de ser padre y abuelo de tres nietos: Sofía, Demetrio Javier y Nicolás reviviendo aquellas experiencias surgidas de la mano de mi padre en sus visitas a las escuelas rurales de Matanzas, recuerdos que ahora traspaso y comparto con mi hijo Demetrio José, hoy Abogado en Miami. Estas memorias guardaron gran paralelo con los recorridos de ambos por los campos de Homestead, en 1992, donde encontramos fórmulas para resolver el cuidado infantil de las víctimas del huracán Andrew.

Fui electo Comisionado de la ciudad de Miami en 1981, actuando también como Vice Alcalde. Durante este término (1981-1985) los comisionados eran electos por todos los votantes municipales; ahora se limita su elección a los integrantes del distrito por el cual se postulan.

En 1985 no fui reelecto, pero mi pregunta a los votantes, aparecida en la boleta oficial de entonces, pidiendo una "congelación" en los aumentos de impuestos municipales a los contribuyentes, fue aprobada con más del 85% de los votos.

Entendiendo los designios de Dios y sabiendo que todo tiene una razón de ser, regresé a mi querido "Lincoln-Martí" para consolidar mis esfuerzos en favor de su expansión y consolidación.

En 1996, fui electo Miembro de la Junta Escolar de Miami-Dade, representando al Distrito 5. Durante los primeros dos años en la Junta fui electo Vice Presidente, después de haber llegado al organismo con más del 72% del voto en las elecciones generales de 1996 y reelecto sin oposición en noviembre del año 2000.

STUDENT
URBAN &

PROCLAMATION
CITY OF MIAMI, FLORIDA

WHEREAS: Demetrio Perez, Jr., since his arrival in the City of Miami as an exile and practically as a child, confronted the harsh reality of an exodus that has forced children to forgo the precious years that Cuban Patriot Jose Marti referred to as the "Golden Age," to prematurely become true working men, and

WHEREAS: With the passage of time, and as a testament to the effort of these individuals, Demetrio Perez, Jr. was able to reach the entrepreneurial pinnacle in our City of Miami, in which he is presently the proprietor and director of the accredited "Lincoln-Marti" academy, and publisher of the well-read weekly, "El Matancero Libre," which is a distinguished member of the Inter American Press Association (IAPA), and

WHEREAS: In his years of fighting tirelessly for his homeland, Demetrio Perez, Jr. has dedicated many of his best hours to the activities of the municipalities that have kept alive the flame of the Cuban nationality that was achieved through the steely efforts of Jose Marti, Antonio Maceo, and Maximo Gomez, and

WHEREAS: To all of this it is necessary to add a new page of triumph written by Demetrio Perez, Jr., this time in the political arena, after he was elected Commissioner of the City of Miami in a dramatic electoral contest;

THEREFORE: I, Maurice A. Ferre, Mayor of the City of Miami, Florida, hereby proclaim Friday March 26, 1982 to be

DEMETRIO PEREZ JR. DAY

IN FURTHERANCE THEREOF: I exhort the residents of the City of Miami, especially the great Hispanic American community, to together pay tribute, admire, and respect someone who constitutes the living example of hard work, goodliness, and civic and patriotic dedication.

WITNESS THEREFORE: I affix my signature and the seal of the City of Miami, Florda.

PRESENTED: At City Hall in the City of Miami, Florida.

March 26, 1982

Maurice A. Ferre
Mayor

Miami Mayor Maurice Ferre and Commissioner Joe Carollo presenting me with a proclamation. Also present in the photo is Armando Garcia Sifredo.

El Alcalde Maurice Ferré y el Comisionado Joe Carollo en la entrega de la Proclama. También presente Armando García Sifredo.

Proclamation

City of Miami, Florida

Whereas:

POR CUANTO: Demetrio Pérez, Jr., desde su llegada a la Ciudad de Miami en calidad de desterrado y siendo prácticamente un escolar, confrontó la dura realidad de un destierro que ha obligado a niños a abandonar los preciosos años de la "Edad de Oro" -- como les llamara el Apóstol José Martí -- para convertirse prematuramente en verdaderos hombres de trabajo, y

POR CUANTO: Con el decursar de los años, y en virtud de esfuerzos denodados, Demetrio Pérez, Jr. logró escalar la cima empresarial de nuestra Ciudad de Miami, donde actualmente es propietario y director de la acreditada academia "Lincoln-Martí", y director del muy leído semanario "El Matancero Libre", miembro destacado de la Sociedad Interamericana de Prensa (SIP), y

POR CUANTO: En sus años de lucha como desterrado incansable, Demetrio Pérez, Jr. ha dedicado muchas de sus mejores horas a la actividad municipalista que ha mantenido viva la llama de la nacionalidad cubana conquistada, a la fuerza, por voluntades de acero como las de José Martí, Antonio Maceo y Máximo Gómez, y

POR CUANTO: A todo lo anterior, se hace necesario añadir una nueva página de triunfo escrita por Demetrio Pérez, Jr., esta vez en el ruedo político, al resultar electo Comisionado de la Ciudad de Miami en dramática contienda electoral;

POR TANTO: Yo, Maurice A. Ferré, Alcalde de la Ciudad de Miami, Florida, por la presente proclamo el viernes 26 de marzo de 1982 como

Día de Demetrio Pérez, Jr.

EN CUMPLIMIENTO DE LO CUAL: Exhorto a los residentes de la Ciudad de Miami, y en especial a la gran comunidad hispanoamericana, a que juntos rindamos tributo de admiración y respeto a quien constituye un vivo ejemplo de laboriosidad, hombría de bien y dedicación ciudadana y patriótica.

EN TESTIMONIO DE LO CUAL: Suscribo la presente y hago se le fije el sello de la Ciudad de Miami, Florida.

DADO: En la Alcaldía de la Ciudad de Miami, Florida.

26 de marzo de 1982
Date

Mayor

As a City Commissioner I worked in various city departments to become more familiar with their operations. Here I am during a work day with the Department of Solid Waste.

Desempeñándome en distintas tareas de la ciudad, para estar más familiarizado con las necesidades y preocupaciones.

At the announcement of the donation of my salary as a City Commissioner to Miami Children´s Hospital.

Donando mi salario municipal al Hospital Variety Children.

Welcoming Governor Bob Graham to Lincoln-Marti.

Recibiendo en "Lincoln-Marti" la visita del entonces Gobernador Bob Graham.

Acting as the Grand Marshall of the Tencennial Parade at Walt Disney World in 1981.

Al frente de la marcha del Décimo Aniversario de Walt Disney World, en 1981.

I welcomed renowned television personality Diane Sawyer to Lincoln-Marti in 2000 when she recorded an internationally televised show at the Lincoln-Marti campus in Little Havana.

Recibí en "Lincoln-Martí" a la conocida figura de la televisión nacional Diana Sawyer, en el año 2000, quien grabó un programa televisivo internacional desde nuestras facilidades en la Pequeña Habana de Miami.

During my campaign in 1981. Mi campaña política, 1981.

Ethics and respect in political campaigns

I learned from my father that differences of opinion in a campaign can be expressed with respect. In Cuba he and another candidate were engaged in a campaign within the Freemasons. His rival at the time, Ignacio Vega Rubio later traveled from New Jersey to Miami for the sole purpose of welcoming my father to the United States. Yesterday's differences strengthened the bonds of a solid friendship. When Mr. Vega Rubio later died in Miami it was a great blow to my parents.

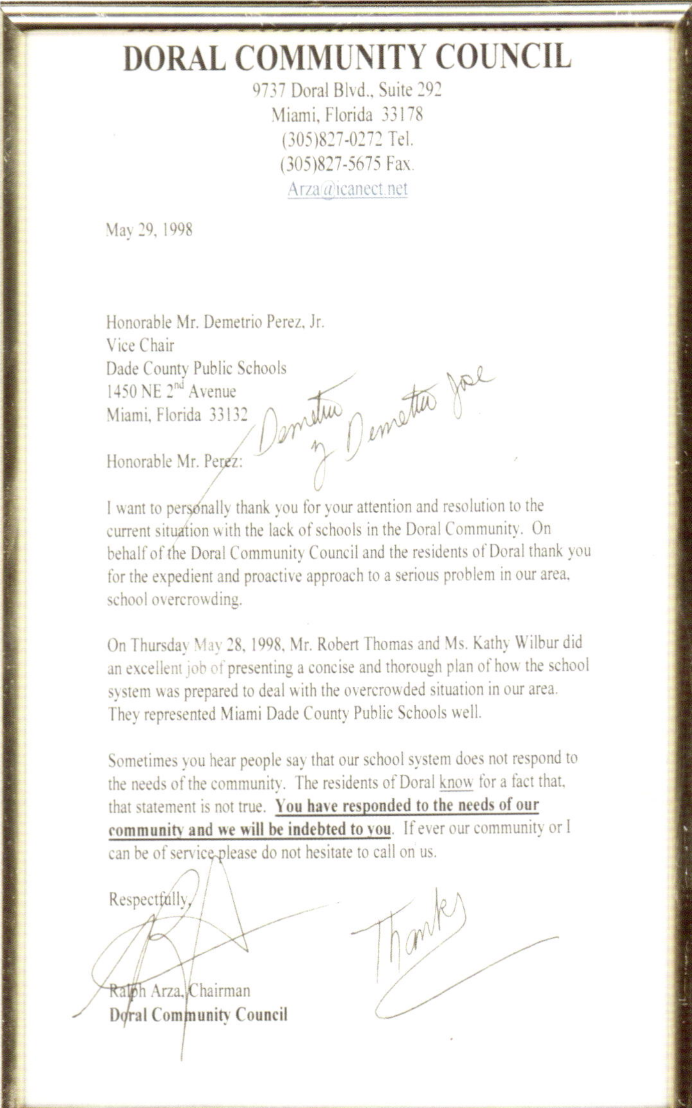

DORAL COMMUNITY COUNCIL
9737 Doral Blvd., Suite 292
Miami, Florida 33178
(305)827-0272 Tel.
(305)827-5675 Fax.
Arza@icanect.net

May 29, 1998

Honorable Mr. Demetrio Perez, Jr.
Vice Chair
Dade County Public Schools
1450 NE 2nd Avenue
Miami, Florida 33132

Demetrio y Demetrio Joe

Honorable Mr. Perez:

I want to personally thank you for your attention and resolution to the current situation with the lack of schools in the Doral Community. On behalf of the Doral Community Council and the residents of Doral thank you for the expedient and proactive approach to a serious problem in our area, school overcrowding.

On Thursday May 28, 1998, Mr. Robert Thomas and Ms. Kathy Wilbur did an excellent job of presenting a concise and thorough plan of how the school system was prepared to deal with the overcrowded situation in our area. They represented Miami Dade County Public Schools well.

Sometimes you hear people say that our school system does not respond to the needs of the community. The residents of Doral know for a fact that, that statement is not true. **You have responded to the needs of our community and we will be indebted to you.** If ever our community or I can be of service please do not hesitate to call on us.

Respectfully,

Thanks

Ralph Arza, Chairman
Doral Community Council

In 1979 I ran against Joe Carollo for City of Miami Commissioner. In 1981, Carollo endorsed me and we became colleagues on the City Commission.

I ran against Xavier Suarez in 1981 and it was a hard fought campaign. We were separated by about 200 votes from among 23,000. After the campaign we met for lunch at a restaurant on Coral Way and 32nd Avenue, having been brought together by common friends. Through the years we have maintained a good relationship and mutual respect.

Ralph Arza sent me the letter that appears above when he was a member of the Community Council for the Doral area. We came to know each other when we both ran for the same seat on the School Board. Over time we developed a close friendship that I value greatly. He has always been a friend to me and to my family. He is also an exemplary father and husband, and former state legislator.

Every legitimate political aspiration merits respect. The products of machinations or back room deals generally end up consuming themselves like cannibals.

Etica y respeto en las campañas electorales

Recuerdo de mi padre, candidatos rivales en elecciones masónicas. Diferencias generacionales. Ignacio Vega Rubio viajó expresamente desde New Jersey a darle la bienvenida a mi padre. Diferencias circunstanciales de ayer que fortalecieron sólidas amistades posteriores. Finalmente Vega Rubio murió en Miami. Gran golpe para mis padres.

En 1979 Joe Carollo y yo fuimos rivales. En 1981 me respaldó en las elecciones. Actuamos juntos en la Comisión de Miami.

Con Xavier Suárez sostuve un cálido debate en 1981. Apenas unos doscientos votos entre más de 23,000 de cada uno nos separaron en aquella contienda. Almorzamos después en un restaurante que se llamaba "Los Monjes" en Coral Way y la avenida 32, con aquel estilo ambiental y afectos comunes convocando. A través de los años mantenemos buena relación. El respeto mutuo prevaleció.

Ralph Arza nos dedicó esa carta que aquí anexo, desde el Concejo de Doral. La oportunidad electoral y el tiempo se encargaron de acercanos. Amigo que mucho valoro. Gran caballero conmigo y los míos. Cabeza de una familia ejemplar. Excelente legislador.

Toda aspiración legítima merece respeto. Los productos de manipulaciones o componendas generalmente concluyen como la centolla, un cangrejo gigante chileno que se auto extermina.

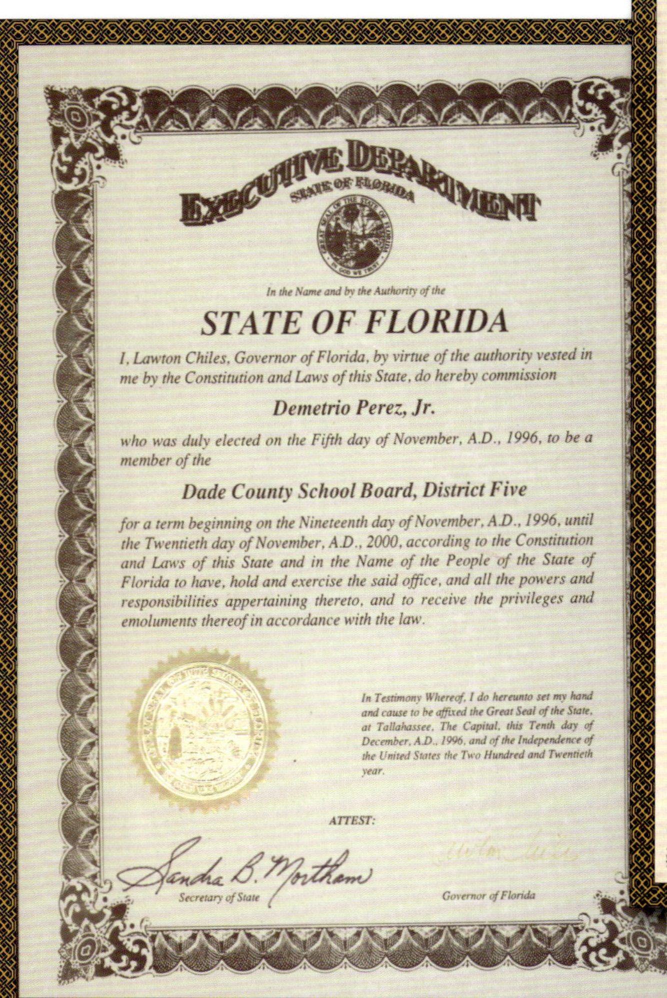
EXECUTIVE DEPARTMENT
STATE OF FLORIDA

In the Name and by the Authority of the

STATE OF FLORIDA

I, Lawton Chiles, Governor of Florida, by virtue of the authority vested in me by the Constitution and Laws of this State, do hereby commission

Demetrio Perez, Jr.

who was duly elected on the Fifth day of November, A.D., 1996, to be a member of the

Dade County School Board, District Five

for a term beginning on the Nineteenth day of November, A.D., 1996, until the Twentieth day of November, A.D., 2000, according to the Constitution and Laws of this State and in the Name of the People of the State of Florida to have, hold and exercise the said office, and all the powers and responsibilities appertaining thereto, and to receive the privileges and emoluments thereof in accordance with the law.

In Testimony Whereof, I do hereunto set my hand and cause to be affixed the Great Seal of the State, at Tallahassee, The Capital, this Tenth day of December, A.D., 1996, and of the Independence of the United States the Two Hundred and Twentieth year.

ATTEST:

Sandra B. Mortham
Secretary of State

Governor of Florida

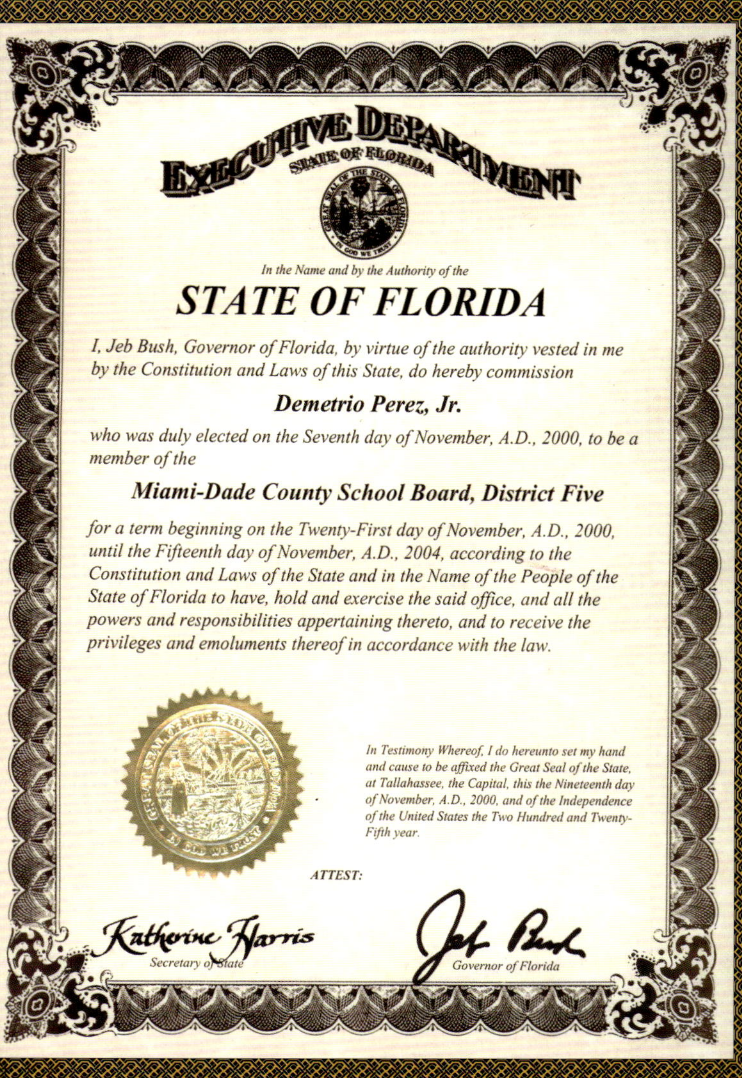
EXECUTIVE DEPARTMENT
STATE OF FLORIDA

In the Name and by the Authority of the

STATE OF FLORIDA

I, Jeb Bush, Governor of Florida, by virtue of the authority vested in me by the Constitution and Laws of this State, do hereby commission

Demetrio Perez, Jr.

who was duly elected on the Seventh day of November, A.D., 2000, to be a member of the

Miami-Dade County School Board, District Five

for a term beginning on the Twenty-First day of November, A.D., 2000, until the Fifteenth day of November, A.D., 2004, according to the Constitution and Laws of the State and in the Name of the People of the State of Florida to have, hold and exercise the said office, and all the powers and responsibilities appertaining thereto, and to receive the privileges and emoluments thereof in accordance with the law.

In Testimony Whereof, I do hereunto set my hand and cause to be affixed the Great Seal of the State, at Tallahassee, the Capital, this the Nineteenth day of November, A.D., 2000, and of the Independence of the United States the Two Hundred and Twenty-Fifth year.

ATTEST:

Katherine Harris
Secretary of State

Jeb Bush
Governor of Florida

Certificate of Election
OFFICE OF SUPERVISOR OF ELECTIONS

STATE OF FLORIDA)
COUNTY OF DADE)

This is to certify that DEMETRIO PEREZ, JR. has been duly elected to the office of School Board Member, District 5 in and for Dade County, Florida, at the General Election held on the 5th day of November 19 96

Witness my hand and official seal, Dade County, Florida, this 19th day of November 19 96

Supervisor of Elections

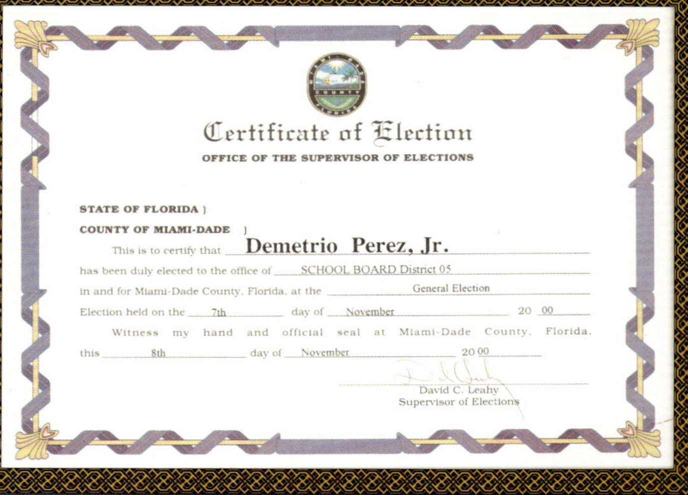
Certificate of Election
OFFICE OF THE SUPERVISOR OF ELECTIONS

STATE OF FLORIDA)
COUNTY OF MIAMI-DADE)

This is to certify that Demetrio Perez, Jr. has been duly elected to the office of SCHOOL BOARD District 05 in and for Miami-Dade County, Florida, at the General Election Election held on the 7th day of November 20 00

Witness my hand and official seal at Miami-Dade County, Florida, this 8th day of November 20 00

David C. Leahy
Supervisor of Elections

At my victory party in November, 1996 in Miami Springs. La noche de la victoria electoral, en Miami Springs.

My friend, the Honorable Milton Starkman, judge of the 11th Judicial Circuit of Florida, administered the Oath of Office following my election to the Miami-Dade County School Board.

Mi amigo, el Honorable Milton Starkman, juez del Distrito Judicial de Circuito 11no de la Florida, juramentándome en la toma de posesión en la Junta Escolar.

The Miami Herald

DAVID LAWRENCE JR.
Publisher and Chairman
(305) 376-3525
(305) 376-8950 (Fax)

9-6-96

Demetrio

Felicidades.

I thought you might appreciate this picture.

Dave

Alliances in public affairs

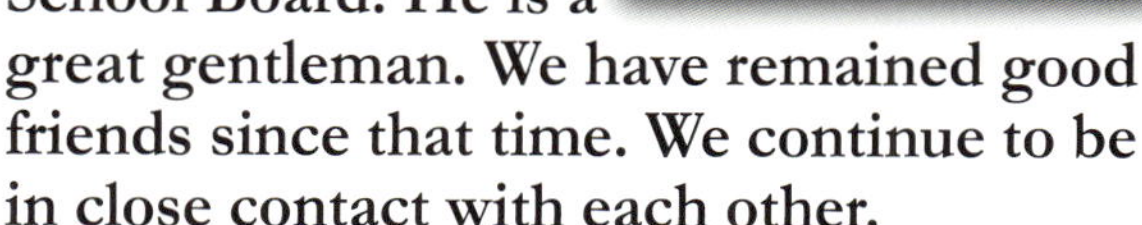

As Jose Marti would say, the concept of people as human beings should prevail over the distinction in skin color.

I was comfortable working with everyone when I came to Miami. Athalie Range, the first female African-American Commissioner of the City of Miami was one of my political mentors; when I was elected to the City Commission in 1981 I earned 85% of the vote in predominantly African-American precincts.

As a member of the School Board I worked together with all of my colleagues despite the fact that I represented a district that was mostly Hispanic. By working together we were able to implement many important measures that benefitted the entire community.

I developed a great friendship with Dr. Solomon Stinson, who was the chairman of the School Board. He is a great gentleman. We have remained good friends since that time. We continue to be in close contact with each other.

It is especially important to develop alliances and have broad support to be successful in elected office. One vote alone is not enough to pass laws or policy initiatives.

Unanimity in decisions would be ideal, but that is an utopian notion. In order to be effective it is necessary to know how to count to one-half plus one.

Las alianzas en política

Como decía José Martí: "Llámese humano y está dicho todo, por encima de blanco, negro o mulato".

Me sentía honrado compartiendo con todos los grupos y eso no cambió cuando llegué a Miami. Athalie Range, la primera comisionada afroamericana de la ciudad fue una de mis mentoras políticas. En 1981, cuando resulté electo a la Comisión de la Ciudad de Miami, obtuve más de 85% del voto en los recintos electorales predominatemente negros.

Como miembro de la Junta Escolar de Miami-Dade tuve oportunidad de poner en práctica muchas medidas que beneficiaron a la comunidad toda, sin importar el hecho de que representara a un distrito predominantemente hispano.

Desarrollé una gran amistad con el Dr. Solomon Stinson, entonces Presidente de la Junta Escolar. Un caballero. La vinculación la continuamos.

En los cargos legislativos especialmente, para obtener éxito se necesita promover alianzas y coincidencias, pues un solo voto no puede generar los cambios, máxime cuando en algunos organismos prohiben las reuniones privadas para tratar asuntos públicos.

La unanimidad sería ideal, aunque utópica. La aritmética enseña en estos trajines que la mitad más uno es el número que prevalece.

PRESIDENT-ELECT
GEORGE W. BUSH

January 4, 2001

Mr. Demetrio Perez
904 Southwest 23rd Avenue
Miami, Florida 33135

Dear Demetrio:

Thank you very much for taking the time to come to Austin. I really enjoyed our discussion.

I look forward to working with you to make America a well-educated, safe, and hopeful land for all.

Thanks again.

Sincerely,

George W. Bush

In Austin, Texas with President-elect George W. Bush. (12/17/2000)

PRESIDENT
GEORGE W. BUSH

Mr. Demetrio Perez
904 SW 23rd Ave
Miami, Florida 33135-4926

PRESIDENT
GEORGE W. BUSH

734150

Dec. 21, 2004

Dear Demetrio,

Thank you for your great help on my campaign in Florida. Your state played a critical role in this election, and the Vice President and I were fortunate to have your help in campaigning in Florida.

I am honored by the trust of my fellow citizens, confident in our purpose, and looking forward to continuing to lead this Nation for four more years.

Laura joins me in thanking you for your steadfast support and in wishing you and your family a wonderful Holiday.

Sincerely,

George Bush

NOT PRINTED AT TAXPAYERS' EXPENSE
PAID FOR BY BUSH-CHENEY '04 COMPLIANCE COMMITTEE, INC.

With Nicaraguan president Arnoldo Aleman.

Con el Presidente Arnoldo Alemán, de Nicaragua.

Meeting with the Governor of Puerto Rico, Carlos Romero Barcelo along with mayor Maurice Ferre and Puerto Rican leaders Emilio Lopez and Alicia Baro.

Con el Gobernador de Puerto Rico, Carlos Romero Barceló, en presencia del alcalde Maurice Ferré y los representativos puertoriqueños Emilio López y Alicia Baró.

Meeting with the president of Costa Rica, Luis Alberto Monge, on August 15, 1982 in the Dominican Republic while attending the inauguration of President Salvador Jorge Blanco.

Reunido con el presidente de Costa Rica, Luis Alberto Monge el 15 de agosto de 1982, en República Dominicana, al participar en la toma de posesión del Presidente Salvador Jorge Blanco.

Presenting a Key to the City of Miami to international artist Raphael.

Con el cantante internacional español, Rafael.

Presenting a work of art that was created in Miami to King Juan Carlos at the Zarzuela Palace with mayor Maurice Ferre and U.S. Ambassador Terence A. Todman in 1982.

Con el Rey Juan Carlos, en el Palacio de La Zarzuela, en 1982, haciéndole entrega de una obra artística de Miami, en presencia del alcalde Maurice Ferré y el Embajador de los EE.UU. en España, Excmo. Terence A. Todman.

At the First Interamerican Congress of Municipalities in 1983, which was attended by delegates from municipalities throughout the Americas.

En 1983 al inaugurar el Primer Congreso Interamericano de Municipalidades, que presidí, y llegó a reunir centenares de delegados de América.

In 1985 I presented this crocodile, which was a gift from Micosukee Tribe of Indians, to Bodegas Harveys in Jerez de la Frontera, Spain.

En las Bodegas Harvey, en Jeréz de la Frontera, España, llevando unos cocodrilos donados por la Tribu Micosukee (1985).

International relations

In this photograph I am welcoming my good friend, Armando Arauz Aguilar, who was the vice-president of the Republic of Costa Rica. Mr. Arauz Aguilar advised me in organizing the annual conventions of municipalities.

Vice-president Arauz Aguilar was well-known throughout the world and I had the opportunity to travel with him to several countries, including the Seville Fair in Spain, always enhancing Miami's international profile and promoting the cause of a free Cuba.

Also in the picture is the president of the Republic of El Salvador, Jose Napoleon Duarte, whose son Alejandro, whom I met in Puerto Rico, was mayor of San Salvador and a well-known political figure in his country.

Relaciones Internacionales

Aquí recibí a mi buen amigo Don Armando Arauz Aguilar, entonces vice presidente de la República de Costa Rica, quien mucho me ayudó en la organización de los congresos de municipalidades.

Don Armando era una de las figuras más reconocidas del municipalismo internacional. Con él viajé a varios países y praticipamos incluso en la Feria de Sevilla, promoviendo siempre la imagen de nuestro Miami y no desperdiciando oportuniadad para abogar por la libertad de Cuba.

También presente, el Presidente de la República de El Salvador, Don José Napoleón Duarte, cuyo hijo Alejandro Duarte, a quien conocí en Puerto Rico, era Alcalde de San Salvador y figura política bien conocida.

In 1997 I met with then-Secretary of Education Richard Riley who in addition to being the educational leader of the country had previously served as governor of the state of South Carolina.

En 1997 recibiendo al entonces Secretario de Educación Federal Richard (Dick) W. Riley, una respetable autoridad educativa en la nación y que además fue Gobernador de South Carolina.

In 1996 I had the honor of meeting former U.S. Secretary of Education Lamar Alexander, who had been governor of the state of Tennessee, and who currently represents that state in the United States Senate. Senator Alexander is one of the leading crusaders for education reform in the U.S.

En 1996 recibí en "Lincoln-Martí" al Secretario de Educación de los EE.UU., Lamar Alexander, quien fue Gobernador de Tennessee y actualmente Senador Federal por ese estado. Uno de los rostros más visibles en la evolución educacional norteamericana.

On January 28, 1985, when the bust of Jose Marti was moved from Bayfront Park to Jose Marti Park in Little Havana, in the day of its inauguration.

El 28 de enero de 1985, al trasladarse el busto de José Martí al nuevo parque que lleva su nombre en la Pequeña Habana.

Olga Guillot in the Jose Marti Parade.

Olga Guillot en la Parada Martiana.

LIGA CONTRA EL CANCER

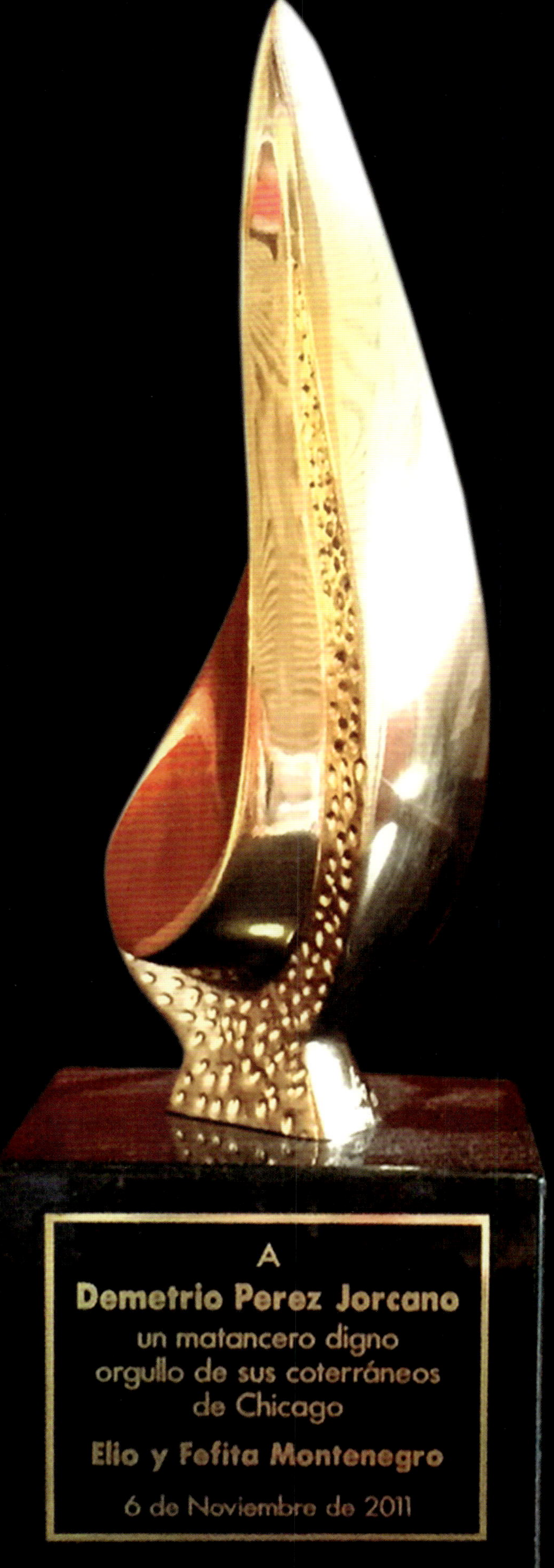

Working to unite the Cuban community

In 1994 I was a recipient of the National Mercury Award given by the Hispanic Chamber of Commerce of Chicago. My acceptance speech focused on the importance of uniting as a Cuban exile community, bridging geographical boundaries to work together for the advancement of our cause.

I have also had the privilege of speaking at events of many Cuban exile organizations such as the Pro Cuba Association of West Palm Beach, the Cuban Patriotic Council and a joint banquet of exile groups from New York and New Jersey on January 28, 2001. When I chaired the Congress of Interamerican Municipalities from 1982 to 1985 I invited representatives from the Municipalities of Cuba in Exile to participate in the organization's annual conventions.

Whenever I have traveled throughout the Americas, Europe, and other cities in the U.S. I have always worked to foster cooperation and understanding among the diverse communities of Cuban exiles.

In 1979 I was honored to speak at the NAACP's annual convention in Miami.

Abogando por la unión de los cubanos

Recibí el Premio Nacional Mercurio, otorgado por la Cámara de Comercio Hispana de Chicago, no desperdiciando oportunidad para exhortar a la unión de los cubanos libres en mis diferentes alocuciones ante agrupaciones en esa ciudad.

He ocupado la tribuna de la Asociación Pro Cuba, de West Palm Beach; la Junta Patriótica Cubana y el conjunto de instituciones de New York / New Jersey en su almuerzo martiano del 28 de enero de 2001; invité a los Municipios Cubanos en el Exilio a participar en el Congreso Interamericano de Municipalidades (CENICOM) cuando lo presidí (1982-1985).

En mis recorridos por América, Europa y diferentes ciudades norteamericanas donde he recibido honores y oportunidad de expresión, siempre he abogado por la unión de los cubanos libres.

Hablé ante la Convención Anual de la NAACP celebrada en Miami en 1979.

In Caracas, with Dr. Orlando Bosch

In April, 1983, in the midst of a hunger strike that was taking place in the streets of Miami demanding the liberation of anti-Castro activist Dr. Orlando Bosch who had been jailed in Venezuela, I went to Caracas to visit Dr. Bosch and advocate for his freedom. I also delivered to Dr. Bosch a letter of support signed by all Cuban-American elected officials.

With the help of my good friend, Dr. Orlando Contreras Pulido, who was the president of the association of Venezuelan municipalities and councilman for the district of Sucre in Venezuela, I was able to meet with Luciano Valero, Venezuela's Interior Minister. At the meeting I presented to Mr. Valero a letter signed by all the Cuban-American elected officials demanding that Dr. Bosch's case be heard in a court of law. I also invited Dr. Enrique Huertas to attend the meeting with me as we tried to bring an end to the 33 day hunger strike that Dr. Bosch had undertaken.

I visited with Dr. Bosch at the St. Carlos military barracks in Caracas where he was with his wife Adriana, who never ceased to advocate for her husband's freedom. Also there was a Cuban-American physician who was friends with Dr. Bosch and who was living in Caracas at the time.

With Orestes "Minnie" Miñoso and former president of Cuba Dr. Carlos Prio Socarras.

Con Orestes "Minnie" Miñoso y el ex presidente de Cuba Dr. Carlos Prío Socarrás.

En Caracas, con el Dr. Orlando Bosch

En abril de 1983, mientras se llevaba a cabo una huelga de hambre en las calles de Miami, en reclamo de la libertad del combatiente anticastrista Dr. Orlando Bosch, encarcelado en Venezuela, acogimos el reclamo del exilio cubano y nos dirigimos a Caracas para ser portadores de aquel mensaje, a la vez que coordinamos una carta de todos los funcionarios electos de ascendencia cubanoamericana en apoyo al Dr. Bosch.

A través de nuestro gran amigo, profesor universitario, presidente de la Asociación de Municipalidades Venezolanas y concejal del Distrito de Sucre, Dr. Orlando Contreras Pulido, ---a quien tuve el privilegio de reunir con el Dr. Bosch en el año 2000 en Miami--, logramos una reunión con el entonces Ministro del Interior de Venezuela, Luciano Valero, a quien le entregamos el documento suscrito por todos los funcionarios electos de origen cubanoamericano de Miami, reclamando un esclarecimiento en el caso del Dr. Orlando Bosch. A esa reunión invitamos al Dr. Enrique Huertas, a la vez que reclamábamos la interrupción del ayuno de 33 días del Dr. Bosch, a quien visitamos en el cuartel San Carlos, de Caracas, donde estuvo en unión de su esposa Adriana, que jamás cesó de abogar por su libertad. Presente también un médico cubanoamericano, radicado en Caracas, muy amigo del Dr. Bosch, como se muestra en la foto de arriba.

1993 SCHOOLS OF EXCELLENCE

The Hispanic dropout rate of 40 to 50 percent is an intimidating statistic. But not all educators are running scared. They have faced this troubling figure and turned it around at their schools, motivating students and encouraging them to complete their education.

To honor the efforts of principals, teachers, parents, students, and communities who have turned their schools into success stories, HISPANIC Magazine recently teamed up with Ryder to sponsor the 1993 Schools of Excellence Awards. The awards pay tribute to five schools that offer outstanding and unique programs that have a significant impact on preparing our youth for the next century.

The schools were selected by a panel of prominent Hispanic educators and owe their success to a variety of factors. Community involvement and a very active school board are the winning formula for California's Calexico High School. James F. Oyster Bilingual Elementary School in the nation's capitol is a model for its bilingual and bicultural programs. Southview High School in Lorain, Ohio, owes its success to its very modest but incredibly effective and dedicated principal, Ramon Pagan.

"By shining the spotlight on these schools, we hope to bring attention to the types of programs that are most effective in motivating the students to learn," says George Perera, Group Director of Information Services for Ryder. Based in Miami, Ryder is a company committed to the idea of corporate support of public education, focusing its philanthropic efforts at the kindergarten through high school level.

"This program is an example of how corporate America can reach out to the Hispanic community and highlight the importance of education," says HISPANIC Editor and Publisher Alfredo J. Estrada.

Following a day of visiting lawmakers on Capitol Hill and at the Department of Education, the principals from the five schools, accompanied by a number of school board members, accepted the 1993 Schools of Excellence Awards at a ceremony at Washington's Mayflower Hotel.

The recipients were saluted by Secretary of Housing and Urban Development Henry Cisneros, who attended the ceremony and whose son attends Oyster Elementary: "If there was one...program that we had to allocate for the Latino community, it would be education," he said.

Alfredo J. Estrada, Editor and Publisher of HISPANIC; Henry Cisneros, Secretary of HUD; and George Perera, Group Director of Information Services for Ryder

(l-r)Demetrio Perez Jr., Founder and Principal of Lincoln-Marti Schools; Congressman Lincoln Diaz-Balart; Congresswoman Ileana Ros-Lehtinen; and George Perera, Ryder

(l-r) Harry Pearson, Calexico High School; Demetrio Perez Jr., Lincoln-Marti Schools; Paquita Holland, James F. Oyster Bilingual Elementary School; Secretary Cisneros; George Perera, Ryder; Ray Pagan, Southview High School; Rudy Murillo, Ysleta High School.

Calexico School District Board members with Department of Education top-level officials.

Demetrio Perez Jr., his son, Demetrio, and George Perera, Ryder, meet with Senator Connie Mack on the steps of the Capitol.

1993 SCHOOLS OF EXCELLENCE

Calexico High School
Calexico, CA

Ysleta High School
El Paso, TX

Southview High School
Lorain, Ohio

Lincoln-Marti Schools and Day Care Center
Miami, FL

James F. Oyster Bilingual Elementary School
Washington, D.C.

HISPANIC
THE MAGAZINE FOR AND ABOUT HISPANICS

HISPANIC
THE MAGAZINE FOR AND ABOUT HISPANICS

RYDER

1993
Schools of Excellence

presented to

Lincoln-Marti Schools
and Day Care Center

Miami, Florida

October 28, 1993
Washington, D.C.

At the second annual District 5 Multicultural Festival in Miami.

El II Festival Anual del Distrito Escolar #5 que representaba.

Educational Challenge 1996

As a School Board Member I worked to implement the planks of my campaign platform, which took on the form of a civic-education reform crusade that was entitled Dade Educational Challenge '96.

Among my main achievements in that effort, with the support of my colleagues on the School Board, were mandatory school uniforms and school safety initiatives. I created an on-campus lunch policy at Miami-Dade's public schools so that students could eat lunch at school instead of racing out of school to far-away restaurants during their limited lunch breaks. To emphasize the importance of the on-campus lunch policy I launched a petition drive that garnered 70,000 signatures in support of it from members of the community.

I also created the "Legado" (Legacy) curriculum to recognize the contributions of Hispanics to the history of the United States to bridge cultural and social barriers and promote unity and understanding among Miami-Dade county's diverse population. The curriculum was also adopted by the Florida legislature and made part of the State of Florida's required curriculum. Other achievements were a proposal to require that school buses be air-conditioned and the creation of an inspirational calendar with quotes and sayings that teachers could use to frame the day's lessons around. The platform became 21st Century Accomplishments and was part of an educational reform movement.

Reto Educacional 1996

Durante mi actuación en la Junta Escolar pude cumplir gran parte de los compromisos de mi campaña **"Reto Escolar '96"**, contándose entre ellos: el uniforme escolar; la seguridad de las escuelas; el cierre de los perímetros escolares a la hora de almuerzo con el respaldo de más de 70,000 firmas recogidas en las calles de Miami-Dade. El programa **"Legado"**, con el reconocimiento a las contribuciones de los hispanos a la historia de los Estados Unidos, aprobado por el Estado de la Florida y el Sistema Escolar de Miami-Dade.

El Calendario Inspiracional, con una frase diaria de meditación para compartir en las aulas al inicio del día; la colocación de aires acondicionados en los ómnibus escolares públicos y muchas otras medidas que convertían mi campaña de 1996 en **"Realizaciones Escolares Siglo XXI"**, como parte de un gran movimiento de reforma educativa.

Educational Challenge 1996

Installation Ceremony of Demetrio Perez Jr.

Reto Escolar 1996

Toma de posesión de Demetrio Pérez Jr.

At the installation ceremony

MESSAGE FROM DEMETRIO PEREZ JR.
NEW MEMBER ELECTED VICE-CHAIR OF THE MDCPS BOARD

Tuesday, November 19, 1996 at 8:00 p.m., Miami Senior High School Auditorium, 2450 SW 1st. Miami, Florida, 33135.

Good evening ladies and gentlemen:

First of all, I would like to invoke the presence of the Almighty Lord. Unfortunately, existing regulations prevent this ceremony from opening with an invocation or a moment of reflection.

That is why tonight I ask that we each invoke our faiths, without sectarian denomination, and ask God to guide us and give us wisdom in our actions at this meeting.

Tomorrow, I hope to be able to propose at our first meeting, that all School Board Meetings begin with an invocation or moment of reflection, because in the end, isn't it true that all our nation's presidents, from Washington to Clinton, have placed their hand on a Bible and invoked the presence of the Lord when assuming their office? This is also how our congress functions, at the beginning of each of their daily sessions and how our municipal governments initiate their meetings. Even the phrase, "In God We Trust," graces our currency.

Today, just a few days from Thanksgiving, we begin by giving thanks to the Lord Almighty.

A NEW ERA

After having been in existence for one hundred eleven years, our public school system enters a new era.

This new era comes with the election of a School Board made up of representatives elected from each of the nine districts that comprise our county.

These new board members are determined to be accesible to our constituents and to foster communication, understanding, and change for our future generations as we approach the twenty-first century.

This era of improvement begins today, November 19, 1996. We will not wait until the year 2001 the begin that which should have been done long ago.

En el acto de toma de posesión

MENSAJE DE DEMETRIO PÉREZ JR.
NUEVO MIEMBRO Y VICEPRESIDENTE DE LA JUNTA ESCOLAR DE MIAMI-DADE

Martes, 19 de Noviembre de 1996, 8:00 p.m., Miami Senior High School Auditorium, 2450 SW 1st. Miami, Florida 33135

Muy buenas noches señoras y señores:

Primero, quiero comenzar estas palabras invocando el favor de Dios Todopoderoso. Desafortunadamente, regulaciones existentes impiden comenzar esta ceremonia con una invocación o momento de reflexión.

Y por eso, quiero dediquemos un instante de invocación, sin sectarismo religioso, para pedir al Ser Supremo su favor y guía en estas gestiones.

Mañana miércoles, planeo proponer a esta Junta Escolar que todas nuestras reuniones comiencen con una invocación, o momento de reflexión, pues en definitiva todos los Presidentes, desde Washington hasta Clinton, han jurado sobre la Biblia e invocado el favor divino al asumir sus funciones. Así lo hace el Congreso, al comienzo de cada día de reuniones, y tambien nuestras municipalidades. Y hasta la frase "En Dios creemos" bendice nuestra moneda nacional.

Por eso hoy, nos satisface, a unas horas del Día de Acción de Gracias, comenzar estas palabras dando Gracias al Señor.

UNA NUEVA ERA

Después de 111 años de existencia de nuestro sistema escolar público de Dade, nos asomamos por vez primera a una Junta Escolar formada por representativos de nueve distritos de este condado, empeñados en propiciar fuentes de accesibilidad, comunicación, entendimiento y cambio para asomar a nuestras nuevas generaciones al siglo XXI que debemos iniciar hoy ---19 de noviembre de 1996--- y no esperar hasta el año 2001 para su comienzo.

My Platform

Henry Steele Commager said: "Change does not necessarily ensure progress, but progress implacably requires change. Education is essential for the change, to conceive new goals and how to satisfy them".

We are here tonight to share and accelerate that change which our families so desperately desire. We act in response to the mandate given by 73.47% of the voters of our District Five, who on November 5th supported our platform, which we named Dade Educational Challenge '96.

Today, with the blessing of the Almighty God and hoping to count on the support of our colleagues on this new board, we propose to make that platform into Educational Reform for the 21st Century.

Our platform will establish a policy that will benefit the more than 340,000 students of Dade County. These students' achievements can and will act as a model for the 45 million students that attend approximately 80,000 schools, in 15,000 school districts throughout this great nation of ours.

Mi Plataforma

Dice una vieja frase de Henry Steele Commager: "El cambio no necesariamente asegura el progreso, pero el progreso implacablemente requiere cambio. La educación es esencial para el cambio, al concebir las nuevas realizaciones y la manera como satisfacerlas."

Y para compartir y acelerar ese cambio que nuestras familias esperan, estamos aquí esta noche, respondiendo en nuestro caso al mandato de 73.47% de los votantes de nuestro distrito # 5, que nos dijeron este 5 de noviembre que respaldaban los puntos de nuestro **Reto Escolar 1996**, y que ahora, con la bendición de Dios y aspirando a contar con el apoyo de nuestros colegas de esta nueva Junta, proponemos convertir en **Reforma Educacional del Siglo XXI**, para así establecer una política que beneficie a los más de 340,000 estudiantes, y cuyas realizaciones sean capaces de impactar, como modelo nacional, el destino de los aproximadamente 45 millones de alumnos que acuden a más de 80,000 escuelas en esta nación, a través de más de 15,000 sistemas escolares.

Urgent measures

In order to bring about this change we propose the following:

SAFETY

1) To instruct the Superintendent's office to produce a report, in no more than thirty days, that identifies the lack of security, irregularities, and risks that exist in the different schools in our system and provide specifics recommendations and strategies to eliminate drugs, weapons, vandalism and other criminal activities from our schools. We propose that these recommendations be implemented through an emergency action plan conducted by a taskforce appointed by the superintendent's office with a representative from each of the nine districts. Each taskforce member will be a liaison with his or her respective School Board member.

The task of evaluating each school individually should contemplate the fundamental aspects of security, administration, and technical planning, including school overcrowding.

With respect to security, I ask for an evaluation of the DCPS Police Department. This evaluation should include recommendations for its restructuring, privatization, or for the contracting of these services to municipal police departments, instead of continuing the status quo. The budget of this department exceeds $33 million.

EXTERNAL AUDIT

2) Conduct an external audit, in accordance with current regulations, that would provide the Board in a period no greater that ninety days with a detailed report on the financial health of the school system. Included in this audit should be a review of the $980 million bond issue for school construction, which as of this date has not been completed.

Upon receiving the voter's mandate, we believe it necessary that the new Board and our citizens know the true economic condition of the school system.

It is suggested to the Superintendent's office that specific recommendations be obtained regarding the consolidation of departments and services. A reduction in unnecessary expenses, a plan for early retirement and the feasibility of centralizing of purchasing, removing this responsibility from the individual schools, in order to take advantage of bulk discounts for massive quantities.

I suggest that the School Board obtain proposals from accounting firms interested in conducting this audit.

Request a report from the Superintendent's office that explain the current polices on purchases made by the system's individual schools and the ability of the Superintendent to make purchases without first consulting the Board, with the only limitation being that the purchase not exceed $10,000. The report should also make recommendations on the viability of instituting a hiring freeze for one year on nonessential, vacant posts except in emergencies where the request will be brought before the Board.

Medidas urgentes

A fin de garantizar el cambio, proponemos lo siguiente:

SEGURIDAD

1) Solicitar de la oficina del Superintendente un reporte, en un plazo no mayor de 30 días, que identifique las características de inseguridad, irregularidad y riesgo existentes en las distintas escuelas del sistema, con recomendaciones específicas para la total eliminación de drogas, armas, vandalismos y vicios de nuestras escuelas mediante un programa de seguridad total de emergencia.

Esta tarea, a manera de evaluación individual de cada escuela, debe contemplar fundamentalmente aspectos de seguridad, administración y planificación técnica, incluyendo sobrepoblación escolar. Una fuerza especial de emergencia pudiera cumplir esta misión.

En cuanto a seguridad se pide una evaluación de la actual Policía Escolar, incluyendo recomendaciones sobre su reestructuración, privatización o contratación de tales servicios con los departamentos de policía de las diferentes municipalidades, en lugar de continuar su operacion actual. Entendemos que el presupuesto anual de ese departamento actualmente excede los $33 millones de dólares.

AUDITORIA EXTERNA

2) Solicitud de una auditoría externa, de acuerdo con las regulaciones vigentes, que brinde a esta Junta en un período no mayor de 90 días un estado de la salud financiera del sistema, de una manera minuciosa. Debe incluirse en esta auditoria externa, una revisión detallada de la emisión de bonos por $980 millones de dólares para construcciones escolares aún no concluídas.

Al recibir este mandato creemos necesario que la nueva Junta y nuestra ciudadania conozcan las verdaderas condiciones económicas del sistema.

Se sugiere pedir a estos auditores, así como a la superintendencia, recomendaciones especificas para una posible consolidación de departamentos y servicios, reducción de gastos superfluos, plan de retiros adelantados, así como centralización de muchas facultades de compra y contratación actualmente dispersas en manos de las distintas escuelas, desperdiciándose la oportunidad de reducir costos al comprar masivamente.

Se propone convocar a un procedimiento de solicitud de propuestas, en la busqueda de firmas de contabilidad interesadas en la realización de esta auditoria externa.

3) Petición de un informe minucioso de parte de la superintendencia que explique en detalle la actual política de compras del sistema y sus escuelas miembros; facultad de gastos de la superintendencia sin tener que acudir a la junta, como ocurre ahora en límite de $10,000 y recomendaciones sobre la posibilidad de "congelación" de nuevas designaciones para cubrir posiciones administrativas vacantes por un plazo de un año, excepto plazas de emergencias que explicarían sus razones ante la junta.

Other proposals

4) Satellite office in the respective districts (based on the example of the Dade County Commission), so that members may be accessible to their constituents. We request a recommendation from the superintendent's office to that respect.

5) Possible implementation of a "committee system," similar to that of Metro-Dade government, to review the different departments of the school system.

6) Discussion of the procedures for the designation of the Superintendent, the School Board Attorney, should it be necessary and any other appointment on which the Board has to make.

7) The possibility of revising the current structure of the DCPS system (which is currently composed of six regions) to nine regions, whose boundaries would coincide with those of each district.

8) Assign a number to each school, as a manner of identification, while maintaining the current historically approved names as a symbolic subtitle.

9) Review of all existing committees of the school board, including their functions, responsibilities, costs and benefits.

10) Creation of the position of Inspector General, as the main internal investigator, appointed by the Board to serve at the will of the Board on a temporary basis until a reduction in the alarming amount of complaints and irregularities in the system is achieved.

11) The creation of the "Inspiration 2000", prize to be awarded at the end of each period to the administrator, employee, teacher, family, or student who stands out the most and meets the criteria established for the award. Civic groups, the business community, and other organizations would be sought to give support and prestige to his honor.

Otras propuestas

4) Oficina satélite en el distrito respectivo, siguiendo el patrón básico de la Comisión del Condado, en cuanto a la necesaria accesibilidad del sistema a los vecinos de los distritos. Se solicita la recomendación de la superintendencia en tal sentido.

5) Posible adopción de un sistema de "comités" como existe en el condado, para vigilar los diferentes departamentos.

6) Discusión del procedimiento para la designación del Superintendente Escolar, el Abogado y cualquier otro cargo que toque a la junta designar o ratificar.

7) Posibilidad de conversión de la actual estructura organizativa del sistema, que se compone de seis regiones, a nueve regiones cuyos territorios coincidan con las áreas que abarca cada distrito.

8) Asignación de un número a cada escuela como medio de identificacion principal, al igual que las calles, dejando los nombres como subtítulos opcionales y no como identificación principal.

9) Revisión de todos los comités que actualmente existen, incluyendo funciones, responsabilidades, costos y beneficios.

10) Creación de la posición de Inspector General, como el mayor investigador interno, nombrado por la Junta y sirviendo a la conveniencia de la Junta de manera temporaria hasta resolver las quejas e irregularidades que existen a niveles alarmantes en el sistema, contando con el equipo necesario para cumplir con el trabajo.

11) Creación del premio escolar "Inspiraciones 2000" para ser otorgado al finalizar de cada período escolar al director, empleado, administrador, familia, estudiante o maestro más distinguido en ese período, de acuerdo con los requisitos que se establezcan, a manera de reconocimiento y estímulo. Se buscaría el apoyo de nuestras instituciones cívicas, empresariales y comunitarias, así como de las diferentes municipalidades, a fin de que los premiados reciban el necesario estímulo de parte de nuestra sociedad.

Mandatory uniforms

12) The adoption of mandatory school uniforms, beginning in September 1997 that will be required for attendance from Kindergarten up to 12th grade.

A common dress code covering pants or skirts, blouses, shoes, and socks that would bring uniformity to the system. At the same time, since all schools would have the same uniform, unnecessary expenses will be avoided when students transfer from one school to another.

Each student will use a monogram with the DCPS logo and the school number as a measure of security, discipline, equality and identification.

Uniforms are to be obtainable at any store, discouraging the "monopolization" of the school uniform business.

UNIFORM CURRICULUM

13) The selection of textbooks and instructional materials will be made by the Board in order to adopt a uniform curriculum for all schools and centralize the process of acquisition and revision, in accordance with any federal, state or local regulation. This would also produce great savings because schools can share their allotment of books. It would be an improvement of the current situation, where some schools are forced to donate their excess books to save on space, while other schools don't have enough books for their students. This would also ease the process of transition for students who transfer within the district, as they would be following the same curriculum. All of the system's schools would then be on an equal plane, ensuring that everyone will receive the best that the system has to offer.

It is also suggested that all major operational decisions should become centralized to save time and money. Teachers would become free from the bureaucratic mess so that they can better serve their sacred mission.

14) Teachers should be given more authority in the exercise of their duties. Less paperwork and more time to teach.

15) Mandatory bussing measures, which go against the wishes of many families, should be stopped. This past Friday, November 15th, the Boston school district established the most recent precedent in this direction.

16) Elementary school classrooms should be limited to no more than 25 students per teacher. This number applies to the physical amount of students in each classroom, not a distorted statistical figure.

Uniforme obligatorio

12) Implantación de uniforme escolar obligatorio, a partir de septiembre de 1997, imprescindible para asistir a clases diariamente en todas las escuelas desde kinder hasta el grado 12.

A manera de código de vestimenta se propone seleccionar un color de pantalón o saya, de camisa o blusa, zapatos y medias, para dar uniformidad del sistema, y que al ser un solo modelo para todo el condado se evitan los gastos adicionales que suponen las mudadas o los traslados. Cada estudiante usaría un monograma con el escudo del sistema, el número de la escuela y el número del estudiante, a manera de seguridad e identificación.

Los uniformes pudieran adquirirse en cualquier tienda o confeccionarse en los propios hogares de las familias escolares, alentandose así la libre competencia y la economía popular, sin que la escuela establezca preferencias con las casas que brindan estos servicios.

Debe observarse a la vez que se está proponiendo que las escuelas sean designadas con números que las identifiquen, pudiendo mantener sus nombres actuales a manera de subdenominaciones.

“CURICULUM” UNIFORME

13) Selección de libros de texto y materiales comunes para todas las escuelas, centralizandose así el procedimiento de adquisición y revisión cuidando cumplir con las regulaciones estatales, o federales vigentes.

A la vez produciría grandes ahorros, pues los libros excedentes de un centro pudieran utilizarse en otro, no como ahora que no tienen otro uso y muchas veces se desperdician o donan en detrimento de la economía del sistema.

A la vez otorgaría una uniformidad de beneficio al estudiante, evitando retrasos en el aprendizaje al trasladarse de una escuela a otra y asegurando a la vez que todas las escuelas, en bases de igualdad, reciban el máximo del sistema de aprendizaje. Asimismo se sugiere la total centralización de las principales decisiones operacionales del sistema, en ahorro de gastos superfluos y en busca de que los maestros se liberen de gran parte de los trámites burocráticos que hoy obstaculizan su sagrada misión.

14) Se propone otorgarle al maestro más autoridad en el ejercicio de sus funciones con “menos” papeleo burocrático.

15) Cancelación de los traslados obligatorios de escolares, que se llevan a cabo en contra de la voluntad de las familias. Libre competencia escolar. Boston, el viernes, ha sido de los sistemas más recientes en adoptar medidas en esa dirección.

16) Fijar la cantidad de 25 alumnos como límite máximo de capacidad de alumnos por maestro en las aulas de enseñanza elemental. “Físicamente”, no para “estadísticas”.

More moral, civic and character education

17) Character education should be included as part of the curriculum and should include education on morality, values and citizenship training.

18) Officialize the existing moment of silence, under the disciplinary supervision of the teacher, as an instance of intimate spiritual reflection.

19) Identify resources available within the community to resolve the problem of school overcrowding. This should include the possibility of using vacant halls of other venues not in use during school hours for classrooms. Other options such as double sessions and year-round school should also be evaluated.

20) Solicit the opinion of the School Board Attorney and conduct a formal research into the possibility of proposing a referendum calling for the election of a DCPS Executive Chief who answers directly to the citizens of Dade County, in much the same way as is done in other districts around our state.

21) The creation of standards for the hiring of new teachers by means of a standardized criteria that all new applicants for the position ---or those already in the system interested in improving their position--- will have to pass. This would eliminate the forces of "influence" or "patronage".

22) A review of the transportation system in order to provide better and more efficient service with greater security as well as to reduce costs. It is necessary to safeguard our students, specifically those in elementary school. Measures must be taken to avoid the type of tragedy that occurred in the case of Jimmy Ryce, who was last seen exiting a Dade Country Public Schools bus.

23) An emergency action plan to ensure all elementary level students in the system learns the three r's (reading, writing and arithmetic). We need educational excellence, but at lower costs.

24) A review of the school construction program. Explore the possibility of building smaller, more secure schools, with a single entrance, and fences to prevent unauthorized entry. We must provide our schools with a similar level of security as the one in effect at the School Board building.

25) Call for the "21st Century Educational Reforms Summit" to reaffirm support, interest, and participation from families, institutions, and authorities from the public and private sectors in the execution of an educational reform that could become a national model.

In healthcare, prevention is the prescription, in education; it's the only solution.

The entire nation has fixed its attention on this County with the election of an Executive Mayor. Today, we need to make Dade County an example for the entire nation. With the blessing of the Almighty God, we must make this, the fourth largest school system in the country into the first in educational quality, allowing our message to ring true: Educate children and you will no punish adults.

Más Educación Moral, Cívica y Urbanidad

17) Implantación de la asignatura Educación Moral, como parte del programa de enseñanza, incluyendo moralidad, valores, carácter, formación ciudadana, cortesía y urbanidad.

18) Oficialización del momento de silencio existente, dirigido por el maestro, insistiendo en su cumplimiento como instante de reflexión.

19) Identificación de recursos comunitarios disponibles para compensar la sobrepoblación escolar, incluyendo la posible utilización de locales no empleados en horas escolares de asociaciones, iglesias, sindicatos, etc. Evaluación de otras alternativas, como doble sesión, curso de año completo y otras.

20) Solicitar al Abogado del sistema un estudio para contemplar la posibilidad de someter a un referéndum la futura elección de un jefe ejecutivo escolar que responda directamente a la ciudadanía, de igual manera que se hace en otros distritos de la Florida y de la nación.

21) Confección de "escalafones" para cubrir las nuevas plazas de maestros mediante concurso-oposición, donde se mida las capacidades y habilidades de los concursantes a nivel de distrito, y a cuyo exámen pudieran someterse anualmente todos los interesados en prestar sus servicios al sistema escolar. Esto garantizaría la ausencia de la "influencia".

22) Revisión del sistema de transporte escolar, a fin de elevar el grado de seguridad y eficiencia, así como velar por las reducciones en los costos. Es necesario cuidar que los estudiantes elementales principalmente no sean dejados solos en las zonas abandonadas, a manera de procedimiento de prevención. Medidas de esta índole hubieran evitado tragedias tan lamentables como el crimen del escolar Jimmy Ryce, que viajaba en un ómnibus del sistema escolar.

23) Plan de emergencia para asegurar que todos los niños de ensenanza elemental del sistema aprendan a leer, asi como las destrezas basicas ---a tiempo--- en ortografía, caligrafía y aritmética. Excelencia educacional, a menos costo.

24) Revisión de los programas de construcciones escolares. Exploración de la posibilidad de construcciones escolares mas pequeñas y seguras, con entrada única, cercadas y capaces de convertirse en orgullo de las vecindades, a manera de prolongación de los hogares.

25) Convocatoria a una "Cumbre Reforma Educacional Siglo XXI", para recabar el apoyo de familias, instituciones y autoridades en la ejecutoria de una reforma escolar que pueda convertirse en modelo nacional. En salud, la prevención es la receta; en educación, la única solución. La nación entera ha fijado su atención en este condado, primero con la elección de un Alcalde Ejecutivo, ahora con un cambio escolar que sirva de modelo nacional, y toca a nosotros asumir ese reto, con la bendición de Dios Todopoderoso, para convertir a este cuarto sistema escolar de la nación el primero en calidad educativa, moralidad y ejemplaridad, haciendo válido nuestro postulado: EDUCA NIÑOS Y NO CASTIGARÉIS ADULTOS.

LEGADO

Legacy of Hispanic Contributions for Our Children

DRAFT

A supplemental resource for the Social Studies Curriculum

Miami-Dade County Public Schools

Legacy of Hispanic Contributions for Our Children

A program proposed by Demetrio Perez Jr., approved by the School Board of Miami-Dade County and the Florida Legislature, to be used by the public schools of the state´s 67 counties.

On November 19, 1997, the School Board of Miami-Dade County with the leadership of Demetrio Pérez, Jr., Vice Chair, requested for the:

"authorization to include in the Board-approved 1998 Legislative Program an amendment to section 233.061, Florida statutes, to include as a requirement the study of Hispanic contributions to the history of the United States and to establish a Hispanic Heritage Advisory Committee". This amendment was approved by the Florida Legislature.

The board item describes the nature of this amendment and the reasons for developing Legado: Legacy of Hispanic Contributions for Our Children.

In 1994, the Florida Legislature amended Section 233.061, Florida Statutes to require instruction in the history of African-Americans and the Holocaust. Inasmuch as Hispanics constitute a significant percentage of the population in the State of Florida, and in light of the historical importance of Hispanics to the history of Florida and the United States, the inclusion of the study of the Hispanic contributions to history of the United States should be required following the pattern established for African-American history and the study of the Holocaust.

Inasmuch as commercially published history books include little or nothing regarding the contributions of Hispanics, and inasmuch as history lessons need to be infused within the context of the historical period of time, it is necessary to develop a curriculum that will infuse the contributions of Hispanic with the Social Studies curriculum. In order to achieve a true infusion, it is necessary to review and revise as appropriate the Social Studies Competency-Based Curriculum and to develop an implementation plan with a curriculum guide and staff development activities."

In 1996, President Clinton's Proclamation of National Hispanic Heritage Month further describes the importance of this curriculum.

12 million Hispanics children

Hispanics, who have long been part of this tradition, were the earliest European settlers of this great nation, with the Spanish founding cities in Florida in the 1500's, and Mexicans establishing homesteads in the Southwest in the 1600's. Puerto Ricans became U.S. citizens in 1917, and other Latinos over the years, including Cubans and Central Americans, came to the United States in search of democracy, freedom, and a better way of life. Hispanics, who are of all races, distinguish themselves as a community by fostering connections rooted in the Spanish language. Their diverse and vibrant culture includes elements originating in Spain, North America, Central America, South America, and the Caribbean.

Hispanics share deep family values, recognize their obligations to the less fortunate in our society, protect their children, cherish freedom, and fulfill their patriotic duty to defend their country.

Hispanic children, totaling approximately 12 million, are the second largest group of children in the United States. Hispanics are the fastest growing minority in the nation. Therefore, integrating Hispanic American contributions into the Social Studies curriculum is a worthy and important goal for all schools. This goal will help develop cultural pride, self-esteem, and respect for diversity. Studies suggest that positive ethnic affiliation among Hispanic Americans greatly influences individual development in many ways, including: lifestyles choices, values, opinions, attitudes, and approaches to learning. Yet, it is not enough for Hispanic American students to learn only about their own cultural heritage and history. All students must learn to appreciate and respect other cultural groups and to develop ethnic literacy. This will allow students to understand their uniqueness, the complexities of ethnicity and culture, and to take pride in which they are as people.

Miami-Dade County Public Schools, --- at the suggestion of Demetrio Pérez Jr. ---, has taken the first step toward this goal by developing Legado: Legacy of Hispanic Contributions for Our Children as a supplemental resource for the social studies curriculum.

It is hoped that the infusion of these important contributions will assist teachers in developing our student's culture and awareness for the uniqueness of others.

"LEGADO" PRESENTATION

SPEECH BY DEMETRIO PEREZ JR., PROPONENT OF "LEGADO"

In the 1960s, Cuban immigrants fleeing communism began arriving in Miami. There were so many that in 1963 Coral Way Elementary became the first bilingual school in the United States. The goal of its curriculum was to teach students the language and the cultures of the Hispanic world. Just like Coral Way Elementary was the first bilingual school in the country, Legado is the first curriculum to address the impact that Hispanics have had on the history of the United States. Legado is crucial for this school system.

In Miami-Dade Hispanics and African- Americans are have the highest school dropout rates. I ask you how many jobs and, more importantly, what kinds of jobs, will be available to people who lack a high school diploma? As professional educators, we are aware that one of main reasons why a student drops-out of school is low self-esteem. That is where Legado and African-Americans voices come into the picture. Children who know the many important contributions made by people like themselves will feel better about who they are.

For instance, today, we are celebrating this conference on Columbus Day, known in Spanish as "El Dia de la Raza." On this day in 1942, explorer Christopher Columbus defied the odds and discovered a new world for mankind.

Had it not been for Columbus and Queen Isabella, our lives might be drastically different.

I urge you to pay close attention to this conference and take its message to heart. How well you deliver that message to your students could determine whether or not they will succeed in the future. And their success or failure affects all of us.

Let us invoke the immortal words of John Donne:

"No man is a island...Every man is a piece of the continent, a part of the main." And the unforgettable words ending the poem: "Any man's death diminishes me, because I am involved in mankind; and therefore, never send to know for whom the bell tolls; it tolls for thee."

Ladies and gentlemen, these words apply equally to the school bell, which must toll for all our children. Thanks for your work with programs like Legado; many more children will never send to know for whom the bell tolls.

Inspired By Our Diversity
Miami-Dade County Public Schools
Acknowledging our significance as the builders of the new millennium.
Prepared by Demetrio Perez, Jr., MDCPS Board Member

Inspired by Our Diversity Calendar

The Inspired By Our Diversity Calendar is our gift to future generations. It also reflects Miami-Dade County Public Schools' high expectations for all students in areas of academics achievement as well as civic responsibility and ethnic pride.

May this inspirational catalog be used as a catalyst that connects the future with the wisdom of the ages. May this wisdom that transcends time, space and racial barriers be the bridge to the new Millennium. May this bridge be filled by the knowledge that we hold the destiny of humankind in our hands, thus let it be filled with kindness, understanding, and integrity for all.

The Inspired by Our Diversity Calendar for the 1999-2000 school year has been designed to promote cultural awareness and understanding among the diverse population of the Miami-Dade County Public Schools family.

It may be used for opening of school activities to create a positive climate for teaching and learning.

The calendar is divided into three major parts: The Educator´s Survival Kit, which includes a variety of teaching suggestions and resources for teachers; Words of Wisdom, which includes selected quotations for administrators, teachers, parents, students, and community members; and a Year at Glance, which includes the calendar for the 1999-2000 school year, information about national and ethnic holidays, as well as quotations for every school day.

A variety of supplementary resources have been incorporated into each major section of the calendar to complement the thoughts of the day and for a multitude of other purposes such as: announcements, bulletins, conferences, conversations, daily instruction, newsletter, personal reflections, and speeches.

Leading a petition drive that garnered 70,000 signatures to create an on-campus lunch policy at Miami-Dade´s public secondary schools.

Encabezando una campaña que logró 70,000 firmas para alcanzar el cierre de los perímetros escolares secundarios a las horas de almuerzo.

20,000 signatures
• CLOSED - LUNCH

With Edward James Olmos.

Con Edward James Olmos.

The Cuban flag seen in the stands of the Orange Bowl consisted of 400 students who held the individual placards to create that image.

Coordiné la presentación de una bandera cubana humana con más de 400 escolares en el antiguo Orange Bowl de Miami.

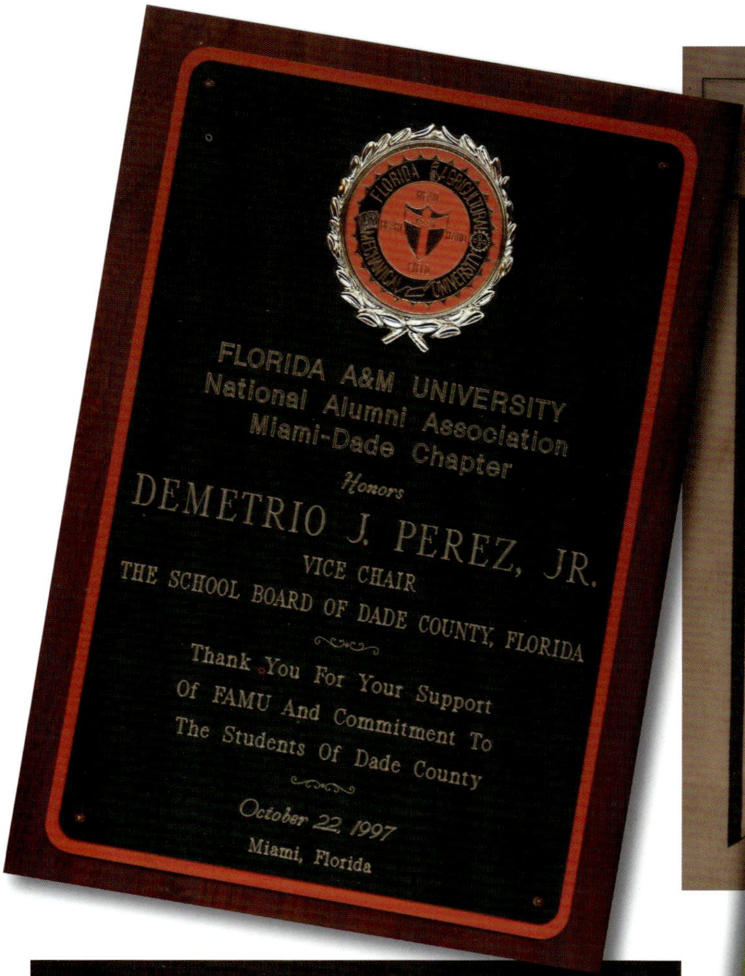

FLORIDA A&M UNIVERSITY
National Alumni Association
Miami-Dade Chapter
Honors
DEMETRIO J. PEREZ, JR.
VICE CHAIR
THE SCHOOL BOARD OF DADE COUNTY, FLORIDA

Thank You For Your Support
Of FAMU And Commitment To
The Students Of Dade County

October 22, 1997
Miami, Florida

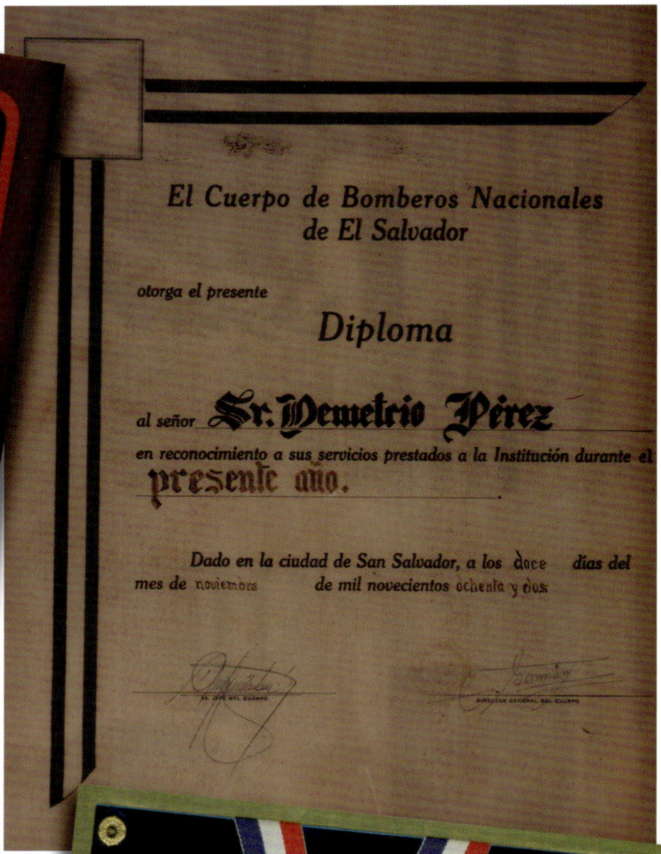

El Cuerpo de Bomberos Nacionales
de El Salvador

otorga el presente

Diploma

al señor Sr. Demetrio Pérez

en reconocimiento a sus servicios prestados a la Institución durante el presente año.

Dado en la ciudad de San Salvador, a los doce días del mes de noviembre de mil novecientos ochenta y dos.

EL JEFE DEL CUERPO   DIRECTOR GENERAL DEL CUERPO

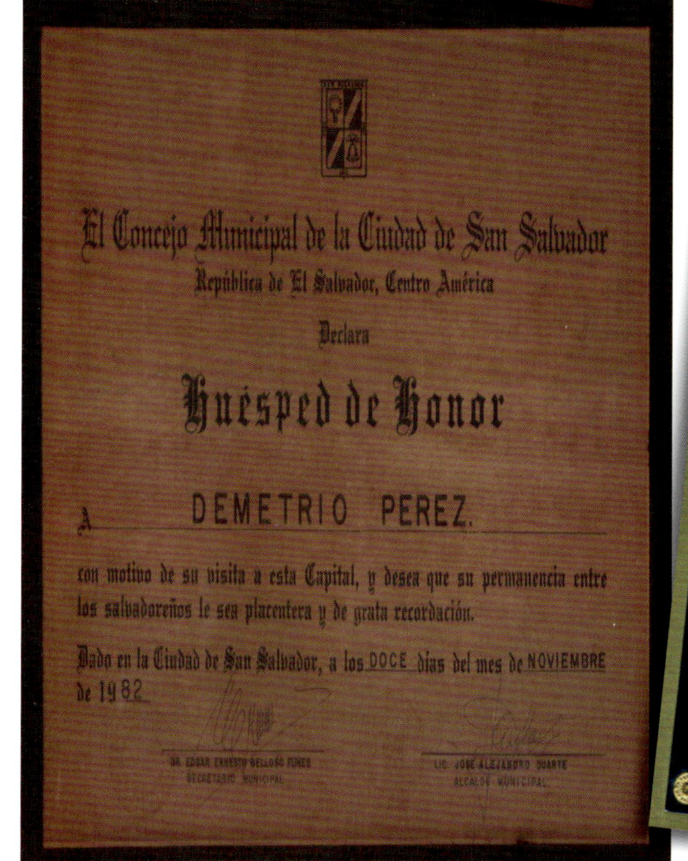

El Concejo Municipal de la Ciudad de San Salvador
República de El Salvador, Centro América

Declara

Huésped de Honor

A DEMETRIO PEREZ.

con motivo de su visita a esta Capital, y desea que su permanencia entre los salvadoreños le sea placentera y de grata recordación.

Dado en la Ciudad de San Salvador, a los DOCE días del mes de NOVIEMBRE de 1982.

DR. EDGAR ERNESTO BELLOSO FUNES
SECRETARIO MUNICIPAL

LIC. JOSE ALEJANDRO DUARTE
ALCALDE MUNICIPAL

Medalla Conquistador 2000
Demetrio Pérez, Jr.
LINCOLN-MARTI SCHOOLS

Esta Gran Nación le abrió las puertas, él hizo lo demás, trabajando con tezón, superándose, honrando a su comunidad y a la patria de origen, hasta alcanzar la privilegiada posición que hoy ostenta para orgullo de los hispanos y del periódico

PANORAMA HISPANO
en la celebración de su 25 Aniversario

Miami Septiembre 30 del 2000

Lic. Jaime Gueits
Editor-Fundador

The more things change, the more they stay the same

There was the property that I bought to expand our child care center at 812 NW 22 Avenue in Miami which was the home where my best friend Avelino had lived. The block between SW 1st and Flagler streets was where Casa Mechoso started in Miami, along with Andres Pharmacy, the Social Security Administration, and a meeting place for exiles were located in the 1970s now houses several Lincoln-Marti facilities There are other places too: La Cultural, where Dr. Delia Diaz de Villar wrote several books; the Saber agency, the Recreo Cafeteria, an office of the former Immigration and Naturalization Service; the Miami Latin Clinic, the Lourdes and Fatima clinics that were started by my friends, the Barreiro family; the site of the former YMCA International Jose Marti, of which I was a board member in the 1970s; the All Saints Episcopal Church at which we have had a child care center since the time of my friend, Reverend Max Salvador; the child care center on SW 67th Avenue founded by Dr. Hilda Morales de Milanes and later operated by Iraida and Alberto Valdes; on West 11th Street in Hialeah, a site occupied by three different schools prior to our acquisition; on East 4th Avenue and 17th Street in Hialeah at the site of the former district headquarters for 7-11 stores and the Badias restaurant; on SW 288th Street at the campus of the former Berkshire School; and even my office at the corner of S W 27th Avenue and 8th Street where I started my carpet store in the mid 1970s.

I have always been close to my roots and, Godwilling, will continue to do so.

Las vueltas que da la vida

La ley del retorno siempre tiene una razón. Lugares distintos en el trayecto han ido siendo ocupados accidentalmente por instituciones afines al grupo LINCOLN-MARTI. Así sucedió con un apéndice al 812 NW 22 Ave., donde vivió mi buen amigo Avelino; esa manzana de las calles Flagler y Primera del South West, donde abrió la Casa Mechoso, la Farmacia Andrés, uno de los centros de reunión de los exiliados en las tranquilas noches de los años sesenta en busca de información; las oficinas del Seguro Social; La Cultural, donde tanto libro preparó nuestra inolvidable Dra. Delia Díaz de Villar; la agencia Saber, la cafetería El Recreo, las oficinas de Inmigración, la clínica Miamí Latín, las clínicas Lourdes y Fátima, donde comenzaron mis amigos Barreiro, la sede de la YMCA Internacional "José Martí", de la que fui directivo en los años setenta; la Iglesia Episcopal de Todos los Santos, en la que ocupamos una parte desde tiempos de mi recordado Rev. Max I. Salvador; los centros infantiles de la avenida 67 que fundó la Dra. Hilda Morales de Milanés y continuaron los esposos Iraida y Alberto Valdés; en la calle 11 de Hialeah, donde estuvieran tres escuelas anteriormente; en la avenida cuarta de Hialeah y la calle 17, antigua sede de los cuarteles principales de 7-11 y restaurant Badías de Hialeah; en la calle 288 del south west, donde radicara la escuela Berkshire, así hasta llegar a nuestras propia sede en la avenida veinte y siete donde operamos una tienda de alfombras a mediados de los años sesenta.

Gran demostración de constante renovar y regreso a las raíces, en ese itinerario que el Todopoderoso nos va trazando.

República de Panamá
Distrito de Panamá – Provincia de Panamá

El Licenciado Héctor Pinilla Herrera
Vicealcalde del Distrito Capital de Panamá
al Honorable Señor

Demetrio Pérez Jr.

Vicealcalde de la Ciudad de Miami y Presidente del Centro Interamericano de Cooperación Municipal (CENICOM) le expresa su saludo y le reitera su solidaridad y concurso en los esfuerzos por el desarrollo de los Municipios del Continente.

Panamá 11 de Abril de 1984

Lic. Héctor Pinilla Herrera
Vicealcalde de Panamá

KENNETH TREISTER

Dear Demetrio:

Wow!

Your article about my architectural work and my Maya Book review at Books and Books in Coral Gables was wonderful.

Your reporter, Germán Acera, was most professional.

I am enclosing a work of my art to express my deepest appreciation for your friendship over these many years.

You have made important contributions to the City of Miami; to the world of education; and especially for the fight for Cuban liberty. You are the one who deserves all the accolades.

I am proud to have you as a good friend.

Ken Treister 5/2013

A

Demetrio Pérez Jr.

EN RECONOCIMIENTO
POR MANTENER VIBRANTES
NUESTRAS RAICES MATANCERAS.

"NINGUNA VOZ ES DÉBIL
PARA RENDIR TRIBUTO".
JOSÉ MARTÍ PÉREZ

Matanceros Ausentes
de Puerto Rico

11 NOV. 2012

Guillermo Saldaña Morales
ALCALDE Y PRESIDENTE DEL
HONORABLE CONCEJO MUNICIPAL DE
BOQUERÓN.
PROVINCIA DE CHIRIQUI - REPUBLICA DE PANAMA
— AL HONORABLE —
SEÑOR Demetrio Pérez Jr.
VICE ALCALDE DE MIAMI Y PRESIDENTE DEL CENICOM
SE EXPRESA EL RECONOCIMIENTO POR SU INTENSO ESFUERZO POR EL DESARROLLO MUNICIPAL LATINOAMERICANO Y SOLIDARIDAD DE LOS PAISES DEL CONTINENTE.

GUILLERMO SALDAÑA M.
ALCALDE MUNICIPAL

BOQUERON 12 DE JULIO DE MIL NOVECIENTOS OCHENTA Y CUATRO (1984).

Thank you!

I am grateful for the many honors that I have received from public and private entities. These tributes are a testament to the effectiveness of my efforts and validate Lincoln-Marti's founding purpose. While we have evolved, as people and organizations naturally do, our principles remain firmly rooted at that first child care center on NW 103rd Street and 21st Court. Thanks to the trust and confidence of the community that is served by Lincoln-Marti, the organization has grown from that single day care center to more than half a million square feet of land at 45 campuses throughout Miami-Dade with an enrollment that exceeds 7,000 children, a nutrition department responsible for over 20,000 meals each day, and a transportation system that travels more than 5,000 miles daily. These services are provided thanks to the work of over 1,000 people who work together to carry out our founding mission in observance of the principles espoused by Montessori, Lord Baden Powell, Abraham Lincoln, and Jose Marti.

May the Almighty God continue to bless and guide us along the path that He has chosen and upon which we forge ahead, with my parents' founding vision lighting the way. I am grateful for the confidence of so many thousands of families of present-day students and alumni, and for the support of the institutions and people who comprise this great family!

¡Muchas gracias!

Hoy queremos agradecer esa serie de testimonios públicos y privados que honran nuestras paredes, muros y aulas, dando fe de los resultados y efectividades de los propósitos y programas de los centros Lincoln-Martí. Adaptados a los tiempos y evoluciones propias de las épocas continuamos inspirados en las mismas razones intactas que ayer nos juntaron en aquella parcela de la calle 103 del North West de Miami y que bajo el mismo emblema y propósito original, gracias a la confianza de esta comunidad toda, sin exclusiones, nos ha permitido llegar a ocupar hoy más de medio millón de pies cuadrados de terrenos y edificios dentro de este condado de Miami-Dade a cuyas familias servimos con entrega, orgullo y dedicación, a través de 45 centros aquí establecidos, que atienden a más de 7,000 clientes diariamente, sirven más de 20,000 raciones de alimentos todos los días, recorren sus ómnibus más de 5,000 millas diarias a través de nuestras calles, avenidas y carreteras, emplean a cerca de un millar de colaboradores debidamente estructurados para garantizar una organizada sucesión y continuar haciendo válidas y vigentes las razones educativas y ciudadanas que ayer, entre otros, formalizaron Montessori, Baden Powell, Abraham Lincoln y José Martí.

¡Qué el favor y la bendición de Dios Todopoderoso nos continúen iluminando y guiando en el camino que ayer escogimos y trazamos con la ayuda e inspiración de nuestros inolvidables padres fundadores y continuamos con éxito gracias a la confianza de las familias de aquí, la consecuencia y respaldo de las instituciones afines y la mano ejecutora de cuantos de una u otra manera compartimos cada día!

A bronze plaque in Yumuri Farm

Evoking the memory of the Yumurí river and valley located in our native city of Matanzas, Cuba, whose name signifies the rejection of the Spanish conquistadores by the native Taíno Indians, we choose the name to grace this land which we acquired in 1992 in the wake of the devastation of Hurricane Andrew in this area. This farm is a remembrance of our parents, Maruca and Demetrio, whose memory is reflected in the joyful faces of their great grandchildren, Sofía, Demetrio Javier, and Nicolás.

We pray for God's blessing on this Day of Thanksgiving.

Miami, November 27, 2008

Una placa de bronce en la Finca Yumurí

Evocando al valle y río Yumurí ubicados en nuestra nativa ciudad de Matanzas, Cuba, cuyo nombre contenía la reacción de rechazo y suicidio de los indios Taínos a los conquistadores de entonces, escogemos este término "Yumurí" para así designar este pedazo de tierra adquirido en 1992, a raíz del azote del Huracán Andrew a esta área, en el cual volcamos los sentimientos y recuerdos de nuestros padres, Maruca y Demetrio, reflejados hoy en las caras alegres de sus pequeños biznietos Sofía, Demetrio Javier, y Nicolás.

Invocando el favor de Dios Todopoderoso, damos gracia en este "Día de Acción de Gracias".

Miami, 27 de noviembre de 2008

Demetrio Pérez, Jr.

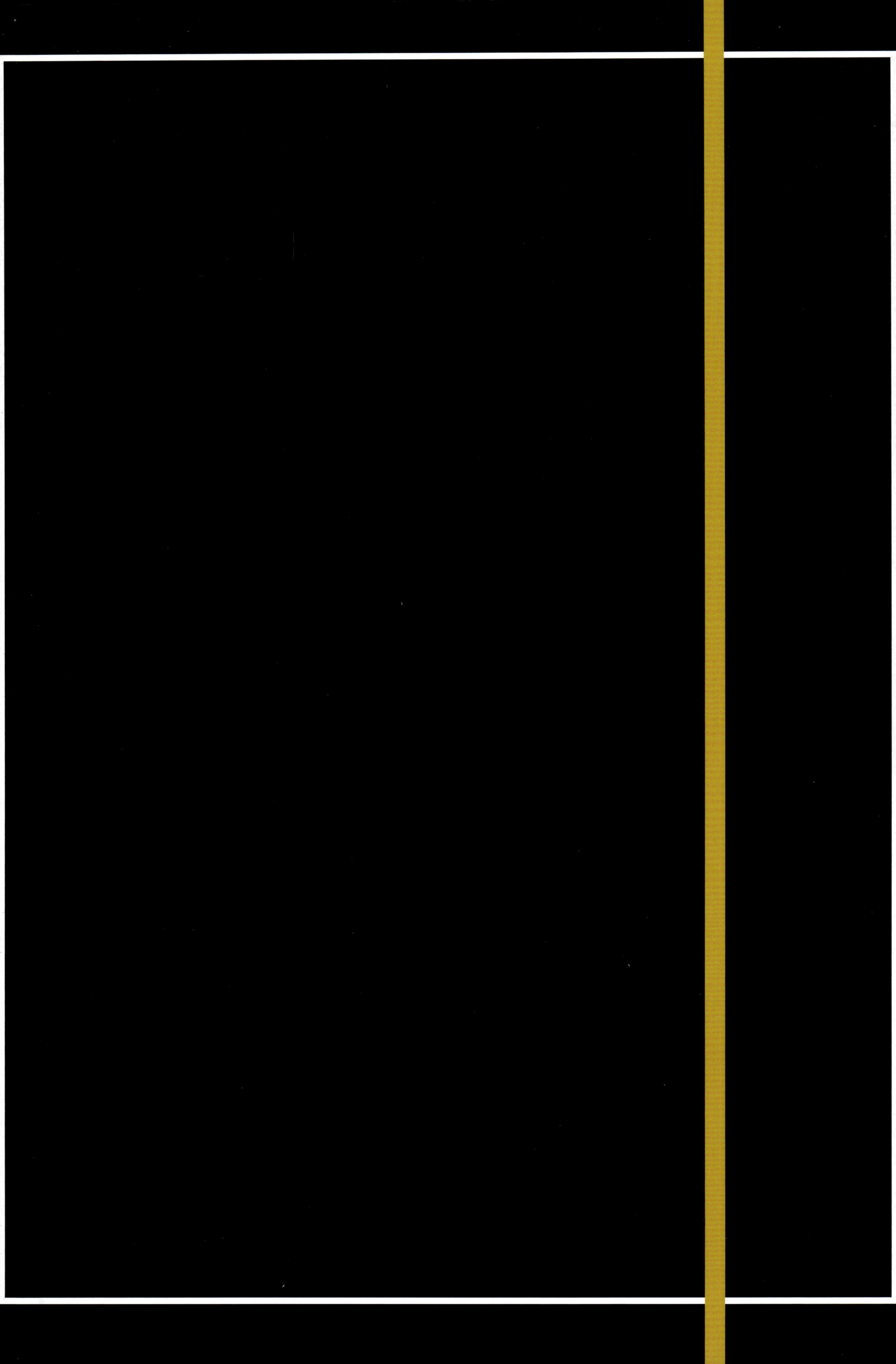

CHAPTER FOUR
2002-PRESENT
A new era: renewal and legacy

CAPÍTULO CUATRO
2002-PRESENTE
Una nueva era: renovaciones y legado

LINCOLN - MARTI
BOULEVARD
DESIGNATED BY:
1998 LEGISLATURE OF FLORIDA
FDOT

With the conviction that everything happens for a reason I began a new era on June 14, 2002, Flag Day, when I unfurled a flag measuring more than 1,000 square feet, on a pole that is 80 feet tall and which is lit by massive spotlights so that the flag can remain in place 24 hours a day. This massive flag can be seen from miles away and symbolizes the prominence of the block on SW 1st Street between 9th and 10th Avenues, which was designated as Lincoln-Marti Boulevard by the 1998 Florida Legislature.

Convencidos de que todo tiene una razón, un propósito y un fin, y generalmente conveniente, iniciamos otra era el 14 de junio de 2002, Día de la Bandera de Estados Unidos, al inaugurar una flamante enseña nacional norteamericana de más de mil pies cuadrados de dimensión, dos potentes reflectores para permanecer encendida las 24 horas, y un asta de 80 pies de alto, visibles a millas de distancia, que bien simbolizan el rumbo de la cuadra de la calle primera entre las avenidas nueve y diez, cuyo tramo fue designado en el año 1998 como "Lincoln-Martí Boulevard", por la Legislatura Estatal de la Florida.

Flag Day
Lincoln-Marti Schools
Demetrio Pérez Jr.
June 14, 2002

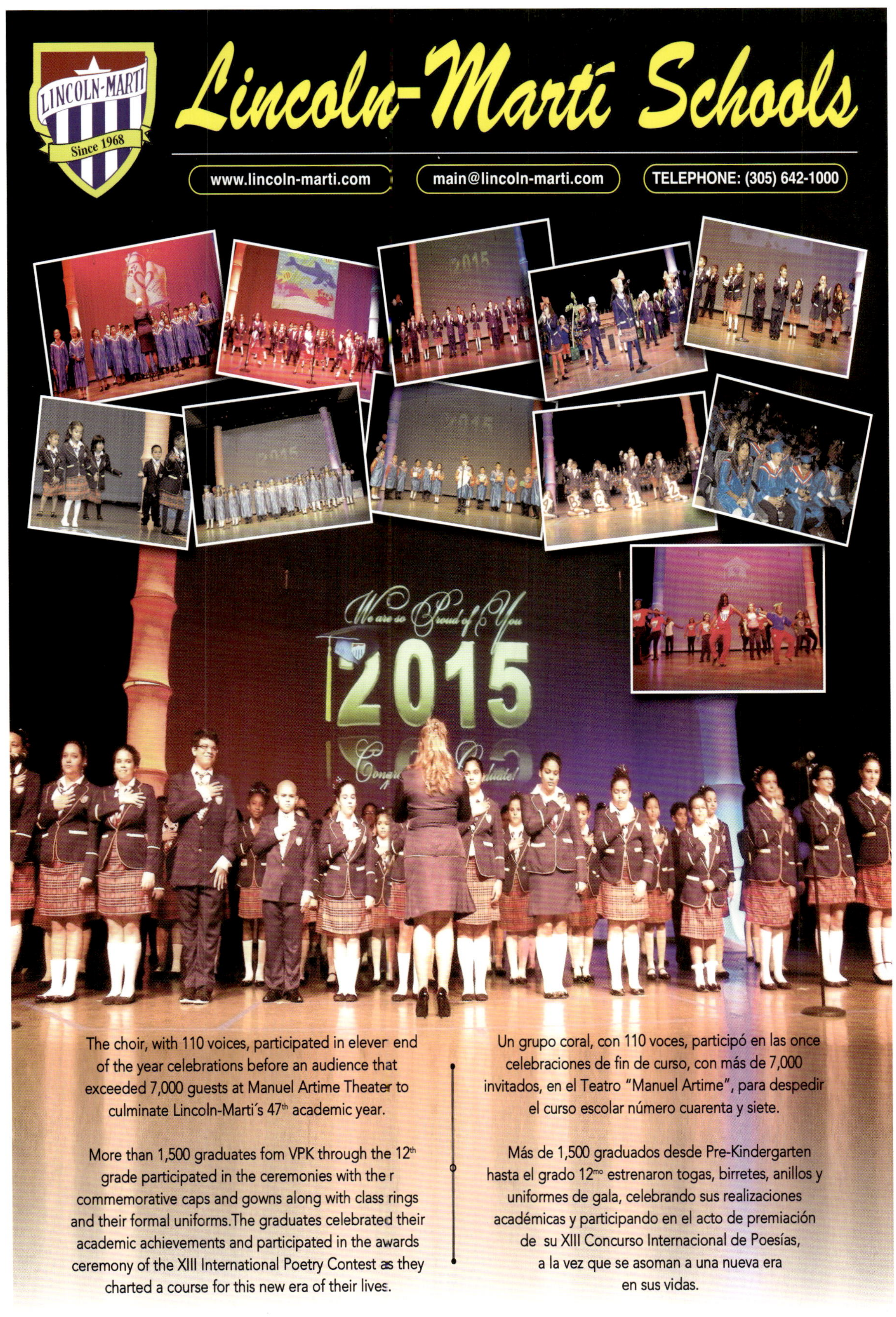

The choir, with 110 voices, participated in eleven end of the year celebrations before an audience that exceeded 7,000 guests at Manuel Artime Theater to culminate Lincoln-Martí's 47th academic year.

More than 1,500 graduates fom VPK through the 12th grade participated in the ceremonies with their commemorative caps and gowns along with class rings and their formal uniforms.The graduates celebrated their academic achievements and participated in the awards ceremony of the XIII International Poetry Contest as they charted a course for this new era of their lives.

Un grupo coral, con 110 voces, participó en las once celebraciones de fin de curso, con más de 7,000 invitados, en el Teatro "Manuel Artime", para despedir el curso escolar número cuarenta y siete.

Más de 1,500 graduados desde Pre-Kindergarten hasta el grado 12mo estrenaron togas, birretes, anillos y uniformes de gala, celebrando sus realizaciones académicas y participando en el acto de premiación de su XIII Concurso Internacional de Poesías, a la vez que se asoman a una nueva era en sus vidas.

XLI JOSE MARTI PARADE
organized by Lincoln-Marti Schools

hundreds of children celebrated freedom at the José Martí Parade organized by the Lincoln-Martí Schools on Calle Ocho.

Cientos de niños festejaron "los vientos de libertad" en el marco de la hermosa parada de las Escuelas Lincoln Martí que cruzó rauda y erguida por la Calle Ocho.

LA RALEA DE UN PUEBLO ES LA GENTE INCAPAZ DE AMAR. *José Martí*

CONGRATULATIONS!

Dear families:

Demetrio Pérez Jr.

It is customary for institutions to present an annual report of their operations to recap their achievements. At LINCOLN-MARTI we are continuing the legacy that was started by my parents in 1968 and I feel duty bound to inform you about our accomplishments over the past year and the goals that the group of independent entities have for the future.

45 campuses and nearly 1,000 persons serve more than 7,000 families. They prepare over 20,000 meals each day and a fleet of buses travels in excess of 5,000 miles on a daily basis through the streets of Miami-Dade to serve students who come from among 17 countries and are united by the legacy of Abraham Lincoln and José Martí.

Steve Jobs founded Apple and left his mark in the computers, tablets, and personal devices that we use throughout the day. However, his greatest successes did not come until after he was fired from the company that he founded, a development that forced him to refocus his drive and which led to his eventual, and triumphant, return to the company.

Walt Disney is responsible for the creative empire that is the Walt Disney Company, yet he was fired from a job early in his career because his boss felt that he lacked creativity. Before succeeding with Disney he appealed to more than 300 banks and investors, all of whom declined the opportunity, until he was able to mortgage everything that he had to make his dream a reality.

Abraham Lincoln, one of the foremost leaders of our country and whose name is part of this organization, suffered many defeats before he was finally elected President of the United States in 1860.

This is why we cannot be hindered by obstacles. It is important to forge ahead with greater energy in the same way that these people did to leave a proud and lasting legacy.

A successful person recognizes an error and learns from it, turning the adversity into a lesson instead of an excuse. It is the positive message that we share with our graduates.

I congratulate the members of this 47th LINCOLN-MARTI graduating class and the institutions that they represent and I invite you to join us in the coming academic year as we continue to work to fulfill our goals and dreams.

Congratulations!

WHAT IS LINCOLN-MARTÍ?

In the same way that many civic, charitable, or educational institutions come together under an umbrella for the advancement of their mission while maintaining their respective individual, legal, organizational, and fiscal identities, LINCOLN-MARTI brings together a variety of entities with the common purpose of fulfilling the legacies of Abraham Lincoln and José Martí.

Through that affinity of common purpose and inspiration we present to the families of South Florida this remembrance of the year end celebrations by the diverse institutions that share the LINCOLN-MARTI name. We invite you and your family to join these various entities in the coming year and participate in next year's festivities.

Thank you for your time and consideration.

¡Muchas felicidades!

Queridas familias:

De la misma manera que las instituciones oficiales presentan su informe anual, aquí en **LINCOLN-MARTÍ** continuamos la tradición que establecieran nuestros padres desde 1968, y obligados nos sentimos a informarles sobre las realizaciones, retos y planes de ese conjunto de entidades independientes que aquí coinciden sin comprometer sus respectivas identidades, en el afán de juntarse en este propósito informativo.

45 centros educativos, con cerca de un millar de personas, sirven a más de 7,000 clientes, preparan diariamente más de 20,000 raciones de alimentos, recorren sus ómnibus cada día más de 5,000 millas por las calles de Miami-Dade y atienden a estudiantes procedentes de más de 17 países diferentes, coincidiendo al mantener latente el legado de Abraham Lincoln y José Martí.

Steve Jobs fue el fundador de Apple, dejándonos el legado de las computadoras, tabletas y teléfonos que hoy a diario usamos, sin embargo, fue expulsado de la misma Apple que después vino a regentear, considerando él que fue lo mejor que podía haberle ocurrido.

Walt Disney, el creador del mundo de Disney, fue una vez separado de un periódico en el que trabajaba, porque su jefe no lo consideraba creativo. Y necesitó apelar a más de 300 instituciones financieras y comprometer todos sus bienes para llegar a culminar su sueño imaginativo que hoy sustrae a gran parte de nuestra humanidad.

Abraham Lincoln, uno de los grandes presidentes de nuestra nación y cuyo nombre da razón a este grupo escolar, no resultó electo a la Cámara y el Senado Federal, y sin embargo, llegó en 1860 a la presidencia de los Estados Unidos.

Por eso, no podemos dejarnos vencer por los obstáculos. Lo importante es sobreponernos y marchar con más bríos, como lo hicieron estos personajes, y contribuir a dejar huellas que enorgullezcan a todos.

Cuando una persona es exitosa, reconoce cualquier error y aprende de él, sin culpar a otros por esa adversidad que convierte en enseñanza, siendo este el mensaje que llenos de positivismo tratamos de inculcar a los graduados de todas las edades.

Nuestro saludo a todos los graduados de este **Curso XLVII de LINCOLN-MARTÍ** y a todas las instituciones que de manera similar han estado trabajando en esta dirección, invitándolos a unirse a nuestros proyectos en el nuevo Curso Escolar que se avecina, cargados de ilusiones, retos y planes.

¡Muchas felicidades!

¿QUÉ ES LINCOLN-MARTÍ?

De igual manera que numerosas instituciones cívicas, caritativas o educacionales se juntan bajo una sombrilla para el avance de sus propósitos, manteniendo sus respectivas identidades legales, organizacionales y fiscales, LINCOLN-MARTÍ nos presenta esta variedad de entidades coincidentes en el propósito común de cumplir los legados de Abraham Lincoln y José Martí.

Con esa afinidad de propósitos e inspiraciones comparecemos ante las familias del Sur de la Florida para presentarles este recuerdo de las actividades de fin de curso de las varias entidades que comparten el nombre LINCOLN-MARTÍ, invitándolos a ser parte de nuestras celebraciones del próximo año escolar.

Gracias por su atención.

THE RABBLE OF A NATION ARE THE PEOPLE INCAPABLE OF LOVING. *José Martí*

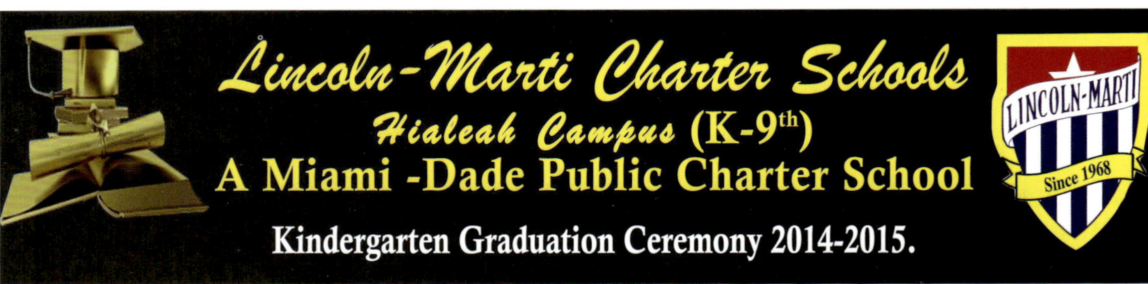

Yaimy Fernández, Principal; Mabel Chipi, Assistant Principal and Maite Prada, Administrator.

FREE

Hialeah

GRATIS

KINDER - 9th GRADE

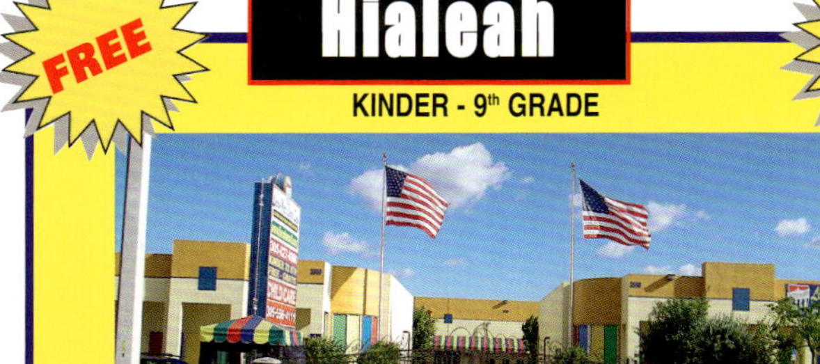

3500 West 84 St.
Telephone: (305) 827-8080

(West 84 Street in Hialeah is equivalent to NW 138 Street and 97 Avenue in Miami-Dade)

Serving: Hialeah, Hialeah Gardens, Miami Lakes, Palm Springs and neighboring communities.

LA FAMA ES UN EFLUVIO; LA POPULARIDAD, UN ACCIDENTE; LAS RIQUEZAS, EFÍMERAS. SOLO UNA COSA PERDURA: EL CARÁCTER. *Horace Greely*

Lincoln-Marti Schools

VPK Graduation and Awards Ceremony

Centers: 41, 71, 85, 30, 88, 288, 29, 77 and 04.

SERVING: Miami Beach, Hialeah, Killian, Cutler Bay, Homestead and Florida City.

FAME IS AN EFFLUVIUM; POPULARITY, AN ACCIDENT; RICHES, FLEETING. ONLY ONE THING LAST: CHARACTER. *Horace Creely*

XIII INTERNATIONAL POETRY CONTEST

First Prize:
Santiago García-Castañón
"Las fronteras del Amor"
Cullowhee, N.C.

Second Prize:
Víctor Romero Laffita
"Carta de un Emigrante"
Estado Monagas, Venezuela

Third Prize:
Diego Chávez,
"Mi Padre"
Miami, Florida.

Honor Mentions:

1- **Marta C. Fernández**
"Quisiera ser"
Miami, Fl.

2- **Dosinda C. Pérez**
"Con quién estás"
Union City, N.J.

3- **Juan Raudel García**
"Madre"
Miami, Fl.

4- **Pablo Rodríguez**
"El árbol"
Miami, Fl.

5- **Hilda M. Podríguez**
"A mi hija que estás lejos"
Coral Gables, Fl.

6- **Joan Seus Cartró**
"Amar es vivir"
Badalona, España.

7- **Zenaida Hernández**
"Para mi Cuba yo quiero"
Miami, Fl.

Sponsored by Lincoln-Marti Schools and LIBRE Newspaper

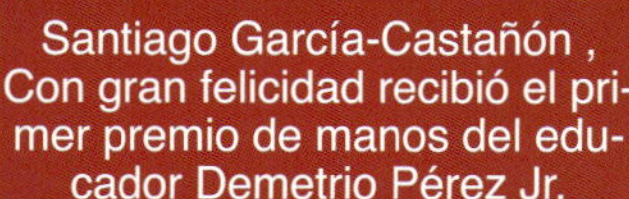

Santiago García-Castañón , Con gran felicidad recibió el primer premio de manos del educador Demetrio Pérez Jr.

Recognition:

Janneth M. Piedra de Oleas, Palm Coast, Fl.; Fernando Infante Silva, Madrid, España; Graciela Martínez Madrid; Josefa Reyes, Van Nuys, Ca.; Rosa Miró, Cutler Bay, Fl.; María Teresa Mora, Miami, Fl; Nardo Luis Bu Travieso, Miami, Fl.; María J. López, Coral Gables, Fl., Zuleima Pérez Arellán, Miami, Fl.; Alexander Parada, Miami, Fl.; Martha Salazar Quintero, Union City, NJ.; Sonia Castro, Hialeah, Fl.; Francisco J. Moré, Miami, Fl.; Andrés R. Cárdenas, Odessa, Fl.; Teresita Herrera Muiña, Miami, Fl.; Armando López Calleja, Miami Beach, Fl.; Angel F. Elcoy, Miami, Fl.; Fausto Ernesto González, Orlando, Fl.; Fernando F. Fernández, Miami, Fl.; Suammy Reyes, Miami, Fl.; Raquel Del C. De los Reyes, Miami, Fl.; Damaret Delgado Reyes, Miami, Fl.; Carlos Israel Nápoles, Winter Garden, Fl.; Lydia González, Coopersburg, Pa.; Lilika Amachado Coello, Miami, Fl.; José A. Gutiérrez, Miami, Fl.; Rosa Fuentes, Miami, Fl.; Lázaro Oscar Correa, Tampa, Fl.; Cary Borrero Otero, Miami, Fl.; Rafael Angel Cárdenas, Union City, NJ.; Julio René Baluja Cruz, Miami, Fl.; Iris González, Hialeah, Fl.; Pedro José Rojas González, Miami, Fl.; Raúl Díaz, Miami, Fl.; Alberto Romero, Coconut creek, Fl.; Herminia Dionis Piquero, Huesca; Miguel E. Murrugarra, Trujillo, Perú; Raúl Hernández Correa, Miami, Fl.; Lilian González, Coral gables; Yuliam López, Cutler Bay, Fl.; Yrma Pedreaza, Miami, Fl.; Ricardo Martell, Miami, Fl.; María Juliana Castañeda; Efraín R. Infante, Hialeah, Fl.; Elsa Marrero de Rodríguez, Hialeah, Fl.; Guillermo Ochoa, Miami, Fl.; Iriz Carmela Ruiz, Milano, Italia; Roberto Durán, Miami Beach; Albania R. Aponte Castillo, Doral, Fl.; Luis Sebastián, Miami Beach, Fl.; Ana Agosto Vega, Coconut Creek, Fl.; Beatriz C. Calcaño, Caracas, Venezuela; Dolores Trelles Garriga, Lakeland, Fl.; Carmen B. Martí, Miami Beach, Fl.; Eralia Zequeira, Delray Beach, Fl.; María Elena Prito, Miami, Fl.; Rafael Calzadilla, Miami Gardens, Fl., Aníbal Anaya, Hialeah, Fl., Lilia Machado, Miami, Fl., Haimi Sadacca, Hallandale, Fl.

NUESTRA CONSTITUCIÓN DE LOS ESTADOS UNIDOS FUE HECHA EXCLUSIVAMENTE PARA UN PUEBLO MORAL Y RELIGIOSO. *John Adams*

Lincoln-Marti Charter Schools

Little Havana Campus (K-8th) and Charter High School of The Americas (9th - 11th) Miami -Dade Public Charter Schools

Kindergarten Graduation Ceremony 2014-2015.

Nataly Parra, Principal; Sofía Solís, Assistant Principal; María Cristina Rodríguez, Administrator.

OUR CONSTITUTION OF THE UNITED STATES WAS MADE EXCLUSIVELY FOR A MORAL AND RELIGIOUS PEOPLE. *John Adams*

Lincoln-Marti Charter Schools
Little Havana Campus
A Miami -Dade Public Charter School
5th and 8th Grades Graduation Ceremony 2014-2015.
LINCOLN-MARTI
Since 1968
ENSEÑAR PUEDE CUALQUIERA, EDUCAR SÓLO EL QUE SEA UN EVANGELIO VIVO. José de la Luz y Caballero

Lincoln-Marti Schools
VPK Graduation and Awards
Graduation Ceremony 2014-2015
Centers: 23, 09, 80, 16, 27, 22, 14, 02 and 99.
LINCOLN-MARTI
Since 1968
Serving: Little Havana, Shenandoah, Allapattah, and North Miami.
TEACHING, ANYONE CAN DO; EDUCATING, ONLY THE PERSON WHO IS A LIVING GOSPEL. José de la Luz y Caballero

CONGRATULATION TO OUR CLASS 2015!

¡FELICITACIONES A NUESTRO CURSO 2015!

VPK

Abrante, Amy B.
Abreu, Noa
Acevedo, A Gabriel
Acosta Viamonte, D.
Acosta, Brandon
Acosta, Kenia
Acuna, Xavier
Aguilera, Camila
Alarcón, J. Fabien
Alatorre, Delilah
Albarracin, Aaron
Albelo, Melanie
Albor, Prince
Albores, Jason
Alemán, Aneudry
Alemán, Gabriella P
Alemán, Oscar
Alfaro, Ashley
Alfonso, Allyson M.
Alfonso, Kiara
Alicea, Daniel
Allende, Jaimen
Almaguer, Ian
Almanza, Sofia
Almestica, Jadiel
Alonso, Mariani
Alonso, Caleb
Alonso, Mabel
Alvarado, Alex J
Alvarado, Ethan
Alvarenga, Jacobo
Alvarez, Alexandra
Alvarez, Alyssa M.
Alvarez, Andry
Alvarez, Angel
Alvarez, Evelyn M.
Alvarez, Giancarlos
Alvarez, Loraine M
Amador, Elizabeth
Andino, Christopher
Andino, Jada
Aplicano, Fahima
Arguelles, Emily Y.
Arguelles, R Tessa
Argueta, Genesis
Aroche , Jonathan
Arocho, Amari
Arostegui, Geovanni
Arriaga, Arelis
Arroliga, Jean
Arteta, Jewelles
Asano, Anna
Athouriste, Teslyana
Avila JR , Michael.
Avila, Alfred D.
Avila, Estrada,Cathy
Avila, Fabio
Avila, Mia B.
Avila, Saby
Azopardo, Layla
Azuaje, Sophia
Baca, Sandro
Baequero, Nathan
Bain, Kori
Banegas, Denzel

Banegas, Ingris
Barquero. Dunia S
Barraza, Santino
Barreras, Carlos J.
Barrios, Emely
Barry, Thomas
Batista, Alessandra
Batista, Ian Cesar
Bayas, Gennesis V.
Beauchamps, Derick
Begona, Jayceon Jose
Bejerano, Dainer
Bello, Elianthony
Benavides, Alexander
Benedett, Sebastian
Bent, Angel
Bermúdez, Brianna
Bermúdez, Gabriela
Bernales, Allyson
Betancourt, Aiden
Betancourt, Andrea
Blanco, Emely
Blanco, Gianna
Blount, Kimora
Borjas, Matteo R
Bouza, Sebastian
Bowens, Jesse
Brazoban E., Jose
Brizuela, Rey
Brown, Armani
Brown, Tamyiah
Bueno, Rodrigo
Burgess, Destiny
Burgos, Jayla
Burnet, Camiyah
Buscato, Marcus
Busto, Andy
Caballero, Abighail
Caballero, Daniel
Cabrera, Jailene
Cabrera,Victoria
Cadet, Lillian
Cajina, Ashley
Calix , Andrea Dayana
Camarena, An'janae
Cambronne, Kamya
Campos- Lopez Lyla
Campos, Yasmin
Canales, Oscar
Cañas Mencia, Allison
Canedo, Vanesa
Cantillo, Arianna
Cantillo, Danielle
Cantos Domínguez, J.
Cantos, Bruno
Capdet, I Mia
Caraza, Jonah
Carballo, Stephanie
Carballo, Tatiana
Cardenas, Joseph
Carmenate, Yaritza
Carrera, Daily
Carrillo, Katherine
Carrizo, Valeria
Carvajal, Sandra
Casanova, Gabriela
Casas, Kaila

Castaño, Stephanie
Castillo, Ashley
Castillo, Giovanny
Castillo, Jonathan
Castillo, Jordan
Castiñeira, Sofia
Castro Guerra, Joana
Castro, Cristian
Castro, Nathalie N
Cedant, Kamauri
Centeno,Melissa
Cestony, Joseph
Cetoute, Sakinah
Cetoute, Samarah
Chacon, Mariella
Chamorro, Sebastian
Chata, Ainhoa
Chavarría, Jasmin
Chávez, Genesis
Chávez, Katherine
Chávez, Lesly
Chávez, Luma L.
Chávez, Miguel
Cheever, Ginard
Chirinos, Michael
Civitella, Carlos
Cobas, D. Alexis
Colón, Martha
Comas, Angelina
Comer, Kamari
Companioni, A.
LeovonConsuegra, A.
Contreras, Ryan
Cordeiro, Ana Luisa
Córdoba, Alberto
Córdova, Mia
Corea, Jacob
Correa, Adriel
Cortés, Alondra
Cortés, Amaya
Cortés, Vanessa
Crespo, Derick
Crespo, Nathaly
Cruz , Kevin
Cruz, Ariana B
Cruz, Gleibys
Cruz, Jeremiah
Cruz, Orlando
Cruz, Pablo
Cubilete-Fabrier, G.
Cuéllar, Asheley
Cuello, Johnathan
Cueto, Valerie E.
Cuevas, Jayro E
Daniels, Cecilia
Darby, Christain
Dareus, Jahkari
Dávila, Jhon
Davis, Cadence
Dayton, Gabriella
De la Torre, Angelina
De la Vega, Carlos
De León, Shade
Del Castillo, Anthony
Delaney, Rosibelle
Delgado, Anne
Delgado, Valentina M.

Demi, Aden
Dennes Acosta, Denisse
Díaz García, Reycrist
Díaz, Bryan
Díaz, Destiny
Díaz, Emerio
Díaz, Enmanuel
Díaz, Gilianny
Díaz, Jacklyn
Díaz, Julio
Díaz, Katherine
Díaz, Layla E
Díaz, Melissa
Díaz, Nataly
Díaz, Sebastian
Díaz, Wilson
Dilone, Victoria
Dixon, Valentino
Dorronsoro A., Bryan
Dottin, Emanni
Dumarsais, S. Levi
Dunn, Raniya A.
Durán, Allan
Durán, Enrique
Echarri, Sophia V.
Elejaga, Elier
Ellis, Kemarri
Enríquez, Leo
Escalona, Natalia M.
Escamilla, Diana
Escobar, Angel
Escobar, Maryurie
Escobedo, Sahari.
Espín, Jesus Samuel
Espinosa, Roselyn
Espinoza, Jonathan
Estrada, Bryan
Estrada, Jaden
Fajardo, Zaydrian
Felipe, Karla
Fernández, Kaelyn
Fernández, Kaylee
Fernández, Alejandra
Fernández, Anayansi
Fernández, Anthony
Fernández, Daliana
Fernández, John
Ferreiro, Sophia
Ferreyra, Matilda
Fidalgo, Gabriel L.
Figueras, Erica
Fleites, Melanie Rose
Flores-Reyes, Mileisi
Flores, Abigail
Flores, Abraham
Flores, Ashley
Flores, Ashley
Flores, Erickson
Flores, Gabriella S
Foly, Julie
Fortún, Mandy A.
Fortuna, Mikeala
Foster, Jorge L
Fragas, Giancarlo
Francis, D'Shyla
Frazier, Jacari
Fundora, Yorny

Galindo, Juan
Gamboa, Yuriorkis
Garcell, Kelvin
García, Evelyn
García, Adeeb
García, Bryan
García, Dean
García, Isabella
García, Julian
García, Junior
García, Kevin J
García, Kijani
García, Lester E
García, Maximiliano
García, Melanie A.
García, Naomy
García, Roberto
García, Sophie
García, Wilfred W
García. Matthew
Garland, Star
Garlobo-Higuera, I.
Gaspar, Luciana
Gavins, Kameron
Gelats, Ethan
George, Jalitza
Gil, Gabriel Daniel
Gil, Angel
Godbolt , Aiyana
Goding, Uriah
Gómez, Galilea
Gómez, Mayra
Gómez, Sarah
Gómez, Sebastian
González, Amy M
González, Aylin
González, Belen
González, Bryan
González, Daniella
González, Eimmy
González, Enrique
González, Isabella
González, Jason
González, Jazmynn A
González, Jesse
González, Jose
González, Khloe
González, Madeline
González, Merlinda
González, Rachel A
González, Shanay
González, Sol
González, Valentina
González, William
Gordillo, James
Gordon, Michelle
Gorri, Damian
Gouzeta, Ella
Grant, Isiah
Grave de Peralta, D.
Greenidge, Aaliyah
Guardado, Jester
Guerra, Janos
Guerrero, Aracelli
Guerrero, Jason
Guitiérrez, Audely O
Gutiérrez, Dalianys.

Gutiérrez, Kevin O
Guzmán, Kevin
Guzmán, Ryana
Handan, Melany A.
Hanks, Journee
Harte, Akim
Hatem, Yasmin
Hernández Angelina
Hernández, Claudio
Hernández, Alejandro
Hernández, Beckham
Hernández, Chloe
Hernández, Cristina
Hernández, David
Hernández, Gabriela
Hernández, Gianluca
Hernández, Guadalupe
Hernández, Jason
Hernández, Jordan
Hernández, Joseph
Hernández, Juan J.
Hernández, Lauren S.
Hernández, Manuel A.
Hernández, Mathias
Hernández, Roger M.
Hernández, Sahonix
Herrera, Adam
Herrera, Cristian A.
Herrera, Mia
Herrera, Ruben Jr.
Hijuelos, Brianna V.
Horruitinel, Jesus
Hurtado, Alejandro
Iglesias, Mia
Iglesias Arias, C.
Infante, Milagro
Ipsan, Anthony
Iraheta, Emely
Izquierdo, Aislinn M.
Jackson, Jaylen
Jackson, Khaliq
Jamall, Lucho
James, Anisha
James, Deztiny A.
Janvier, Marc
Jenkins, Adriana
Jenkins, Rica
Jerez, Ivan A.
Jiménez, Alejandra
Jiménez, Brandon
Jiménez, Brayan
Jiménez, Byron
Jiménez, Carlos
Jocie, Torres
Juárez, Barbara
Jungbluth, Luciana
Kairuz, Jazlyn
Kelley, Zyiere
Khan, Ethan
Kindle, Marcus
Knight, Brooklyn
Lahera, Yassel
Lainez, Andrea
Lam-Escalona, Korena
Lamptey, David
Landeta, Elkin
Lanuza, Jade O.

Lanzas, Lucas
Lara, José D.
Lawson, Destiny
Lazo, Christopher
Lazo, Malcome
Leal, Sophia
Leiana Bubel, Leina
Lewis Jr., Steven
Lezama, Jayda
Lima, Joey R.
Linares, Cristino E.
Linarte, Emely
Llera, Daniel
Llerena, Briana
Lohlofftz, Leah
López Banos, Sheily
López, Aliz
López, Erick
López, Kimberly
López, Nathanael
López, Alan
Lorenzo, Jaylen
Luaces, Michael
Luna, Jade
Lyon, Nathaniel
Machado, Rachel
Macías, Anthony A
Macías, Edward
Macías, Joselyn
Mairena, Julian
Mairena, Katherine
Maldonado, Ivan
Maldonado, Olga
Mantilla, Mia A.
Manzanares, Krystal
Marino, Paola
Márquez, Noah
Márquez, Ray
Marrero, Alejandro.
Marrero, Lisbet
Marshall, Romello C.
Martínez, Alice B
Martínez, Christopher
Martínez, Daniel
Martínez, Iriana
Martinez, Jazleen
Martínez, Jose E
Martínez, Khloe
Martínez, Larry M.
Martínez, Lazaro
Martínez, Melanie
Martínez, Melody
Martínez, Thomas
Martinez, Yeisy
Martín-Zorio, Katelyn
Masaveu, Enzo
Matalon, Kera
Matías-Bonilla, D.
Matute, Benjamín
Matute, Christopher
Mayedo, Yosvany
Mayorga, Willian
Medina, Angelina
Medina, Angelina
Medina, Britney
Medina, Gabriel
Medina, Megan E.
Medrano, Manuel
Mejía, Alexandra
Mejía, Emely
Mejía, Ivonne
Mejía, Lourdes G
Mena, Brian
Mena, Michael J.
Méndez, Jeramya
Méndez, Jonathan
Mendoza, Brihana D.
Menéndez, Amy
Menéndez, Iana
Mesa, Abrahan
Mickens, Zavion
Miclos, Maria
Milián, George
Milián, Ronin S.
Miller, Alejandra
Mir, Aaron F.
Miranda, David
Miranda, Joshua
Miranda, Kamila
Miranda, Sean
Mister, Génesis
Molina, Kaythleen
Mollinedo, Giah
Moncada, Lucas
Monge-Menjivar, O.
Montenegro, Angelina
Montoya, Jennifer
Montoya, Katelynn D.
Montpeller, Heidi
Monzón, Antonella
Morales, Alexandra
Morales, Melissa
Morales, Sofia
Morán, Isabella
Morán, Ricardo
Morancy, London
Morejón, Jorge
Moreno, Damián
Moreno, Gianna
Morera, Giselle
Morfa, Madeline J.
Mualim, Lucas
Munguia, Rashun N.
Munguia, Elizabeth
Munguia, Emily
Muñoz, Adrienne
Muñoz, Alexa
Muñoz, Jazmin
Muñoz, Jeter
Muñoz, Naiyelin
Muñoz, Nathalie
Murillo, Gaven
Murillo, Lian
Nataren, Katherine
Navarrete, Dylan
Nealy, Gabreilla
Nelson, Caelyn
Nelson, Katherine
Nieto, David
Nieto, David
Nieto, Mathew
Noda, R Christopher
Nodarse, Amanda
Noguera, Jeovanny
Nowells, Kaleedrick
Nuñez, Christopher
O'reilly, Angela
Obando, Jayson
Olivo, Miley
Orozco, Jeremy S.
Orozco, Randy E.
Ortega, Jorlenys
Ortega, Julieta
Ortega, P Ortega
Ortega,Jazmin Marie
Ortiz , Nathaly
Ortiz, Jeronimo
Osbone, Iyanah J.
Osorio, Jeily
Osorio, Jordan A.
Owens, Amarion K.
Ozuna, Milaine
Pablo, Anahi
Pacheco, Ana
Pacheco, Ozzman
Padilla Dasha
Padilla, Leandro J,
Padilla, Roger E.
Padilla, Vicent A.
Padin, Ava G.
Pagan, Anthony
Pandiello, Rachel
Pardillo, S Lazaro
Parra, Kristen A.
Parsons, Daniel
Patti, Paris
Paul, Ahmari
Pavon, Alexa
Paz, Alina M.
Pedraza, Angel J.
Penate, Brianna
Penot, Justin
Peralta Joshua
Peralta, Ever
Peralta, Sophia
Pérez, Abril
Pérez, Ariel
Pérez, Bryan
Pérez, Deysi
Pérez, Jason
Pérez, Joseph
Pérez, Kevin
Pérez, Laura
Pérez, Nashley
Pérez, Saudel E.
Pérez, Sophia
Pérez, Vanessa
Pérez-Ferrer, Anthony
Petion, Bradley
Phillias, Alleica
Picado, Steven
Pierre, Destiny
Pierre, Peterson
Pineda, Eduardo
Pineda, Jesus
Pineda, Yohandris Jr
Pineiro, Leylanis
Pino, Alice
Pippins, Xavier
Pleitez-Hernandez, R.
Poitier, Cortlin A
Portela, Amanda
Portieles, Sebastian
Portillo, Joshua
Poyato, Daniela
Pozo, Angel
Price, Roshira
Puente, Khalie
Ramírez, Anthony W.
Ramírez, Emily
Ramírez, Gisabel
Ramírez, Jesus
Ramírez, Lury
Ramírez, Nathalie
Ramírez, Nevaeh
Ramírez, Samantha
Ramos, Axel
Ramos, Chanel
Ramos, Josue
Ramos, Karina Iness
Reaves, Dayon
Recinos, Jose
Revuelta, Angelina
Revuelta, Valentina
Reyes Joshua A
Reyes, Brianna
Reyes, Cristian
Reyes, Dylan D
Reyes, Isabella C.
Reyes, María Victoria
Reyes, Sophia
Reyes, Yulissa
Reyna, Yadir
Reynolds, Rah-kiya
Riana, Kevin
Ribeiro, Ribeiro
Rispa, Sophia
Rivas, David
Rivas, Janelle
Rivera, Keiry
Rivera, Omar
Rivera, Pedro Luis
Rivera, Tatinna
Rivero, Joaquin
Roa, Camila A.
Robinson, Kourtneil
Rodríguez, Alex
Rodríguez, Amaya
Rodríguez, Andres
Rodríguez, Bruno
Rodríguez, Christine
Rodríguez, Daniela L.
Rodríguez, Elena L.
Rodríguez, Giancarlo
Rodríguez, Isabella
Rodríguez, Jenesy
Rodríguez, Jose
Rodríguez, Julier
Rodríguez, Kalina
Rodríguez, Kevin A.
Rodríguez, Maili
Rodríguez, Megan
Rodríguez, Miley K.
Rodríguez, Raydel
Rodríguez, Sophia
Rodríguez, Sophia E.
Rodríguez, Treysen
Rodríguez, Valeria
Rojas, Anthony A.
Rojas, Jayson R.
Rojas, Nicolas I.
Romagosa, Keyla
Román D., Rihanna
Román, Rey Antonio.
Romano, Samantha
Romero, César
Romero, Emily.
Romero, Jairo
Romero, Katherine
Romero, Richard
Roque, Kevin
Roque, Stephanie
Rosales, Lindsey
Rosania, Daniel
Rosello, Tatiana
Rossell, Mia
Rossi, Andrew
Rufino, Juan
Ruiz, Allison
Ruiz, Annanicole
Ruiz, Aracelys
Ruiz, Jairo
Ruiz, Joshua
Ruiz, Rosalia
Sabillon, Brian
Saez, Gabriel
Sakamoto, Ayane
Salas, Sabrina
Salazar, Leticia
Salido, Ashley
Sánchez, Alexandra
Sánchez, Alondra
Sánchez, Brian
Sánchez, Brianna
Sánchez, Katherine
Sánchez, Mia Caridad
Sandoval, Fabrizio
Sandoval, Joshua
Sanjuanelo, Jose E.
Santan, L Mia
Sarabia, Michael
Sarmiento, Gianna
Sciarrino, Sophia
Sedeno, Keily
Semezier, Schadrac
Sendra, Pierre
Serra, Jeilen L.
Serrano, Bryan J.
Serrano, Jayvien
Silva, Cassandra
Silvera, Brianna
Simeus, Yvelyn
Sinal, Beth-Neftalee
Smith, Frederick
Smith, Jermelle
Smith, Prince
Smith, T'asia
Sobalvarro, Leila I
Solís, Jayden R.
Solís, Mathew
Solomon, Antonio
Solórzano, Chelsea X.
Somoza, Christopher
Soriano, Leah J.
Soriano,Michael J.
Sosa, Amara S.
Soulouque, Janessa G.
Stanley, Nickira
Steele, Austin
Stevenson, Edward
Suárez, Amaury
Suárez, Nathalie
Subia, Joseph
Subirat, Kevin
Tajman, Sophia
Tarver, Antwon
Tax, Sherlyn
Tejeda, Aaron
Tellez, Emely
Teran, Jessica
Thorndike, Leah
Thornton, Kira Bella
Tillman, Rashawnda
Torres Miguel, Nicole
Torres, Geovani N.
Torres, Hasel
Torres, Isabella
Torres, Sarai
Tovar, Angel
Trana, Jeremia
Trujillo, Emely
Tum-Hernandez, Alan
Ulloa, Bryan
Urbina, Gina
Urena, Wilny
Valdés, Andrew
Valdés, Dasiel
Valdés, Jayden R.
Valdés, Jeadryn
Valdez, Ashley
Valdez, Daphne
Valdez, Grace B.
Valentín, Felipe S.
Valenzuela, Antonio
Valle-Jiménez, K.
Valle, Pablo
Vallecilla Kassandra A.
Varela, Jean-Carlos
Vargas, Fernanda
Vargas, Jose
Vázquez, Dylan S.
Vázquez, Joshua
Vázquez, Yahser
Velasco, Christian
Velásquez, Priscilla
Velásquez, William N.
Véliz, Adrianna I.
Vellon, Beautiful H.
Verdecía, Kaelyn
Vergel, Samantha
Vicente, Yeslin
Vila, Anthony
Vilcamiche, Dayana
Villa, Nathalie
Villalobos, Cristian
Villeda, Jayden
Villodas, Victoria
Vizcay, Efraín
Wentworth, Noah
Weste, Adrian
Wilkinson, Davin
Williams, Tory
Willimas, Amirah
Wilson, Aaron
Wilson, Mauric
Woodley, Marquise
Wright, Sedrick
Xavier, Brianna M.
Yanes, Jordan
Young, Clint'tre
Zafrilla, Gabriel
Zaid, Leya
Zaldívar, Jonathan
Zambrano, D'Angelo
Zelaya, Alexandra S.
Zelaya, Nelson
Zepeda, Izabella
Zeyed, Nadine
Zúñiga, Zayli

KINDERGARTEN

Aguila, Lauren
Aguilar, Yanely
Agundiz, Kevin
Albores, Saphira
Aldana, Cristian M.
Almendarez, Keyona
Almendarez, Michelle*
Alonso, Anthony
Alt, Daniel
Altamirano, Andrea *
Alvarado, Leo
Alvarez, George
Amador, Kevin A. *
Amaya, Leonardo
Anaya, Angeline *
Andablo, Oscar
Andrés, Gustavo
Aragón, Miguel *
Aranda, Osmary L. *
Araujo, Ángel *
Arce, Amberli *
Archiaga, Jefry J.
Arguello, Catharyn
Arias, Ashley
Arias, Michael
Arocera, Isabella
Arocha, Jeremiah
Artau, Christian L. *
Arteaga, Ashley
Avellan, Derick A.
Avila-Mejía , Dariana *
Ayala, Cristina *
Baciredo, William
Báez, Valeria

Weste, Adrian
Wilkinson, Davin
Williams, Tory
Willimas, Amirah
Wilson, Aaron
Wilson, Mauric
Woodley, Marquise
Wright, Sedrick
Xavier, Brianna M.
Yanes, Jordan
Young, Clint'tre
Zafrilla, Gabriel
Zaid, Leya
Zaldívar, Jonathan
Zambrano, D'Angelo
Zelaya, Alexandra S.
Zelaya, Nelson
Zepeda, Izabella
Zeyed, Nadine
Zúñiga, Zayli

KINDERGARTEN

Aguila, Lauren
Aguilar, Yanely
Agundiz, Kevin
Albores, Saphira
Aldana, Cristian M.
Almendarez, Keyona
Almendarez, Michelle*
Alonso, Anthony
Alt, Daniel
Altamirano, Andrea *
Alvarado, Leo
Alvarez, George
Amador, Kevin A. *
Amaya, Leonardo
Anaya, Angeline *
Andablo, Oscar
Andrés, Gustavo
Aragón, Miguel *
Aranda, Osmary L. *
Araujo, Ángel *
Arce, Amberli *
Archiaga, Jefry J.
Arguello, Catharyn
Arias, Ashley
Arias, Michael
Arocera, Isabella
Arocha, Jeremiah
Artau, Christian L. *
Arteaga, Ashley
Avellan, Derick A.
Avila-Mejía, Dariana *
Ayala, Cristina *
Baciredo, William
Báez, Valeria
Baires, Enrrique J.
Baltodano, Sean A.
Banegas, Emely
Barillas, Emely
Barillas-Oliva, José
Barreda, Angel
Barrios, Isabella M.
Barrios, Amanda C.
Bautista, Yara
Becerra, Camila
Benavides, Janie-Elsie
Benítez, Nicole *
Bermúdez, Amanda
Bermúdez, Kevin
Bernabe, Dennis
Betancourt, Ashley
Bianchi, Anailis
Billie, Dominic
Billy, Dufflyne
Blanco, Gabriela
Blanco, Zulylainett
Blenman, Caitlyn
Bonilla, Joseph
Borges, Esmeralda
Borja, Yanelis
Boyd, Ke'shaun
Brandon, Nasser
Brantley, Shontell A.
Brereton, Darwin
Brown, Tarayana
Bustillos, Jefferson E.
Bustos, Diego
Butus, Jordano J.
Cabrera, Amanda *
Cadavieco, Claudine
Calis, Sasha *
Calles, Angel
Camallea, Brian
Canelas, Stephanie F
Caraballo, Marcel *
Carabeo, Amaya
Carabeo, Kristen
Cárdenas, Maria F.
Cárdenas, Abraham F
Cárdenas, Sophia
Carias, Harold Jaxcell
Carmona, Brianna *
Carpio, Luis
Carrasco, John
Carrillo, Michael
Carrillo, Walter
Casco-Castillo, Shelsea
Castano, Alex
Castellón, Katherin
Castellón-Lore, Reyna
Castillo, Gerson D.
Castro, Jason *
Castro-Padilla, Enil Al.
Cepero, Dylan
Chao, Lourdes
Charon-Carter, Elijah
Chávez, Brian
Chávez, Isabella
Clarke, Lailah M. *
Clermont, Justin *
Colao, Emily
Coleman, Alicia
Collazo, Isaias Lee
Collazo, Sophie *
Colon, Elijah
Concepción, Enmanuel
Concepción-Hidalgo, E.
Cooney, Christopher
Córdoba, Helena
Cortez, Aileen *
Cortez, Wanda E. *
Covington, Ronnie J.
Cruz, Jonathan J.
Cruz, Adrian
Cruz, Dariel
Cruz, Linda Eudalia
Cruz, Melannie
Dabalsa, Elizabeth *
Daniels, Sasha D. *
Darsa, Gabriel
Davila, Stefany
Davis, Jarvis
Dawson-Sandoval, A.
De la Torre, Aaron *
Del Cueto, Audrey .
Delgado, Cesar E. *
Delgado, Jack M
Demeritte, Marion
Díaz, Amy
Díaz, Edgar
Díaz, Jennifer S.
Díaz, Maikol
Díaz, Michael *
Ealey-Green, Jaylon
Elías, J Joshia
Escobar, Jesús *
Espinosa, Emily *
Espinosa, Yarelys
Espinoza, Luis A.
Estrada, Génesis
Estrada, Shelly L.
Etchebarne, Tadeo
Fajardo, Antoni I.
Falcon, Nicole *
Fee, Lauen
Fernández, Angelo F.
Fernández, Aaron O.
Fernández, Julio A.
Ferniel, Kevin
Figueras-Jr, Emilio
Figuereo, Christian
Figueroa, Amy C.
Figueroa, Christyne Y
Figueroa, Kesler
Figueroa-Caceres, D.
Fleita, Kevin
Florence, Zahara
Flores, Ricardo
Flores, Joseph
Flores, Roberth A.
Flores-Tundido, N.
Forsythe, Abel A. *
Frankly, Justin
Fredson, Celcy *
Frutos, Alessandro M.
Fuentes, Michael *
Fuentes, Kevin
Fumero,Briana N
Funes-Ramos, Mila
Hernández, Nathan *
Hernández, Waleska
Herrera, Tyrese A.
Herrera, Melany
Herrera, Jason *
Herrera, Jonathan *
Herring, Karmelo
Hester, Joshua
Hill, Jamese
Hill, Mercedez
Huet, Miguel
Huguet, Sofia *
Humbert, Jerald S.
Hurtado, Anarut *
Incer, Denis H.
Iser, Anthony
Jackson, Jae'llah
Jackson, Kareen J.
Jauma, Luis
Jenkins, T'niya
Jiménez-Chávez, S.
Jiménez-Murill, K. *
Jiron, Victoria H.
Johnson,Christopher I*
Jones, Dareian A.
Jordan, Harmony L. *
Judka, Madinson *
Kelly, David E. *
Laguna, Alison R.
Lane, Taniya
Lanza, Antonio B.
Latson, Sariah
Lazo Morales, Deylani
Lazo-Jiron, Edwin A.
Ledesma, Janine
Lenard, Mikayla
Leyva, Kenley W.
Little, Jaden E.
Llorens, Bryan
Lockett, Ty'niah
López, Rafael
López, Alexa
López, Jennifer *
López, Marvin A. *
López, Nathalie R.
López, Roger
López-Ayala, Nathalie
Lorenzi, Silvana A.
Lorenzo, Alejandro
Lorio-Pineda, Jayden
Lozano, Allison
Ludena, Virgen María
Machado Sanchez, Jose
Machado, Jorge D
Machado, Roselyn
Machin, Keily de la C.
Machin, Kevin
Mairena, Noel I. *
Marquez, Shayla M. *
Marquez, Victoria
Marrero, Karoll M.
Martín-Domingo, E.
Martínez Urena, G.
Martínez, Adriana F.
Martínez, Angello
Martínez, Christopher
Martínez, Jonathan L.
Martínez, Joshua J.
Martínez, Said A.
Martín-García, Emylee
Matamoros,Christophe
Mateo, Abrianna
Matul, Yamilis
Matute, Sergio J.
Matute, Jaslene
Matute, Paola
Mayorga, Andrea L.
Medina, Destiny A.
Medina, Nicholas J.
Mejía, Paula Sofía
Mejía, Ashley *
Melton, Jordan *
Menager, Vladimir *
Mencia, Angie G.
Mencia, Christian A.
Mencia, Maykelin G.
Méndez, Arisleivy *
Méndez, Mathew
Mendoza, Joseph
Menjivar-Moran, J.
Merchant, Silas *
Milan-Tovar, Andres
Miller, Aaron Michael
Miranda, Dehany Q.
Miranda, Isabella *
Miranda, Lauren M.
Miranda, Luis G.
Molina, Emanuel
Molina, Jamier J
Molina, Johan F.
Molina, Maylin
Mondesir, Joshua *
Mondragón, Orlin
Montalván, Héctor
Montes-Farinas A.
Montoya, Jayden *
Moraga, Donald *
Morales, Gerardo
Morales, Javeir A.
Morel, María Teresa
Moreno, Kelly *
Morillo, Amber *
Munguia-Padilla, S.
Muñoz, Dempsey J.
Muñoz, Soraya
Museguez, Sebastian *
Nativi, Katie
Navarro, Mairelly
Negrón, Jonathan
Negrón, Joshuwa
Núñez, Jamila
Núñez, Anne Alia *
Ocon, Janet
Oliva, Hector
Oliver, Kenneth
Ordonez, Melvin *
Orellana, Ashton E.
Ormazábal, Chriss B
Orozco, Michael
Ortiz Tavarez, Johan *
Ortiz, Matthew J.
Oseguera, Allison N.
Osorio, Elisheva H.
Osorio, Steve
Padilla, A Vanessa
Pamphile, Shannel M.
Parada, James
Parisièn, Isaiah *
Pavón, Aleen
Pavón, Payge
Pearson, Rod-Keria *
Pedro, Torres
Pena, Jorge
Peña, Luis
Pereda, Sophia
Pereira, Anthony E.
Pérez Figueroa, Y.
Pérez, Gabriela A.
Pérez, Shekina M.
Pérez, Alexandra
Pérez, Dimitri
Pérez, Jahir *
Pérez, Josue M.
Pérez, Liliana
Pérez, Reinier
Perodin, Tyquan D.
Pierre, Abdul-Hale
Pineda, Allisson Iveth
Pineda, Samira
Pinto, Keila *
Pita, Damian *
Polo, Julianne
Poncette, Garreen *
Portillo, Geremy Isaac
Posas, Victoria *
Previlon, J'Neek
Quezada, Analise *
Quintanilla, Genesis
Ramírez, Damian *
Ramírez, Jared
Ramirez, Steven
Ramos, Joseph
Ramos, Naisha Marie
Regnier, Jaylind
Reina, Chloe A
Reyes, Maria *
Reyes, Bernie *
Reyes, David
Reyes, Melany
Reyes, Melissa
Reyes, Siomary
Rhone, Ja'star
Ricalo, Mariann *
Rivas, Alex
Rivas-Flores, Deynis
Rivera Tovar, Nicolas
Rivera, Angel *
Rivera, Fergie
Rivera, Lizmar
Rivera, Sebastian
Rivera, Shileen
Robinson, Tariah
Rodas, Camila A. *
Rodriguez Gamez, C.
Rodríguez, Elizabeth
Rodríguez, Tania
Rodríguez, Bryan *
Rodríguez, Cindy
Rodríguez, Darek
Rodríguez, Lis Sophia
Rodríguez, Pedro *
Rodríguez, Sebastian *
Rodríguez, Sebastian J
Rodríguez, Valentina
Rojas, Bryan
Rolle, Bianca *
Roman, Faith I.
Roman Texeira, G.
Romano, Stephanie
Romero, Alyssa *
Romero, Analia
Romero, Daniel
Ruau, Chelsy
Rubio, Katherine
Rubio, Kyle Joseph
Ruiz, Alithya
Ruiz-Morales, M. *
Salazar, Marina
Salgado Mencia, E.
Salgado, Jasmin A.
Salinas, Manal
Salmeron, Sarahi H.
Samantha, Vargas
Sanchez, Noel Antonio
Sanchez, Jonathan
Sandigo, Donald
Sandoval, Sophia
Santacruz, Christian
Santos, Elena
Santos, Leandro *
Saravia, Daniel J.
Sarmiento, Rolando
Sawyer, Aleah J. *
Schubert, Viggo
Scott, Johnathan G.
Semezier, Manitha *
Sequera, Tabatha *
Serna, Jacob
Serrano, Ivan A.
Serrano, Sergio
Silva, Samantha A.
Silva, Anthony
Silva, Joseph J.
Simeus, Erickchard *
Solar, Stephanie
Solórzano, Isabella *
Sosa, Sheyla.
Soto, G George
Soto, Preston
Soto-Nunez, Ramon *
St. Louis, París
Stewart, Shaniyah
Stroud, Janeil
Suárez, Bryan J.
Suárez, Belén
Tamayo, Thiago
Tarano, Emmazielle
Tax, Julie
Tejada, Tehj Gavin

Tellez, Sarai D.
Tellez, Kelvin
Tercero, Ashley
Terry, A'mya
Thomas, Natalie
Tobar, Leah A *
Torres, Bryan *
Torres, Ethan
Torres, Lina Jacklyn
Torres, Michael
Toscano, Amaia *
Trujillo, Nelson
Turcios, Litzy
Ulloa, Kevin
Untoria, Isabella M.
Urbina-Romero, M.
Uribe, Isaac *
Urrutia, Nathalie
Valdés, Iriyani C.
Valdés, Emanuel
Valdes, Jordan M.
Valenzuela, Gabriel *
Valle, Anthony
Vallejos, Adrianna M.
Varela, Justin
Vargas, Andy J.
Vargas, Samantha *
Vargas-Nunez, Keyla .
Vásquez, Gino
Vásquez-Alfaro, Y. *
Vásquez-Moreno, M.
Vásquez-Romero, Isis
Vazquez, Carlos E.
Vega, Hector
Vega, Jeremiah Craig
Velasco, Anderson
Venegas, David A.
Viera, Daymil
Villalobos, Genesis R.
Villavicencio Jaylin S.
Vinchery, Williams
Vivanco, Valeria
Watson, Eniah *
Webster, Daylin *
Williams, Jalani *
Williams, Surie-Yanah
Zaldívar, John
Zamora, Yoan
Zapata, Matias
Zuleta, Jenifer A.
Zúñiga, Isaac E.

5th GRADE

Aguilera, Carlos
Aldana, Kevin S. *
Alonso, Alessandra
Alvarez, Angel
Amaro, Melany
Arita, Gisela F.
Avilés, Lester A.
Baca, Ashley
Baez, Ashley
Banegas, Christian J.
Baquedano, Oscar A.
Betancourt, Andrea
Bojorquez, Julia
Bonilla, Erika M.
Bonilla, Gloria
Bowley, Valerie
Bravo, Gabriana
Cabrera, Rixcy
Canales , Jorge H.
Canales, Marta
Cardenas, Karyme N.
Carreno, Anthony
Carreno, Ashley
Castellón, Daniel
Castellón, Sofia
Castro, David
Cerrato-Rivas, A.
Chacón, Josue A.
Chávez, Isaac
Cox, Michael
Cruz, Dennis A.
Cruz, Pablo E.
Cruz, Sophia
Dalce, Maeva *
Dany, Sarya E. *
Deleon, Briana G.
Deleon, Oscar M.
Delnegro, Ashley
Deochand, Kelsey
Díaz-Venta, Camila
Dzul, Abi Sarai
Escobar, Emily
Esparza, Karime
Espinosa, Stephanie
Espinoza, Isabel V.
Estrada, Alice
Ferguson, Victoria
Fleites, Laura G.
Flores, Enzo
García , Mario
García , Mari-Am
García, Jasmin
Garzón-Pinedo, H.
Gonzales, Nicholas R.
González, Lianette
González, Mariangel
González, Vianka
González-Mejia, J.
Green, Leauna V.
Guerra-Cardona, J.
Gutiérrez, Kevin J.
Hernández, Daniel
Hernández, Isabel
Hernández-Díaz, N.
Hurtado, Justin
Lanz, Melanie
Laurenti, Emilio
Lemont, Yasmine
León, Cesar
López, Andrea M.
López, Angie G.
López, Carlos
López, Hugo
López, Javiera F.
López, Jeter
López, Sashira O.
López. Crystal
Macías, Melissa
Márquez , Wilmer J.
Márquez, Jayleen
Martín, Yoldy
Martínez , Bryan M
Martínez, Bethsabe
Martínez, Ritchie
Martín-Zorio, Kenneth
Matamoros, Orlando
Mencia, Grace D.
Mendoza, Josias
Merconchini, Bianca
Migueles, David
Milán, Sebastian *
Miranda, Leyanet *
Mohammed, Jahred
Monell, Yamillett
Montenegro, Marco *
Morales, Michael
Moreno, Irma I.
Moscoso, Henry
Noel, Jeremiah
Noguera, Kevin J.
Núñez-Franco, J.
Oramas, Laurent
Ortega, Joseling E.
Ortiz, Daniel J.
Pagan, Ashley
Palacios, Alexis D.
Palma, Angeles G.
Pemberty, Camila
Peña, Nathaly
Pereda, Ana
Pérez, Bryan A.
Pérez, Cristopher
Pérez, David
Pérez, Jazmin
Pérez, Joshua
Pérez, Karla
Pérez, Kevin
Perlaza-Brand, Marlon
Pierre, Destiny T. *
Pineda, Frany
Portillo, Rebeca E.
Rabassa, Yilian
Ramírez, Diana
Ratia, Guadalupe *
Real-Arias, Julian N.
Reyes, Vanessa *
Rivas, Cristian V.
Rodríguez, Keidy C.
Rodríguez, Nicole
Rodríguez, Adrianie
Rodríguez, Caridad
Rodríguez, Christophe
Rodríguez, Evan
Rodríguez, Laura
Rojas-Saldana, R.
Romero, Bryan
Royero, Jacob
Ruiz, Susan Lizeth
Ruiz, Wilbert
Ruiz-Saravia, Ramon
Salermo, Ana
Salto, Chris
Santana, Antwone
Shuster, Chloe *
Tijerina, Johnny
Torres, Isabela
Valle, Oscar
Vargas, Alanii
Vazquezgomez, Lorenzo
Vazquezsolis, Diana
Vega, Luna
Vélez, Neilson M.
Yera, Samantha
Zegarra, Samira M.
Zúñiga, Kenneth G.

8th GRADE

Aguilar, Jorge
Agundiz, Yurian Y.
Ale, Joseph
Alvarez, Maikol
Alvarez, Tipper Johana
Amable Luz A.
Andreu, Kevin
Axe, Anquon
Báez, Gabriela
Baker, Kiavunee J.
Barrera, Yenly
Barroso, Noelia
Becerra, Shakira *
Becerra, Maikol
Bello, Alejandra
Bernal, Adria E.
Betancourt, Nicole M.
Bravo , Gabriela *
Bruce, Alex C.
Brunda, Adrian E.
Cabezudo, Rosemary *
Camblor, Isabella
Canales, Jose L
Cantor , Sahori V.
Cárcamo, Merlin J.
Cárdenas, Glenda
Cárdenas, Kevin A.
Castellón, Georgi S.
Castro, Dionys E.
Castro, Michael G.
Chamorro, Thomas E.
Coello, Alex
Colocho, Alicia J.
Cuba, John P.
Dacosta, Alliyah
De León, Nathaliy J.
Dejesus, Alondra
Delgado, Daniel
Delossantos, Nathalie
Desil, Jarule
Deulofeu, Hilen S. *
Díaz, Gricia
Díaz, Melissa
Diego, Mario A. *
Dotson, Amaune S.
Dzul, Roger M.
Edwards Antwaniesha
Euceda Herrera, C.
Everett Rickey E.
Fatal, Sarah A.
Febles, Janette
Fernández, Anahy
Fernández, Jose Luis
Fernández, Jose R.
Fleites, Paula E. *
Flores, Alexandria M.
Flores, Christopher
Flores, Shelssy R.
Fortuna, Gaudy *
Frazer, Samantha M.
Fuentes, Juan A.
Gagnon, Shane
García, Laura *
García, Ariel
García, Noelys
Gil, Aurora *
Gómez, Jennifer
González, Nicolas I. *
González, Brittney
González, Daniel D. *
González, Emmanuel
González, Juan C.
González, Kayla A. *
González, Maileen
Guadamuz, Freddy A.
Haughtone, Dominick
Heredia, David
Hernández, Ivalis
Hernández, Jeidi
Hernández, Jonathan
Hernández, Yefri F.
Herrada, Alejandro
Herrera, Yonaih
Herring, Keanu
Johnson, Melvin T.
Jones, Kamya
Jones, Kevon
Jones, Toron L.
Laboy, Kristofer L.
Labrada, Albert C. *
Laiton, Leidy E.
Lanza, Glenh E.
Lara, Christophe
Legra, Saint Charles
Lewis, Christiona T.
Leyva, Liz L.
Lobos, Javier
Lobos, Saul
López , Edras Y.
López, Joshua
López, Thalia *
Machin, Jennifer
Maestre, Rafael
Márquez , Anir
Martínez, Diana M.
Martínez, Emely D.
Martínez, Izaiah
Martínez, Manuel A.
Meléndez, Yesling T.
Mena, Andrea M.
Mendoza, Luz Idalia
Menéndez, Angel
Mogollon, Silvio
Montaner, Rafael
Mooney, Maritza
Morales, Nataly A.
Morel, Camila *
Nazco, Yalix
Ocasio, Nicole C.
Ocasio, Paola V.
Ojeda, Francois
Olivero, Miguel A.
Ortiz, Samuel Jose
Osorio, Roberto C.
Pacheco, Cesia L.
Pacheco, Emmely
Padilla, Cania D.
Pagano, Sergio
Paiz, Jay Stephen
Paredes, Porfirio I.
Parfait, Clyde N.
Parker, Cani R.
Parkhurst ,Bryan
Pérez , Fernando A.
Pérez, Carlos Alfredo
Pérez, Angel
Pérez, Ediel
Pérez, Miriam
Pérez-Breso, Yunior E.
Pérez-Dc, Yarielis
Pla, Angel Mario
Pulido, Chauna
Pulido, Yanaisa
Quintero, Erick
Ramírez, Gizelle
Reinoso, Karla
Reyes, Maria Carla
Rigal, Elize
Rivera, Nancy A.
Rivera, Marcos Eliseo
Rizo, Christopher E.
Rodríguez, H. *
Rodríguez, Jazmin
Rodríguez, Jesenia
Rodríguez, Melanie
Rodríguez, Victor A.
Roman, Maricarmen
Romero, Jorge H.
Rosa, Emily
Rubio, Erika D.
Ruiz, Osvaldo *
Salinas, Harim *
Salinas, Thais O.
Sánchez, Ivan *
Sierra, Milena
Silverio, Alondra M.
Sims, Martiarra E.
Solórzano, Anthony *
Sosa, Ashley
Sosa, Pablo J.
Sotolongo, Luis
Supal, Peter R. Jr
Thomas, Ja'nya L.
Thomas, Yohan A.
Trobajo, Stephanie *
Valdez, Christopher
Vale, Grissel
Vaquiz, Alexis Javier
Vásquez, Diana A. *
Vásquez, George
Viera, Anthony
Williams, Terrace D. Jr
Williams. Jamyla
Wilson, Avoree D.
Zapata , Gaby T.

12th GRADE

Anderson, Alteria
Atanay, Javier A
Báez, Jonathan
Báez, Minoshka
Blanco, Esther R.
Bradshaw, Yatil L.
Caro, Kyrsley
Carter, Denerick A.
De la Hoya, Katherine
Díaz, Keysel D.
Espinoza, Noel
Farrat, Daniel A.
Fernandez, Adeys
Figueroa, Yamile
Frazer, Zachary A.
Freyle, Franky S.
García, Yudy V.
González, Lissmay
González, Reinaldo
Harris, Robin I.
Hernández, Ashley
Hibbert, Jermaine S.
Jenkins, Curtisha A.
Larkins, Jay-W
López, Julio
Loredo, Alex
Márquez, Genny M.
Martínez, Ashley H. *
Mejía, Bernardino *
Miller, Tremika A.
Morad, Frances V.
Morales, Juan C.
Oliver, James L.
Pasto, Edwin
Pérez, Javier
Powell, Derrick L.
Ramírez, Mary
Renfro, Sundae A
Rodríguez, Aimee
Rodríguez, Genesis
Rodríguez, Miguel L.
Ruíz, Bryan
Salazar, Gabriel A.
Saunders, Philip I.
Severino, Danny *
Shaw, Terrence M.
Thomas, Quadesio
Tomlinson, Joshua
Umana, Norwin A.
Williams, Shadaye T.
(*) Excellence

Lincoln-Marti Schools
Senior High School
Graduation Ceremony 2014-2015
Centers: 1750, 288 and 1001.
LINCOLN-MARTI
Since 1968
Serving: Little Havana, Hialeah and Homestead.
THERE IS NOTHING TO FEAR BUT ITSELF. Franklin Delano Roosevelt

Lincoln-Marti Schools
Kindergarten
Graduation Ceremony 2014-2015
Centers: 1001, 1750, 85, 76, 05, 288, 23, 14, 41, 21, 90 and 45.
LINCOLN-MARTI
Since 1968
2015
Serving: Little Havana, Hialeah (South, Central and North), Florida City, Homestead, Allapattah, Miami Beach and North Miami.
LAS CONTRARIEDADES MÁS NOS EXALTAN, Y MÁS INDOMABLES NOS HACEN. Ignacio Agramonte

Lincoln-Marti Schools
Kindergarten
Graduation Ceremony 2014-2015
Centers: 56, 34, 05, 288, 88, 27, 23 and 35.
LINCOLN-MARTI
Since 1968
Serving: West of Miami Dade, Florida City, Homestead, Cutler Bay, Little Havana, Shenandoah and West Miami.
THE OBSTACLES ONLY SERVE TO EXALT US MORE AND MAKE US MORE INDOMITABLE. Ignacio Agramonte

Lincoln-Marti Schools
8th Grade
Graduation Ceremony 2014-2015
Centers: 1001, 1750, 85, 76, 05, 288 and 23.
LINCOLN-MARTI
Since 1968
Serving: Little Havana, Hialeah (South, Central and north), Florida City, Homestead and Allapattah.
A LO ÚNICO QUE HAY QUE TENERLE MIEDO ES AL MIEDO. Franklin Delano Roosevelt

Nutrition
Alimentos

Olympic Competition

EMPLOYMENT OPPORTUNITIES

OPORTUNIDADES DE EMPLEO

Directors, administrators, teachers for ESE and regular classes, Fl. Certified teachers, vocational and virtual classes, drivers with CDL " P" license, coaches, maintenance personnel, cleaning staff, cooks, mechanics, office staff, accountants, recepcionists, media specialists and agricultural workers.

Directores, administradores, maestros regulares, especiales, vocacionales y virtuales, maestros certificados, choferes CDL "P", "coach" deportivo, personal de mantenimiento, limpieza, cocina, mecánicos, oficina, contabilidad, recepción, biblioteca y trabajo agrícola.

For more details / Para más detalles: www.lincoln-marti.com

Do you have a degree, speak English and want to obtain a stable position?
¿Tiene título, dominio del Inglés y quiere tener un empleo estable?

PLEASE SEND A ONE PAGE RESUMÉ BY FAX TO (305) 649-2767
ENVÍE SOLO UNA HOJA DE RESUMÉ AL FAX (305) 649-2767

THE NATION REQUIRES SACRIFICE. IT IS AN ALTAR, NOT A PEDESTAL. IT IS TO BE SERVED, NOT TO BE USED FOR PERSONAL ADVANTAGE. **José Martí**

HOLIDAYS AND ART CELEBRATIONS
FERIADOS Y CELEBRACIONES ARTÍSTICAS
LINCOLN-MARTI
Since 1968
Certificate of Special
Congressional Recognition
2015
CONGRESSIONAL ART COMPETITION
FL-27 SHOWCASE ARTIST
MEMBER OF CONGRESS
LA PATRIA NECESITA SACRIFICIO. ES ARA Y NO PEDESTAL. SE LE SIRVE, PERO NO SE LE TOMA PARA SERVIRSE DE ELLA. José Martí

COMMON LOOKING PEOPLE ARE THE BEST IN THE WORLD: THAT IS THE REASON THE LORD MAKES SO MANY OF THEM. Abraham Lincoln

HOW TO OBTAIN A SCHOLARSHIP?

¿CÓMO OBTENER UNA BECA?

• Services from newborn age through Grade 12 • 45 locations in Miami-Dade

SUMMER SCHOOL AND CAMP DURING THE SUMMER

• Desde recién nacidos hasta el grado 12 • Con 45 centros en Miami-Dade

PROGRAMAS DE VERANO: ESCUELA Y CAMPAMENTOS DURANTE EL VERANO

Will your child turn 4 years old before September 1st?

If so, you can enroll that child in VPK absolutely FREE. Visit www.elcmdm.org and register your child today.

¿Cumple su hijo/a 4 años antes de Septiembre 1ro?

Si es así, puede participar en el programa VPK GRATIS. Visite www.elcmdm.org y matricule a su niño/a hoy.

McKay Scholarships

For students who are in ESE classes in a public or private school and wish to transfer to LINCOLN-MARTI, at no cost. The family's finances do not matter. You should enroll on the internet at www.floridaschoolchoice.org

McKayScholarship

¿Cómo obtener una Beca McKay?

Para alumnos que asisten a aulas de Educación Especial en escuelas públicas o privadas y quieren trasladarse a LINCOLN-MARTÍ, sin costo. La condición financiera no es requisito. Deben matricularse visitando la página cibernética en www.floridaschoolchoice.org

McKayScholarship

Teenage Parent Program (TAPP)

Child care vouchers if the parents are attending public schools. Ask the counselor of your Middle/Senior High School.

Teenage Parent Program (TAPP)

Educación y cuidado infantil gratuito para hijos/as de estudiantes que desean terminar estudios en una secundaria. Pedir detalles al consejero de su escuela pública.

Step Up Scholarships

REQUIREMENTS:

- For Kindergarten, must turn 5 years old on or before September 1st.
- First to fifth grade students do not need to have attended a public school.
- Students in grades 6-12 must have attended a public school during the previous school year.
- The family´s income must meet the guidelines.
- Apply or renew at: www.elcmdm.org

DOCUMENTS:

- 2014 Income Tax forms signed.
- Copy of W2 (all W2 forms for 2014)
- Copy of Social Security benefit information.
- Last report card.
- Copy of Birth Certificate for children in Kindergarten.
- $30.00 money order payable to PSAS.
- Complete the application.

ELIGIBILITY FOR CHILDREN WHO QUALIFY BASED ON INCOME

Number of people in household 2015-16 scholarship income guidelines (2016-17 may differ)	Total gross monthly household income add $641 for each additional member
2	$2,456
3	$3,098
4	$3,739

¿Cómo obtener Beca Step Up?

REQUISITOS:

- Alumnos de Kindergarten, deben cumplir los cinco años antes de septiembre 1ro del año en curso.
- Alumnos de primero a quinto grado no tienen que haber asistido a una escuela pública el curso anterior.
- Alumnos de sexto grado en adelante, deben haber asistido el curso anterior a una escuela pública.
- El ingreso de la familia debe ajustarse a requisitos.
- Para inscripciones: www.elcmdm.org

DOCUMENTOS:

- Copia del Income Tax del año 2014. Fimado.
- Copia de la W2. (Todas las que tenga del año 2014).
- Copia de cartas o beneficios del Seguro Social, si le corresponde.
- Último reporte académico de los alumnos.
- Copia del Certificado de Nacimento de los niños de Kindergarten.
- Giro postal (money order) por $30.00 dirigido a PSAS.
- Llenar solicitud.

ELIGIBILIDAD SEGÚN LOS INGRESOS FAMILIARES

Step Up for students

Número de personas en el núcleo familiar núcleo familiar en 2015-16 (2016-17 puede diferir)	Ingreso grueso mensual del núcleo familiar agregue $641 por cada otro
2	$2,456
3	$3,098
4	$3,739

Child Care Vouchers

From birth to 5 years old. For working families. Website: www.elcmdm.org

OFFICES

For VPK or Child Care Voucher application:

- 1515 NW 167 St, #320, Miami Gardens, 33169
- 3250 SW 3 Ave , Miami, 33129
- 18951 SW 106 Ave, 33157

¿Cómo obtener una Beca de Cuidado Infantil?

Desde recién nacidos hasta 5 años. Para familias que trabajan. www.elcmdm.org

OFICINAS:

Para inscripciones en VPK o cuidado infantil:

- 1515 NW 167 St, #320, Miami Gardens, 33169
- 3250 SW 3rd Ave. Miami, 33129
- 18951 SW 106 Ave, Miami, 33157

Early Head Start

Your child must be under 3 years of age before September 1st and meet 100% of the 2015 Federal Income Guidelines, as follows

Size of Family Unit	Gross Annual Income	Size of Family Unit	Gross Annual Income
1	$11,770	5	$28,410
2	$15,930	6	$32,570
3	$20,090	7	$36,730
4	$24,250	8	$40,890

CENTERS FOR THIS PROGRAM:

450 SW 16 AVE (305) 643-2259
905 SW 1 ST (305) 325-2000

OR CALL (305) 642-1000

Programa de Edad Temprana

Su niño/a debe tener menos de 3 años de edad antes del 1ro septiembre y reunir a cabalidad los requisitos de ingreso que son:

Tamaño de la unidad familiar	Ingreso anual de la familia	Tamaño de la unidad familiar	Ingreso anual de la familia
1	$11,770	5	$28,410
2	$15,930	6	$32,570
3	$20,090	7	$36,730
4	$24,250	8	$40,890

CENTROS QUE OFRECEN ESTE PROGRAMA:

450 SW 16 AVE (305) 643-2259
905 SW 1 ST (305) 325-2000

O LLAME AL (305) 642-1000

(305) 642-1000

www.lincoln-marti.com

RECOGNIZING OUR STAFF

NUESTRO RECONOCIMIENTO A NUESTRO EQUIPO LINCOLN-MARTÍ

Abreu, Sara
Acevedo, Mayra
Acosta, Marianela
Acosta,Angela J.
Acosta, Ana M.
Acosta, Marilin
Acosta,Yolanda
Acosta, Lucia
Acosta, Ismaray
Afkhan, Roxanna
Agramonte, Milyana
Aguiar, Yamila
Aguila, Mercedes
Aguilar, Gretter
Aguilar, Adriana
Alba, Carmen
Alcover, Yolanda
Aldana C., María A.
Alejo, María T.
Alemán, Maybis
Alemán, Gleimys
Alemán, Vivian R.
Alemany, María R.
Alfonso,Grisel
Alizaga, Rosa M.
Almira, Ladys M.
Alonso, Madelin
Alonso, Aymee
Alonso, Soramy
Alonso,Greisy
Alonso, Alina
Alonso, Maritza
Alvarez, Mercedes
Alvarez, Mileydis
Alvarez, Merida
Alvarez, Mayren
Alvarez, Raysa
Alvarez, Alba M.
Alvarez, Ileana L.
Alvarez, María D.
Amado, Natalia
Amador, Darisleydis
Amador, Eileen
Amesur, Marcia I.
Amieiro, Elaine
Arguello, Aura M.
Arguello, Lizett
Armas, Lourdes
Armas, Carmen C.
Arminana, Raquel
Arnold, Avon L.
Arocha, Lisbet
Arteaga, Kenia
Arvelo, Diana M.
Arzuaga, Jacqueline
Asencio, Mónica G.
Avalos,Digna
Avila,Esmeralda S.
Avila, Bertha
Azcue, Mercedes
Báez, Miriam
Báez, Jeovanny
Ballarón, Jennifer
Baluja Gómez, Danet
Barreno,Bienvenida
Barroso, Juiia E.
Barroso, María
Barrueta, Leidys

Basulto, Jenysabel
Basulto, Dalitza
Batan Treto, Dayanna
Batista, Cheltha
Batista, Odalys
Batista Gallego, Ibetis
Bauza, Lilian
Baxter, Clara I.
Bay, Emma
Becerra, Elaine
Becerra, Margarita
Bejerano, María L.
Bello, Mailin
Benitez, Dulce M.
Bermúdez, Ruth E.
Bernal, Graciela
Betancur, Vanessa
Blanco, Benigna D.
Blandino, Ligia M.
Blasco, Julia M.
Blay, Rosa María
Bodes, Mirta
Bofill,Violeta
Bouza, Ayliris
Boza, Nubia E.
Bravo, María de la C.
Brena Concepción, Saray
Brion, Samantha
Broche, Lourdes
Broche, Mónica
Bryant, Karina G.
Caballero, Lucy Y.
Caballero, Silvia
Cabezas Espinosa, Sonia
Cabrera, Cira M
Cabrera, Fatima
Cabrera, Isabel
Cabrera, Sandra
Cabrera, Leticia
Cabrera, Angela
Cagigas,Telvia Sinay
Calzada, Maiyunis
Camallea,Tania
Camblor, Ivon B.
Camejo, Flora
Camejo, Olga
Camejo, Liliana
Camilo, Daymeris
Campello, Dunia M
Campos, Esther
Campos, Mayvel V.
Cañizarez, Agnerys
Caquias, Maira E.
Cárdenas, Mirian
Cárdenas,Sandra M.
Cárdenas, María del C.
Cardoso, Caridad
Caro, Iyoleisy
Carrasco, Odalys
Carreras, Yiset
Carrillo, Yakelin
Cartaya, Bárbara C.
Casas, María Del C.
Castañedo, Anais M.
Castellanos,Lismary
Castellón, Ilsia
Castillo, Magalys O.
Castillo, Magalys C.

Castillo, Jennifer B.
Castro, Irene
Castro,Olga Lidia
Castro, Bianca M.
Castro, Hortensia V.
Castro, Marlen
Catony, Rosa
Chaskel, Idalma
Chávez, Mayra L.
Chávez, Dulce M.
Chávez Pena, Juliet
Chaviano, Olga
Chaviano, Marilyn
Chilet, Joscelyn E.
Chipi, Mabel
Cid, Karyna
Colina,Yanet
Collado, Oleidy
Collazo, Mariela
Columbie, Vilma E.
Concepción, Lázara
Conejo, Mirtha D.
Conrado, Ligia
Corcho, Ivonne O.
Cordero, María D.
Cordovés, Rosa
Corona Nobrega, Mayle
Corpo,Victoria
Cortina, Yamilys
Cortina, Yuleivi
Corzo, Magalys
Corzo, Silvia
Craib, Ysoris
Cruz,Violeta
Cruz, Damarys
Cruz, María Isel
Cuadra, María M.
Cuculiza, Ursula
Cuevas,Ysidra
Curbelo,Yunis
Cutino,Barbara M.
Cuza,Yoanne D.
Darias,Eunice
De Armas, Rebeca
De Jesús, Martha
De La Fuente, Diana
De La Noval, Lienet
De La Osa, Laura
De La Paz, Maydole
De La Rosa, Diana
De Paula, Sandra
Del Gallo, María E.
Del Valle, Aned
Delgado,Teresa
Delgado,Caridad
Delgado,Yarenis
Delgado,Rosa C.
Delgado,Xiomara
Delgado,Yanet
Delgado,Belkis
García,Leidys
Deulofeu,Maide
Díaz,Rosa M.
Díaz,Sandra
Díaz,Magaly
Díaz,Yaimara
Díaz,Adnerys
Díaz,Maura

Díaz,Oneida
Díaz,Marilyn J.
Díaz,Rosaura
Díaz,Yunet
Díaz,Maribel
Díaz,Minerva
Díaz,Janny
Díaz,Dayana
Díaz,Yohamni
Díaz,Ana
Dimitrov,Irina
Domech,Marta H.
Domínguez,Eglis
Domínguez,María Del C.
Donato,Lizleydis
Donato, Eneidys
Dorado Levy, Lourdes
Duenas,Vilma M.
Duran,Carmen L.
Echemendia,Elizet
Echevarría,Marlene
Egozcue,Idalia B
Elias,Ana V.
Elozua,Claribel
Espinosa,Erika
Espinosa,Odalys
Esquijarosa,Esther
Estrada,Anysleidys
Estrada,Dulce Z.
Estrada,Mercedes I.
Falero,Damicela
Farias,Janet
Febres,Yelitza
Felipe,Yolanda
Fernández,Vivian
Fernández,Acelia
Fernández,Arllery
Fernández,Yaimy
Fernández,Maryolys
Fernández,Orgina
Fernández,Darchet
Fernández,Yasmin
Figueredo,Alicia M.
Flores,Ivette
Fontela,Yamel
Forjans,Licety
Forteza,Olga L.
Freijo,Ivonne
Fuentes,Lasmary
Fuertes,Carmen L.
Fundora,Olga M.
Fundora,Madeleyne
Galbán,Evelyn
Gallardo,Belkis
Galloso,Zulema
Gamboa, Midnelys
Gámez, Mayelin
Gandarilla,Olga L.
Garay,Esther
García,Isis M.
García,Pilar
García,María A.
García,Alma M.
García,Anais
García,Sadi
García,Rocio S.
García,Alicia
García,Juana B.

García,Guillermina
García,Delfina
García,Griselle
García,Benigna
García,María
García,Natacha
García,Ileana
García,Viviana
García Denis,Yailet
Garriga,Maritza R.
Gil,Lourdes
Giraldo,Ana B.
Godinez,Milagros
Gómez,Yunielkis
Gómez,Teresa H.
Gómez,Odalys
Gómez,María C.
Góngora,Leticia
González,Carolina
González,Susana
González,Maribel
González,Yaremi
González,Irma P.
González,Mildrey
González,Dayana
González,Evelyn I.
González,Ileana
González,Marilee M.
González,Damaris
González,Teresa D.
González,Josefa M.
González,Tania
González,Mabi
González,Elizabeth
González,Belinda
González,Rita M.
González,Leonor
González,Priscilla A.
González,Graciela
González,Lourdes
González,Sonia
González,Josefina
González A.,Madelin
González I.,Yenelys
Grana,Adelaida
Grandal,Anileidy
Grau,Guianeya
Groso,Alexandra
Guadarrama,Monica
Guerra,Barbara
Guerra,Ana B.
Guerra,Misleidis
Guerra,Nuris D.
Guerra,Naomi
Guerrero,Emilia C.
Guerrero,Ann M.
Guevara,Odalis M.
Guevara,Alba R.
Guia,Tania V.
Guido,María E.
Guillén,Ana
Gulias,Ana C.
Gutiérrez,Iliana D.
Gutiérrez,Lilliam
Gutiérrez,Nilda
Gutiérrez,Anabel
Gutiérrez,Maria
Guzmán,Analiz

Guzmán,Estela M.
Héctor,Yesenia
Hejses,Sofia
Hernández,Damarys
Hernández,Carmen
Hernández,Maria E.
Hernández, Diana
Hernández, Alicia
Hernández,Berkys
Hernández,Berta
Hernández,Liliam P.
Hernández,Lázara
Hernández,Maigrette
Hernández,Yordanka
Hernández,María E.
Hernández,Vilma
Hernández,Lazara
Hernández,Carmen
Hernández,Madelyn
Hernández,Yanet
Hernández,Yudit
Hernández,Maida
Hernández,Roxana
Hernández,Denia
Hernández,Alexis
Hernández,Sandra I.
Hernández,Ysolina
Hernández,Mónica
Hernández,María E.
Hernández,Zenaida
Hernández,Zusel C.
Hernández G.,Alina
Herrera,Marilyn
Herrera,Ofelia
Herrera,Martha I.
Hoyos,Andria
Hung,Ana Caridad
Hurtado,Midiala E.
Iglesias,Lorena
Imbert,Lucrecia
Insua,Amparo
Irizarry,Marleen
Isaac,Bárbara
Isi,Josephine
Izada,Vivian
Izaguirre-Cleger,Y.
Jidy,Alejandra C.
Jiménez,Carmen L.
Jiménez,Ida M.
Jiménez,Cira S
Jiménez,Lumey
Jiménez,Midalys
Jiménez ,Amanda
Jiménez, Maricela
Jinright,Pilar T.
Jo,Minerva
Johoy,Lisette
Jorge,Yurayma
Jorge,Ivelices Del C.
Jorge,Janet
Jorna,Yadira
Juviel,Xiomara
Kattengell,Ileana
La Rosa,Maritza
Labrada B.,Patricia
Lacaze,María G.
Lago,María
Lamas,Juana

La'o,Ania
Lara (Camacho),Mayra
Larramendi,Liliana
Ledesma,Ginnet
Legrán,María D.
Leo,Mónica
León,Damarys
León,Lori A.
León,Olga L.
León,Janet
Lesende,Odislaidy
Leyva,Yarima
Leyva,Nancy
Leyva,Iliana
Leyva,Arien
Leyva,Katia
Leyva,Ana María
Lima,Olga Lidia
Lima,Aymara
Lima,Erlin
Lime,Mileidy
Llorente,Marielys
Llovet,Orely Y.
López,Mónica
López,Milagrosm.
López,Daisy
López,Carmen(Kris)
López,Ibelise
López,Mercedes
López,Yuliam
López,Libia
López,Yolanda
López,Karla V.
López,Yuleisy
López,Jacqueline
López M.,Yudenia
Lórenzo,Tamara
Lou, Elsa M.
Loyola,Yudelmis
Loza,María C.
Luis,Dania
Machado,Yeny
Maes,Kelly L.
Mairena,Rosa A.
Mairena,Lucrecia
Major,Sherryann
Manrresa,Yoryana
Manso,María
Marín,Yoamny
Marín,Sandra
Marino,Annia S.
Marino,Mariela
Marquez,Yiliam
Marquez,Madelyne
Marrero,Yoannis
Marrero,Danylaidi
Marrero,Coral E.
Martín,Marietta C
Martín,Yanelis
Martínez,Georgina
Martínez,Karla L.
Martínez,Iliana
Martínez,Bárbara
Martínez,Nelly
Martínez,María De J.
Martínez,Janet
Mason,Jacqueline
Matos,Delvis Ruth
Mauricio,Violeta A.
Mayea,Hatlema
Mayo(Tundidor),Gisela
Mcglory,Christine
Medina,Mercedes
Medina,Margarita
Medina,Vivian
Medina,Mirtha
Medina,Bessy E.
Medina,María
Meléndez,Beatriz
Meléndez,Carmen
Méndez,Ana María
Méndez,Daymi
Méndez,Mirtelina
Mendoza,Emerita
Mendoza,Maria
Mercado,Ana M.
Meritt,Jeanne E.
Mesa,Maydelin
Mestre,Yayani
Mieres,Tania E.
Miguez,Dagglais
Mijares,Laura E.
Milián,Meilyn
Mira,Idanis
Mirabal,Maespe
Miranda,Kelly
Moleiro,Mirna
Molina,Ana G.
Molina ,Rebeca
Montane,Patricia R.
Monteagudo,Ileana
Montes De Oca,Reina
Montiel P.,Emma D.
Morales,Idania
Morales,Melvis
Morales,Johanna
Morales,Carla
Morales,Marisol
Morales,Marianne
Morán,Olga Susana
Morejón,Ismaray
Morejón,Aurora
Morejón,Cristina
Morejón,Ivis
Moreno,Ileana B.
Morffil,Estrella
Mulet,Tereza J.
Munoa,Maria M.
Muñoz,Ada E.
Murray,Ruth Elodia
Narciso,Ana Emma
Navarro,Isabel
Nieves,Katia
Noa,Melissa
Noste,Susana
Nuñez,Yanelis
Nuñez,Dionnet
Nuñez Veranes,Fe
Nuñez-Gómez,Belkys
Ochoa,Jasmin C.
Ochoa,Mayri
Ochoa,Allison Y.
Ocon,Socorro M.
Ojeda,Isabel
Olazabal,Ana Maria
Oliva,Anisia
Oliva Perez,Angela
Olivares,Christy D.
Olivera,Liliam M.
Oliveros,Yohaimara
Oramas,Carmen M.
Orozco,Yailin
Ortega,Martha
Ortega,Gabriela
Ortega,Marianela
Ortega,Yesenia
Ortiz,Bárbara E.
Ortiz,Mariela D.
Oviedo,Karla María
Pacheco,Diana
Pacheco,Dayle
Padron,Estrella
Pages,Rosa
Palacios,Virgen O.
Palermo,Edelsi S.
Paneque,Ana Rosa
Papadopolous,Laura
Paradelo,Sonia
Pardo C.,Mileidy
Parra,Nataly
Parra,Bertha
Paulyn,Madelyn
Payrol,Damarys
Pazo,Elizabeth
Pedraza,Margarita
Peña,Anevsis D.
Peña,Yuximi
Pereda,Marivel
Perel Ginarte,Heridy
Pérez,Dalia.
Pérez,Blanca
Pérez,Elvia
Pérez,Ailin
Pérez,Patricia
Pérez,Emma E.
Pérez,Christina M.
Pérez,Angelis C.
Pérez,Raysa
Pérez,Dunia M.
Pérez,Teodora
Pérez,Yusimi
Pérez,Elena
Pérez,Marina
Pérez,Yaquelin
Pérez,Carmen
Pérez,Angela J.
Pérez,Denis
Pérez,Saadia
Pérez,Yurima
Pérez,Roxana D.
Pérez,Carmen
Pérez,Yumaris
Pérez,Maria Elvira
Pérez,Belkys L.
Pérez,Alina
Pérez,Teresa
Perez,Susana
Pérez,Yadai
Pérez,Carmen Luisa
Pérez,Martha
Pérez,Kenia
Pérez,Claudia
Pérez,Gladys M.
Pérez,Grisel
Pérez B.,Maria I.
Pérez Cruz,Yanet
Perla,Claudia M.
Perna,Yaime
Pestano,Tania
Piñeiro,Rosalba
Pinos,Irina
Pivaral,Nayibe M.
Placencia,Liuba
Placeres,Heydy
Plasencia,Lazara E.
Plasencia,Leyda R.
Pol,Marlen
Polanco,Niurka
Popa,Vivian
Portela,Tania
Porto,Catalina E.
Portuondo,Ania
Prada,Maite
Prado,Leticia
Priede R.,Yusiet
Prieto,Juana R.
Puentes,Damarys
Puentes(Mestril),Ileana
Pujol,Iselina C.
Pupo,Yumie
Queris Romero,Sara
Quesada,Leydi T.
Quesada,Justina
Quintanilla,Frinee .
Quintero,Clara L.
Rabaza L.,Yaima
Rabelo,Vivian
Rainville,Claudia L.
Ramírez,Kenia
Ramírez,Yusleine
Ramírez,Mirella
Ramírez,Cecilia Ana
Ramos,Naida
Ramos,Yordanka
Ramos,Rita M.
Ramos,Milagros
Ramos,Lucy M
Ramos R.,Mayra
Rauder,Martha
Razuri,Rosa T.
Reátegui,Daniht
Recio,Arelys
Recode,Diadenis
Rego,Fanny
Regueiro,Tahimy
Rey,Mariela J.
Reyes,Dagmara
Reyes,Maite
Reyes,Damarys
Reyes,Midiala
Reyes,Marilys
Reyes,María Carlota
Reyes,Katherine
Ricardo,Zunilda
Rivas,Kathy L.
Rivera,Lisis
Rivera,Indiana C.
Rivero,Marilyn
Rivero,Beatriz
Rizo,Elisa
Rocubert,Mildres
Rodríguez,Natalia
Rodríguez,Omelia
Rodríguez, Marlen
Rodríguez, María C.
Rodríguez,Yanet
Rodríguez, Ania M.
Rodríguez, Rosa A.
Rodríguez, Milays
Rodríguez,Yanet
Rodríguez, Jackeline
Rodríguez, Alicia
Rodríguez, Mirtha
Rodríguez, Maylin
Rodríguez,Yuleidy
Rodríguez,Eloelia B.
Rodríguez,Bárbara .
Rodríguez,Nancy
Rodríguez,Ramona .
Rodríguez,Caridad
Rodríguez,Noralys
Rodríguez,Zonia A.
Rodríguez,Yusleivys
Rodríguez,Ines M
Rodríguez,Adriana .
Rodríguez,Haydee
Rodríguez,Sandra
Rodríguez,María A.
Rodríguez,Magalis
Rodríguez,Yolanda
Rodríguez,Yleana
Rodríguez,Maidelis
Rodríguez,Sandra
Rojas,Tiany
Rojas,Tatiana
Romero,Digna J.
Romero,Isarah L
Romo,Carmen A.
Rondón,Cynthia
Roque,Geidys
Roque Peraza,Rosa
Rosa,Yarelis
Roses,María E.
Royg,Irela
Rubio,Reyna E.
Rueda,María I.
Ruffin,Benedicta
Ruiz,Yamile
Saavedra,Niurka E.
Sablón,Yunia
Sablón,Berta B.
Sáez,Bárbara
Saint Ives,Mercedes
Salablanca,Julieta
Salas,Estrella
Saldana,Languidy
Salinas,Flora C.
Salvador,Melissa
Sánchez,Idania
Sánchez,Barbara K.
Sánchez,Yadira
Sánchez,Aracely
Sánchez,Rosa M.
Sánchez,Nydia
Sánchez ,Osmaida
Sánchez-Medina,Jany
Santana,Ely E.
Santana,Marlene
Santana,Ana M.
Santana,Margarita
Santiago,Elodia
Santiesteban,Vivian
Santiesteban,Maibel
Santillán,Rosa L.
Santos,Luz Maria
Santos,Gladys
Santovenia,Olga L.
Sanz,Gisela
Sanzo,Mervin. F.
Saroza,Monica G.
Sepulveda,Mercedes
Shelton,Pauline
Sicilia,Estela
Sierra,Dailyn
Sierra,Marianela
Siguenza,Idoris
Silva,Silvia
Silvarrey,Martha M.
Silveira, Mariela
Silverio, Nandy
Socarrás,Bryseis
Solernou M., Neri
Solis, Sofía M.
Solórzano, Lilia
Sosa, Alyniudka
Sosa, Marisol
Sosa, Magali
Sosa M., Regina
Soto, Evelyn
Soto,Yahimara
Suárez,Yudelvis
Suárez,Hayme
Suárez,María Regla
Suárez,Nancy
Suárez,Ana M.
Suárez,Jennifer
Suárez,María
Suárez,Mayelin
Sulbaran,Jessica
Tamayo,Maura
Tamayo,Mayelin
Tapia,Gloria M.
Tarrau,Idania
Taylor,Linda M.
Teja,Idalmis
Tejada,Mercedes A.
Tellez,Xiomara
Tellez,Marta
Tellez S.,Yazmin
Terrero-Perez,Mercedes
Tijerino,Flor M.
Tito,Bárbara
Tobenas,Lucia
Toledo,Isis
Toledo,Martha
Toribio,María E.
Torna,Leonor
Torre,Isabel M.
Torrecillo,Carmen
Torres,Teglis
Torres,Raiza
Torres,Leticia
Torres,Beysi
Torres,Nelly
Torres,Carmen R.
Torres,Maura L.
Torres,Jenny
Trimino,María J.
Trujillo,Dunia
Trujillo,Yamilet
Trujillo,Maria C.
Tuero,Nora
Ulloa,Arelys
Valdés,Georgina
Valdés,Glegnys D.
Valdés,Jany
Valdés,María Regla
Valdés,Isabel C.
Valdés,María Estelsy
Valera,Tamara
Valladares,Indira
Vargas,Sarhay
Vargas,Mercedes
Vargas ,Mayrelys
Varona,Lizett
Vázquez,Adisleidys
Vázquez,Ana M.
Vega,Magdelin
Vega,Lourdes C.
Velázco,Dayami
Velázquez,Dinia
Vélez,Georgia
Veloso,Erundina
Vento,Jeysel
Vera,Evelyn
Victorero,Maritza
Vidal,Consuelo
Vidal,Yosanne
Viera,María E.
Vigil,Josefina Esther
Vilán,Ana
Vilches,Caridad
Villanueva, María
Villar, Ailed
Villarejo,Amneris
Villatoro,Lisbet
Villatoro,Erika S
Vizcay,Liza H.
Wilches,Josefina S.
Wilthen,Amanda
Wilthew,María
Yera,Lourdes A.
Zambrana,Karla M.
Zamora,Blasa
Zarzabal,Nicolette S.
Zea,Doris
Zuleta,Daira Sulay
Zuñiga,Nilda N.

LINCOLN-MARTI
SCHOOLS

LINCOLN-MARTI
PARADA MARTIANA

PHOTO-CELLPHONES
MARTI.COM

Demetrio A Visionary Ahead of His Time

This is a letter to the editor of LIBRE that I chose not to publish but which I feel deserves to be shared in this book

I was urged to publish the letter by those who had already read it. The letter arrived at the same time that I was working on the publication of this book. I am willing to share it because it comes from a reader of LIBRE and listener of my radio broadcasts to whom I am grateful for such a generous tribute.

Miami, June 30, 2015

Dear Demetrio Pérez, Jr.:

My three grandchildren are alumni of **LINCOLN-MARTI.** The last one achieved it this year at one of the eleven ceremonies that were held at the Manuel Artime Theater. I am proud to say that despite my old age I was able to attend the graduations of each of my three grandchildren.

Although I am not from Matanzas, I met your parents when they opened their first day care center on NW 103 Street. They were such nice people!

I had the privilege of voting for you in 1981 when you ran for the City of Miami Commission and have followed you ever since. Over the years I have seen your schools grow and I have even submitted an entry during each of the last five years to the International Poetry Contest that you sponsor.

You have no idea who I am, but my family and I know you very well. We wholeheartedly support you and we pray for the success of your schools and the many families who benefit from the services that you offer.

I felt compelled to write to you after receiving the magazine that you sent this weekend with pictures and information about the end of year ceremonies at LINCOLN-MARTI.

Mr. Perez, you are a visionary. You are a man ahead of his time. But you have to feel a great deal of satisfaction with the job that you have done and the legacy that you leave, which is an inspiration to us all.

I remember that in the 1970s you were raising awareness and garnering support to make Pre-Kindergarten part of Florida's school curriculum. Back then the legislature argued that the program was too costly and it wasn't until new districts were drawn to allow for proportional representation of our population that we were able to see a constitutional amendment that made Pre-Kindergarten an official part of the curriculum in all of Florida's schools.

When you were not reelected as a City Commissioner in 1985, at a time when single member districts did not exist, I nonetheless had the satisfaction of knowing that 85% of the electorate supported your straw ballot initiative to freeze tax increases in the city in the face of a campaign by **liberal interests against the austerity measure, claiming that it violated the laws in existence back then.**

Just now we are seeing another one of your ideas come to life with the initiative to install public toilets in Downtown Miami just like they exist in other metropolises around the world.

And we cannot overlook your campaign to bring school uniforms to public schools, the inspirational calendar that gives teachers a though provoking phrase at the beginning of each day for their students to get going on the right foot, the Legadocurriculum and the recognition of the contributions made by Hispanics to the history of the United States, this last initiative also having been approved by the State Legislature and made part of the statewide Pre-K-12 curriculum.

Demetrio, don't slow down. Keep surging ahead because we need you to continue to help us every day as you do with the inspirational anecdotes and commentary that you share every morning on the radio. You turn our dreams into reality.

I congratulate you in my name and that of my family, from the bottom of our hearts.

Maria E. Hernandez
Miami, Florida

Demetrio: visionario, precursor, anticipado... hoy compensado

Una carta que optamos por no publicar en "LIBRE", pero que no declinamos acogerla en estos apuntes

A instancias de quienes la leyeron previamente, resistidos a publicarla en "LIBRE", llegándonos cuando coincidentemente cerrábamos esta recopilación accedemos a compartir parcialmente los apuntes generados de esta lectora, cliente y oyente que recibimos como invisible trofeo de aliento y esto constituído en demostración silente que mucho agradecemos.

Miami, junio 30 de 2015

Estimado Demetrio Pérez Jr.:

Mis tres nietos son graduados de **LINCOLN-MARTÍ.** El último lo hizo este año en una de esas once ceremonias celebradas en el Teatro Artime, de las cuales asistí a tres, a pesar de mi edad y achaques de vejez.

Aunque no soy de Matanzas, conocí a sus padres desde que iniciaron el primer centro en la calle 103. ¡Qué personas más buenas!.

Tuve el privilegio de votar por usted en las elecciones de 1981, seguirlo en sus escuelas a través de todos estos años, e incluso aunque no he sido premiada, desde hace cinco años participo en el Concurso de Poesías que ustedes patrocinan.

Usted no sabe quien soy yo, pero mi familia y yo sabemos de sobra quien es usted, lo apoyamos de corazón y oramos por el éxito de sus propósitos que a todos benefician.

El resumen de los actos que publicaron este fin de semana, me ha inspirado a decirle esto:

Usted, **Demetrio Pérez Jr.,** ha sido un visionario, un precursor que se ha anticipado a sus tiempos, tal vez por la corta edad con que comenzó, pero tiene que sentirse muy compensado al dejarnos una obra y un legado que a todos nos honra e inspira.

Cuando en los años setenta usted planteaba la oficialización del Kindergarten y se alegaban sus altos costos por las Legislaturas de entonces, cuando no existían los distritos de representación poblacional, tuvieron que pasar unas décadas para que en el nuevo siglo se reconociera su importancia, se declarara al Kindergarten componente oficial del sistema educativo y se abrieran las puertas de manera algo limitada a los pre escolares, que son básicos para la formación escolar.

Cuando en 1985 usted no fue reelecto a la Comisión de Miami y no existían los distritos, tuve la gran satisfacción de saber que el 85% del electorado respaldó su pregunta sobre la congelación de los aumentos de impuestos, frente a lo cual alegaban los factores liberales que **"el espíritu de austeridad fiscal violaba las leyes entonces vigentes".**

Hoy vemos con simpatía el proyecto de facilidades sanitarias en el centro de la ciudad, lo cual existe en las grandes capitales del mundo, y usted lo lanzó en 1985 de manera bien anticipada.

Y qué decir de sus campañas y realizaciones a favor de los uniformes escolares, el calendario inspiracional para el comienzo de cada día de clases, el programa "Legado" y el reconocimiento a las contribuciones hispanas a la historia de EE.UU. aprobado por la Legislatura de la Florida.

Señor Demetrio, no decaiga en todos esos esfuerzos. Siga adelante, que necesitamos continuar nutriendo esas huellas e inspiraciones que en la radio, el papel e idea usted nos hace realidades, ahora mejor sin las presiones de un cargo público.

En nombre de mi familia y yo, lo felicito de todo corazón.

María E. Hernández
Miami, Fl.

"What I do today you will understand tomorrow"
August 7, 1995

INSPIRATION

INSPIRACIONALES

Japanese Bamboo

It's not necessary to be a farmer to know that a good harvest requires good seed, good fertilizer, and water. It's also obvious that whoever cultivates land does not stand impatiently in front of the seed and shout with all their might: "Grow, damn it!"

There is something very curious that happens with the bamboo that makes it unfit for those who are impatient.

Sow the seed, fertilize it, and make sure to constantly water it. During the first months nothing noticeable happens. Actually nothing happens with the seed during the first seven years, to the point that an inexperienced grower may be convinced that the seeds could be infertile. However, during the seventh year, in a period of just six weeks, the bamboo plant grows more than 30 meters!

Did it take only six weeks to grow? No, the truth is that it took seven years and six weeks to develop. During the first seven years of apparent inactivity, this bamboo was generating a complex root system that would allow it to sustain the growth that it would have after seven years. In daily life people try to find quick solutions without understanding that success is simply the result of internal growth and it takes time. Perhaps due to the same impatience, many of those who aspire to short-term results leave suddenly just when they were about to reach the goal. It is difficult to convince the impatient that in order to reach a goal successfully, one must fight with perseverance and learn how to wait for the right time.

Similarly, it is necessary to understand that many times we face situations where we believe that nothing is happening. This can be extremely frustrating. During those times (which we all encounter), remember the ripening of Japanese bamboo and accept that as long as we don't let down our arms - or abandon our goal for not "seeing" the results we hope, something is indeed happening within us: we are growing and maturing.

Those who do not give up will be gradually and imperceptibly creating the habits that will allow them to sustain success when it finally materializes.

Victory is simply a process that takes time and dedication. It's a process that requires us to learn new habits while forcing us to discard others. A process that requires change, action, and formidable skills of patience and time. It's a constant challenge for us to wait and we barely get a chance to exercise our patience in this hectic world in which we live. We rush our children in their growth, we rush the taxi driver, and we even rush ourselves to do things; nobody knows exactly why. We lose faith when the results do not occur within the time we expected. We abandon our dreams, and we generate pathologies arising from anxiety and stress.

What for?

I propose to try to recover perseverance, waiting, acceptance. If you do not get what you crave, do not despair...Perhaps you're just growing roots.

Bambú Japonés

No hay que ser agricultor para saber que una buena cosecha requiere de buena semilla, buen abono y riego. También es obvio que quien cultiva la tierra no se detiene impaciente frente a la semilla sembrada, y grita con todas sus fuerzas: ¡Crece, maldita sea!

Hay algo muy curioso que sucede con el bambú y que lo transforma en no apto para impacientes:

Siembras la semilla de bambú, la abonas, y te ocupas de regarla constantemente. Durante los primeros meses no sucede nada apreciable. En realidad no pasa nada con la semilla durante los primeros siete años, a tal punto que un cultivador inexperto estaría convencido de haber comprado semillas infértiles. Sin embargo, durante el séptimo año, en un período de sólo seis semanas la planta de bambú crece ¡más de 30metros!

Durante los primeros siete años de aparente inactividad, este bambú estaba generando un complejo sistema de raíces que le permitirían sostener el crecimiento que iba a tener después de siete años. Sin embargo, en la vida cotidiana, muchas personas tratan de encontrar soluciones rápidas, triunfos apresurados, sin entender que el éxito es simplemente resultado del crecimiento interno y que éste requiere tiempo. Quizás por la misma impaciencia, muchos de aquellos que aspiran a resultados en corto plazo, abandonan súbitamente justo cuando ya estaban a punto de conquistar la meta. Es tarea difícil convencer al impaciente que sólo llegan al éxito aquellos que luchan en forma perseverante y saben esperar el momento adecuado.

De igual manera es necesario entender que en muchas ocasiones estaremos frente a situaciones en las que creemos que nada está sucediendo. Y esto puede ser extremadamente frustrante. En esos momentos debemos recordar el ciclo de maduración del bambú japonés, y aceptar que en tanto no bajemos los brazos, ni abandonemos por no "ver" el resultado que esperamos, sí está sucediendo algo dentro de nosotros: estamos creciendo, madurando.

Quienes no se dan por vencidos, van gradual e imperceptiblemente creando los hábitos y el temple que les permitirá sostener el éxito cuando éste al fin se materialice.

El triunfo no es más que un proceso que lleva tiempo y dedicación. Un proceso que exige aprender nuevos hábitos y nos obliga a descartar otros. Un proceso que exige cambios, acción y formidables dotes de paciencia. Si no consigues lo que anhelas, no desesperes. Quizá solo estés echando raíces.

The pearl

Said one oyster to the neighboring oyster:

"I feel a great pain within me. It's something heavy and round that hurts me."

"Praised are the heavens and the sea," replied the other with haughty condescension. "I do not feel any pain. I'm good and healthy outside and inside."

At that moment, a little crab passing by heard the two oysters, and told the one that was good and healthy inside and out:

"Yes, you are good and healthy", but the pain your neighbor feels is a pearl of an extraordinary beauty."

La perla

Dijo una ostra a la ostra vecina:

-Siento un gran dolor dentro de mí. Es algo pesado y redondo, que me hace daño.

-Alabados sean los cielos y el mar - respondió la otra con altiva condescendencia-. Yo no siento dolor ninguno. Estoy buena y sana, por fuera y por dentro.

En ese momento, un cangrejito que pasaba oyó a las dos ostras, y dijo a la que estaba buena y sana por dentro y por fuera:

–Sí, estás buena y sana; pero el dolor que siente tu vecina es una perla de extraordinaria belleza.

Fresh Fish

The Japanese have always loved fresh fish. But the waters close to Japan have not had many fish for decades. So to feed the Japanese population, fishing boats were made bigger to go farther from shore.

The further the fishermen went, the more time it took them to hand back the fish. If the journey took several days, the fish was not fresh.

In order to solve the problem, companies installed freezers on the fishing vessels. This way they could fish and put the catch in the freezer. However, the Japanese could taste the difference between the frozen and fresh fish. They disliked the frozen, therefore they had to sell it at a cheaper price.

Companies then decided to install tanks for the fish in the boats. This way they could catch the fish and stuff them in the tanks to keep them alive until they reached the coast. But after a while, the fish stopped moving in the tank. They were bored and tired but alive. Japanese consumers also noticed the difference in taste because when the fish stopped moving for days they lose the fresh flavor.

How did the Japanese companies solve this dilemma? How did they manage to bring fish that tasted fresh?

To maintain the fresh taste of fish, fishing companies put the fish in tanks on the boats, but then they also placed a small shark in the tank.

Of course the shark eats a few fish, but the others come out very, very alive. The fish are challenged! They have to swim all the way into the tank to stay alive.

When you reach your goals aim for greater ones. You should never create success and then lie down on it.

So invite a shark into your tank, and discover how far you can really get. A few sharks will help you realize your potential. Do not be afraid of their teeth or their traps, fight to stay alive, but always fresh. Sharks will always be everywhere you go.

We're all in a place where there will be difficulties that be welcomed if we look at them to find new ways to listen to other opinions, to learn new ways of looking at life, to strengthen our spirit and make the best of ourselves.

People thrive when there are more challenges in their environment.

Pescado Fresco

Los japoneses siempre han gustado del pescado fresco. Pero las aguas cercanas a Japón no han tenido muchos peces por décadas. Así que para alimentar a la población japonesa, los barcos pesqueros fueron fabricados más grandes para ir mar adentro.

Mientras más lejos iban los pescadores, más era el tiempo que les tomaba regresar a entregar el pescado. Si el viaje tomaba varios días, el pescado ya no estaba fresco.

Para resolver el problema, las compañías instalaron congeladores en los barcos pesqueros. Así podían pescar y poner los pescados en los congeladores. Sin embargo, los japoneses pudieron percibir la diferencia entre el pescado congelado y el fresco y no les gustaba el congelado; por lo tanto, tenían que venderlo más barato.

Las compañías instalaron entonces en los barcos tanques para los peces. Podían así pescar los peces, meterlos en los tanques y mantenerlos vivos hasta llegar a la costa. Pero después de un tiempo los peces dejaban de moverse en el tanque. Estaban aburridos y cansados, aunque vivos. Los consumidores japoneses también notaron la diferencia del sabor porque cuando los peces dejan de moverse por días, pierden el sabor fresco.

Y ¿cómo resolvieron el problema las compañías japonesas? ¿cómo consiguieron traer pescado con sabor de pescado fresco?

Para mantener el sabor fresco de los peces, las compañías pesqueras ponen a los peces dentro de los tanques en los botes, pero ahora ponen también un ¡Tiburón pequeño!

Claro que el tiburón se come algunos peces, pero los demás llegan muy, pero muy vivos. ¡Los peces son desafiados! Tienen que nadar durante todo el trayecto dentro del tanque, para mantenerse vivos.

Cuando alcances tus metas proponte otras mayores. Nunca debes crear el éxito para luego acostarte en él.

Así que, invita un "tiburón a tu tanque", y descubre que tan lejos realmente puedes llegar. Unos cuantos "tiburones" te harán conocer tu potencial, que no te asusten sus "dientes ni sus trampas" tú sigue alerta, pero siempre "fresco". Siempre habrá tiburones a donde vayas.

Estamos todos en el mismo sitio, donde siempre tendremos dificultades y ellas serán bienvenidas si las sabemos mirar como las oportunidades para encontrar nuevos caminos, para escuchar otras opiniones, para aprender nuevas maneras de ver la vida, para fortalecer nuestro espíritu y sacar lo mejor de nosotros mismos.

Las personas prosperan más cuando hay desafíos en su medio ambiente.

Two mice

Two mice, one optimistic and the other pessimistic, fell on two containers full of milk.

The pessimistic mouse says: "I can't get out of this container, because the walls are very smooth. I cannot breathe in milk, I'm going to choke. There is no hope for me." And indeed, the mouse chokes and dies.

The optimistic mouse does not know what to do. But because he is optimistic, he moves and stirs in all directions. Since he keeps continuously moving, he beats the milk with such vigor that it becomes butter. The mouse then sits on the butter and begins to breathe freely.

Those who possess an optimistic character always do something to get out of a difficult situation. Those who are optimistic rely on God even though they may struggle.

Dos ratoncitos diferentes

Dos ratoncitos, uno optimista y otro pesimista, cayeron al mismo tiempo en dos vasijas que contenían leche. El ratoncito pesimista dice: "No puedo salir de este cacharro, porque las paredes son muy lisas. No puedo respirar en la leche, voy a asfixiarme, estoy perdido." Y, en efecto, se asfixia y muere.

El ratoncito optimista no sabe tampoco qué hacer; pero como es optimista trata de hacer algo y se agita en todos los sentidos. Como se está moviendo continuamente, bate la leche con tanto vigor que ésta se transforma en mantequilla. El ratoncito entonces se sienta sobre la mantequilla y puede respirar libremente.

Quien posee un carácter optimista hace siempre algo, aun cuando no sepa qué hacer para salir en una situación difícil; pero sigue luchando y confiando en Dios.

A lesson in Perseverance

Have you ever observed the attitude of birds in the face of adversity?

Day by day, they build their nests with materials they pick up from very long distances. Sometimes, when they are about to finish and finally lay their eggs, bad weather, humans, or animals destroy everything they have worked so hard to build.

What do birds do? Do they stay still? Do they abandon this important task? No. They start again until at last they are able to see their first eggs oin that nest.

At times, even before the birth of pigeons, an animal, a child, a storm destroys the nest once again; this time with its precious content inside.

It's always painful to start from zero. But even then birds never give up. They continue building and singing, singing and building.

Have you ever felt that your life, your work, your family, your friends are not what you dreamed they would be? Have you ever wanted to say "enough, this is not worth my effort; this is too much for me."

Are you tired of restarting and struggling on a daily basis? Or perhaps feel discouraged due to the daily struggle, betrayed trust, or unreached goals when you were just about to achieve them?

Even though life may be hard on you, never give up. Say a prayer, put your faith in front of you, and go on.

Don't worry if you suffer any injuries along the way. It's expected for things like this to happen when we fight our daily battles. Gather the scattered pieces of hope, put them together, and start again. No matter what may happen, don't dismay. Move forward. Life is a constant challenge, but it's worth accepting it. Most importantly, never stop singing.

Lección de perseverancia

¿Te has puesto a observar la actitud de las aves frente a las adversidades?

Están día y día haciendo su nido, recogiendo materiales (a veces traídos desde largas distancias) y cuando ya está terminado y están a punto de poner sus huevos, las inclemencias del tiempo o la obra del ser humano o de algún animal lo destruye y tira por el suelo lo que con tanto esfuerzo se logró.

¿Qué hace el pájaro? ¡¿Se amilana, se paraliza, abandona la tarea? De ninguna manera.

Vuelve a comenzar, una y otra vez, hasta que en el nido aparecen los primeros huevos.

A veces, muchas veces antes de que nazcan los pichones, algún animal, un niño, una tormenta vuelve a destruir el nido, pero esta vez con su precioso contenido.

Duele recomenzar desde cero. Pero aun así el pájaro jamás enmudece, ni retrocede, sigue cantando y construyendo; construyendo y cantando. ¿Has sentido que tu vida, tu trabajo, tu familia, tus amigos no son lo que soñaste, has querido decir basta, no vale la pena el esfuerzo, esto es demasiado para mí?

¿Estás cansado de recomenzar, del desgaste de la lucha diaria, de la confianza traicionada, de las metas no alcanzadas cuando estabas a punto de lograrlo? ¡No, no lo hagas!

Por más que te golpee la vida, no te entregues nunca, di una oración, pon tu esperanza al frente y arremete. Y no te preocupes si en la batalla sufres alguna herida, es de esperar que algo así suceda. Junta los pedazos de tu esperanza, ármala de nuevo y vuelve a arremeter.

No importa lo que pase. No desmayes, sigue adelante. La vida es un desafío constante pero vale la pena aceptarlo... Y sobre todo, nunca dejes de cantar.

The hawk that could not fly

A king was presented with two small hawks and gave them to a falconer to train them.

After a few months the trainer informed the king that one of the hawks was perfect, but he did not know what was wrong with the other one. The other hawk had not moved from the branch where he'd left it since the day of its arrival.

The king then delegated the mission to members of the court, but nothing happened. The next day by the window, the monarch could see that the bird was still motionless.

He then decided to tell his people that he would offer a reward to the person who made the falcon fly. The next morning, he saw the hawk flying by the gardens. The king told his court to bring to his presence the author of the miracle.

His court quickly introduced him to a peasant. The king asked: "You helped the falcon fly? How did you do it? Are you a wizard?"

Intimidated, the farmer told the king: "It was easy my king. I just cut the branch and the hawk flew. He realized he had wings and began to fly."

El halcón que no podía volar

Un rey recibió como obsequio dos pequeños halcones, y los entregó al maestro de cetrería para que los entrenara. Pasando unos meses, el maestro le informó al rey que uno de los halcones estaba perfectamente pero que al otro no sabía qué le sucedía, ya no se había movido de la rama donde lo dejó desde el día de su llegada.

Encargó entonces la misión a miembros de la corte, pero nada sucedió. Al día siguiente por la ventana, el monarca pudo observar, que el ave aun continuaba inmóvil. Entonces decidió comunicar a su pueblo que ofrecería una recompensa a la persona que hiciera volar al halcón. A la mañana siguiente, vio al halcón volando ágilmente por los jardines. El rey le dijo a su corte que llevaran a su presencia al autor del milagro.

Su corte rápidamente le presentó a un campesino. El rey le preguntó: - "¿Tú hiciste volar al halcón? ¿Cómo lo hiciste? ¿Eres mago?"

Intimidado, el campesino le dijo al rey: - "Fue fácil, mi rey. Tan sólo corté la rama y el halcón voló. Se dio cuenta de que tenía alas y se lanzó a volar."

Doing our best

A famous singer was invited to give a concert to benefit the Veterans of World War II. The chairman of the commission that invited him said: "It will be a charity presentation. Therefore, we do not expect a great concert. Your name is enough to attract the crowds. I advise you to sing simple songs which do not demand great effort from your voice."

The singer was offended and replied: "I'm not happy with doing less than the best that I can do."

It is our duty to make the most of our gifts and opportunities, and to faithfully fulfill any task, big or small to the best of our abilities. God also expects us to do better, no matter the work we have in our hands.

You may know the story of Joseph, the young man who was sold to Ishmaelite traders by his brothers. Although he went through many problems, he never panicked. As a prisoner in jail and as slave in Egypt he maintained self-control and courage. Joseph's way of life brought him to occupy the highest position in a foreign land.

You have an entire life ahead. Always remember to perform your best at everything that comes your way.

Hacer lo mejor

Una vez, un cantante famoso fue invitado a dar un concierto a beneficio de los Veteranos de la Primera Guerra Mundial. El Presidente de la Comisión que lo invitó, le dijo: "Será una presentación benéfica. Por eso, no esperamos que presente un gran concierto. Su nombre es suficiente para atraer a las multitudes. Le aconsejo canciones simples, que no le exijan gran esfuerzo a su voz."

El cantante se sintió ofendido y respondió: " No me contento con hacer menos de lo mejor que puedo hacer."

Es nuestro deber sacar el máximo provecho de nuestros dones y oportunidades, y cumplir fielmente y de la mejor manera cualquier tarea, sea grande o pequeña.

Inspirémonos en la historia de José, aquel joven que fue vendido a los mercaderes ismaelitas por sus hermanos. Aunque pasó por muchos problemas, nunca entró en pánico. Preso como un esclavo en Egipto, mantuvo el autocontrol y el coraje. Otros, en su lugar, se habrían deprimido o habrían muerto. Esa manera de ser de José lo llevó a ocupar el puesto más alto en tierra extraña.

Tú tienes la vida por delante. Colócate el propósito de realizar la mejor manera todo lo que te venga a las manos por hacer.

The root of success

What makes the difference? Why are some people's lives better than others? Is it because:

• Their family background? Growing up in a good family is something that everyone should be grateful for, but is not a reliable indicator to be the reason for success. A number of successful people come from broken homes.

• Wealth? No, some of most successful men and women come from the middle and the lower middle class. Wealth is not a synonym of success, nor does poverty guarantee insignificant achievements.

• Opportunity? Opportunity is something very special. Two people with similar gifts, talents and resources can observe a situation and one of them will see tremendous opportunities while the other will see nothing. Opportunity is in the eye of the beholder.

• Morals? I wish this was the key, but it is not. I've met quite upright people who have achieved very little. And I've met scoundrels with tremendous success. You may also know a few of them.

• The absence of difficulties? For every successful person who has eluded adversity, there is a Helen Keller who overcame extreme disabilities or a Victor Frankl who survived absolute horrors. It is not the absence of problems.

None of these things are key factors to success. To put it frankly, I know only one factor that separates those who consistently succeed from those who do not: the difference between mediocre people and successful people is their perception of, and response to failure.

Nothing else has the kind of impact on the ability of individuals to achieve and carry out whatever they propose or desire.

La Raíz del Éxito

¿Qué hace la diferencia? ¿Por qué a algunas personas les va tan bien? ¿Será por:

El trasfondo familiar? Crecer en una buena familia es algo por lo que cualquiera debería sentirse agradecido, pero no es un indicador confiable de ser la razón para el éxito. Un alto porcentaje de las personas exitosas viene de hogares destruidos.

La riqueza? No, algunos de los hombres y mujeres de mayor éxito vienen de la clase media y de la clase media baja. La riqueza no es un índice de éxito ni la pobreza es garantía de logros insignificantes.

La oportunidad? Bueno, la oportunidad es algo muy especial. Dos personas con dones, talentos y recursos similares pueden observar una situación dada, y una de ellas verá tremendas oportunidades en tanto que la otra no verá nada. La oportunidad está en el ojo del observador.

Una alta moralidad? Me gustaría que esta fuera la clave, pero no lo es. He conocido personas absolutamente íntegras que han logrado muy poco. Y he conocido sinvergüenzas de un tremendo éxito. Usted también los conoce.

La ausencia de dificultades? Por cada persona exitosa que ha esquivado a la adversidad, hay una Helen Keller que venció incapacidades extremas o un Víctor Frankl que sobrevivió a horrores absolutos. Así es que tampoco es la ausencia de dificultades.

No, ninguna de estas cosas es la clave.

La diferencia entre la gente mediocre y la gente de éxito es su percepción de y su reacción al fracaso. Ninguna otra cosa tiene la clase de impacto en la capacidad de las personas de alcanzar y llevar a cabo cualquier cosa que se propongan y deseen.

The four seasons

There was a man who had four sons. He taught them to learn not to judge things too quickly so he decided to send each one of them to visit a majestic tree of pears that was at a great distance.

The first son went in the winter, the second in the spring, the third son in the summer, and the youngest son in the fall.

When they had all gone and returned he called them together and asked them to describe what they had seen.

The first son said that the tree was ugly, bent, and twisted.

The second son said that it was covered with green buds and full of promise.

The third son disagreed with his two brothers. He said the tree was laden with blossoms that had a very sweet scent and looked very beautiful. It was the most graceful thing he had ever seen.

The last son disagreed with all of them. He said that it was ripe and withering of fruit, full of life and satisfaction.

The man then explained to his sons that they were all right, because they had each only seen a different station of the tree's life.

He told everyone that they should not judge a tree, or a person, just by seeing one of their seasons, and that the essence of who they are; pleasure, joy and love that comes with life can only be measured at the end, when all seasons have passed.

If you give up in the winter, you would miss the promise of spring, the beauty of the summer, and the satisfaction of fall.

Do not let the pain of one season destroy the joy of the rest. Never judge life because of a difficult season. Treasure the difficulties and bad times because then you will be able to enjoy the good times. Only the ones who persevere are able to find a better tomorrow.

Las cuatro estaciones

Había un hombre que tenía cuatro hijos. El buscaba que ellos aprendieran a no juzgar las cosas tan rápidamente; entonces los envió a cada uno por turnos a visitar un majestuoso árbol de peras que estaba a una gran distancia.

El primer hijo fue en el invierno, el segundo en primavera, y el hijo más joven en el otoño.

Cuando todos ellos habían ido y regresado; él los llamó y juntos les pidió que describieran lo que habían visto.

El primer hijo mencionó que el árbol era horrible, doblado y retorcido.

El segundo dijo que no, que estaba cubierto con brotes verdes y lleno de promesas.

El tercer hijo no estuvo de acuerdo, él dijo que estaba cargado de flores, que tenía aroma muy dulce y se veía muy hermoso, era la cosa más llena de gracia que jamás había visto.

El último de los hijos no estuvo de acuerdo con ninguno de ellos, él dijo que estaba maduro y marchitándose de tanto fruto, lleno de vida y satisfacción.

Entonces el hombre les explicó a sus hijos que todos tenían la razón, porque ellos solo habían visto una de las estaciones de la vida del árbol.

El les dijo a todos que no deben de juzgar a un árbol, o a una persona, por solo ver una de sus temporadas, y que la esencia de lo que son, el placer, regocijo y amor que viene con la vida puede ser solo medida al final, cuando todas las estaciones han pasado.

Si tú te das por vencido en el invierno, habrás perdido la promesa de la primavera, la belleza del verano, y la satisfacción del otoño.

No dejes que el dolor de una estación destruya la dicha del resto. No juzgues la vida por solo una estación difícil. Aguanta con valor las dificultades y malas rachas porque luego disfrutarás de los buenos tiempos porque solo el que persevera encontrará un mañana mejor.

You choose

We must thank God:

For all I have to clean up after a party, because it means that I am surrounded by family and friends.

For the taxes I pay, because it means that I have a job.

For the clothing that feels tight, because it means that I eat enough.

For the shadow that watches me work because it means I have sunlight.

For the yard I have to clean and fix, the windows I have to clean, and the leaks that I have to repair, because they mean that I have a home.

For all the complaints I hear about my government, because it means that we have freedom of speech.

For the farthest space I'm able to find in the parking lot, because it means that I am capable of walking.

For the old lady behind me singing off-key at Mass, because it means that I can hear.

For the heaps of clothes that I have to wash and iron, because it means that I have something to wear every day.

For the fatigue and the muscle pain late in the day because it means that I was very productive.

For the sound of the alarm clock every day early in the morning because it means that I'm alive.

For the bad memory of an accident, because it means that I still have my life, my memory, and my reason.

For the of fear of losing that special person, because it means I have someone to love and who loves me.

For those dreams that have not been met, because they mean that I still have illusions.

For receiving overwhelming emails and post cards because I know I have many friends and people who love me and think daily about me.

Tú eliges

Hay que agradecer a Dios:

Por todo lo que tengo que limpiar después de la fiesta, porque significa que estoy rodeado de familiares y amigos.

Por los impuestos que pago, porque quiere decir que tengo empleo.

Por la ropa que me aprieta un poco, porque significa que como lo suficiente.

Por la sombra que me vigila trabajando, porque significa que tengo luz del sol.

Por el patio que tengo que limpiar y arreglar, las ventanas que tengo que limpiar y las goteras que tengo que reparar, porque significa que tengo un hogar.

Por todas las quejas que escucho acerca de mi gobierno, pues significa que tenemos libertad de palabra.

Por el espacio más lejano que encuentro en el estacionamiento, porque significa que soy capaz de caminar.

Por la viejita que canta desentonada detrás mío en misa, porque significa que puedo oír.

Por los cerros de ropa que tengo que lavar y planchar, pues significa que tengo con qué vestirme a diario.

Por el cansancio y dolores musculares al final del día, pues significa que estuve muy productivo.

Por el despertador que suena a diario muy temprano en la mañana, pues significa que estoy vivo.

Por el mal recuerdo en mi mente de aquel accidente, pues significa que aún conservo mi vida, mi memoria y mi razón.

Por los celos, producto del miedo de perder a esa persona, pues significa que tengo a alguien a quien amar y que me ama.

Por aquellos sueños que no se han cumplido, pues significa que aún tengo ilusiones.

Por recibir tantos correos electrónicos y postales, porque así sé que tengo muchos amigos y gente que piensan en mí.

The King's Ring

There was once a king who summoned all the wise men of the court, and informed them:

"I have commanded one of the best goldsmiths in the area to make me a beautiful ring with a diamond. I want to keep hidden inside the ring, some words that can help me during difficult times; a message to which I could turn in times of total despair. I would also like that this message could help my heirs and the children of my heirs in the future. It has to be small, so that it will fit under my diamond ring."

All those who heard the king's wishes were great sages, scholars who had have written great treaties. But thinking of a message that would only contain two or three words and that would fit under a diamond ring? It was indeed a very difficult task. They thought and searched their books on philosophy for many hours without finding anything that conformed to the wishes of the powerful king.

The king was very close to a dear servant. This man who had also been his father's servant, had cared for him when his mother died, he had always been treated like family and enjoyed the respect of all. For this reason, the king also consulted the servant.

"I am neither a scholar nor an academic, but I know the message."

"How do you know it?" asked the king. "During my long life in the palace, I've met all kinds of people and on one occasion I met a teacher. He was a guest of your father's, and I was at his service. When he left us, I accompanied him to the door to see him off. As a gesture of gratitude he gave me this message. "

In that moment the elder man wrote in a tiny paper said message. He folded it and handed it to the king.

"But do not read it," he said "Keep it stored in the ring. Open it only when you don't find the solution to a situation." That moment came quickly, the country was invaded and his kingdom was threatened. He was fleeing on horseback for his life, while his enemies were after him. He was alone, and the pursuers were numerous. At one point, he came to a place where the road ended, and before him was a cliff and a deep valley.

Falling off that cliff would be fatal. He could not go back, because the enemy blocked his path. He could hear the trotting horses, the voices, and the proximity of his enemies.

In that moment, he remembered that he had the ring. He took the small paper out, opened it and there he found a small but tremendously valuable message for the moment.

It simply said "this too shall pass."

At that time he became aware of the great silence that hung over him.
The enemies pursuing him had been lost in the woods, or perhaps had gone in the wrong way. But the truth is that an immense silence surrounded him. He no longer heard the noise of trotting horses.

The king was deeply grateful to the servant and the unknown master. Those words had been miraculous. He folded the paper, put it back in the ring, gathered his army and regained his reign.

That day was victorious in the city. There was a great celebration with music and dancing and the king was very proud of himself.

During that time, again the old man was by his side and said:

"Dear King, the time has come again for you to read the message in the ring."

"What do you mean?" asked the king. "Right now I am living a moment of euphoria, people celebrate my return, we have conquered the enemy."

"Listen," said the old man, “this message is not only for desperate situations, it is also for pleasant ones. It's not to be read just when you feel defeated, but also when you feel victorious. It is not just for when you're the last, but also for when you're the first. "

The king opened the ring and read the message ... "This too shall pass"
And again he felt the same peace, the same silence amid the crowd that celebrated and danced. But his pride and ego had disappeared. The king could finally understand the message. The bad was as transitory as the good.

Then the old man said:

"Remember that everything passes. No event or emotion is permanent. As the day and night; there are moments of joy and moments of sadness. Accept them as part of the duality of nature because they are the very nature of things. "

El anillo del Rey

Una vez un rey citó a todos los sabios de la corte, y les informó:

- "He mandado a hacer un precioso anillo con un diamante, con uno de los mejores orfebres de la zona. Quiero guardar, oculto dentro del anillo, algunas palabras que puedan ayudarme en los momentos difíciles. Un mensaje al que yo pueda acudir en momentos de desesperación total. Me gustaría que ese mensaje ayude en el futuro a mis herederos y a los hijos de mis herederos. Tiene que ser pequeño, de tal forma que quepa debajo del diamante de mi anillo".

Todos aquellos que escucharon los deseos del rey, eran grandes sabios, eruditos que podían haber escrito grandes tratados… pero ¿pensar un mensaje que contuviera dos o tres palabras y que cupiera debajo de un diamante de un anillo? Muy difícil. Igualmente pensaron, y buscaron en sus libros de filosofía por muchas horas, sin encontrar nada en que ajustara a los deseos del poderoso rey.

El rey tenía muy próximo a él, un sirviente muy querido. Este hombre, que había sido también sirviente de su padre, y había cuidado de él cuando su madre había muerto, era tratado como la familia y gozaba del respeto de todos.

El rey, por esos motivos, también lo consultó. Y éste le dijo: - "No soy un sabio, ni un erudito, ni un académico, pero conozco el mensaje"

- "¿Como lo sabes preguntó el rey"?

- "Durante mi larga vida en Palacio, me he encontrado con todo tipo de gente, y en una oportunidad me encontré con un maestro. Era un invitado de tu padre, y yo estuve a su servicio. Cuando nos dejó, yo lo acompañé hasta la puerta para despedirlo y como gesto de agradecimiento me dio este mensaje".

En ese momento el anciano escribió en un diminuto papel el mencionado mensaje. Lo dobló y se lo entregó al rey.

- "Pero no lo leas", dijo. "Mantenlo guardado en el anillo. Ábrelo sólo cuando no encuentres salida en una situación".

Ese momento no tardó en llegar, el país fue invadido y su reino se vio amenazado. Estaba huyendo a caballo para salvar su vida, mientras sus enemigos lo perseguían. Estaba solo, y los perseguidores eran numerosos. En un momento, llegó a un lugar donde el camino se acababa, y frente a él había un precipicio y un profundo valle. Caer por él, sería fatal. No podía volver atrás, porque el enemigo le cerraba el camino. Podía escuchar el trote de los caballos, las voces, la proximidad del enemigo.

Fue entonces cuando recordó lo del anillo. Sacó el papel, lo abrió y allí encontró un pequeño mensaje tremendamente valioso para el momento. Simplemente decía: "esto tambien pasará".

En ese momento fue consciente que se cernía sobre él un gran silencio. Los enemigos que lo perseguían debían haberse perdido en el bosque, o debían haberse equivocado de camino. Pero lo cierto es que lo rodeó un inmenso silencio. Ya no se sentía el trotar de los caballos.

El rey se sintió profundamente agradecido al sirviente y al maestro desconocido. Esas palabras habían resultado milagrosas. Dobló el papel, volvió a guardarlo en el anillo, reunió nuevamente su ejército y reconquistó su reinado.

Ese día en que estaba victorioso, en la ciudad hubo una gran celebración con música y baile…y el rey se sentía muy orgulloso de sí mismo. En ese momento, nuevamente el anciano estaba a su lado y le dijo:

- "Apreciado rey, ha llegado el momento de que leas nuevamente el mensaje del anillo"

- "¿Qué quieres decir?", preguntó el rey. "Ahora estoy viviendo una situación de euforia, las personas celebran mi retorno, hemos vencido al enemigo".

- "Escucha", dijo el anciano. "Este mensaje no es solamente para situaciones desesperadas, también es para situaciones placenteras. No es sólo para cuando te sientes derrotado, también lo es para cuando te sientas victorioso. No es sólo para cuando eres el último, sino también para cuando eres el primero".

El rey abrió el anillo y leyó el mensaje... "esto tambien pasará"

Y, nuevamente sintió la misma paz, el mismo silencio, en medio de la muchedumbre que celebraba y bailaba. Pero el orgullo, el ego había desaparecido. El rey pudo terminar de comprender el mensaje. Lo malo era tan transitorio como lo bueno.

Entonces el anciano le dijo:

- "Recuerda que todo pasa. Ningún acontecimiento ni ninguna emoción son permanentes. Como el día y la noche; hay momentos de alegría y momentos de tristeza. Acéptalos como parte de la dualidad de la naturaleza porque son la naturaleza misma de las cosas."

Don't expect to build up the weak by pulling down the strong

Nothing in this world can take the place of persistence.

Talent will not; nothing is more common than unsuccessful men with talent.

Genius will not; unrewarded genius is almost a proverb.

Education will not; the world is full of educated derelicts.

Persistence and determination alone are omnipotent.

The slogan "press on" has solved and always will solve the problems of the human race.

President Calvin Coolidge

No creas que vas a fortalecer a los débiles debilitando a los fuertes

Nada en el mundo puede tomar el lugar de la persistencia.

El talento no lo hará. No hay algo más común que hombres sin éxito y con talento.

Los genios tampoco. Los genios no recompensados es casi un proverbio.

La educación tampoco. El mundo está lleno de negligentes educados.

La persistencia y determinación son omnipotentes.

El dicho "sigue adelante" ha resuelto, y siempre resolverá, los problemas de la raza humana.

Calvin Coolidge
Presidente de los EE.UU: (1923-1929)

Upon the subject of education, not presuming to dictate any plan or system respecting it, I can only say that I view it as the most important subject which we as a people can be engaged in. That every man may receive at least a moderate education and thereby be enabled to read the histories of his own and other countries, by which he may duly appreciate the value of our free institutions appears to be an object of vital importance. Even on this account alone, to say nothing of the advantages and satisfaction to be derived from all being able to read the scriptures and other works, both of a religious and moral nature, for themselves. For my part, I desire to see the time when education, and by its means, morality, sobriety, enterprise, and industry, shall become much more general than at present, and should be gratified to have it in my power to contribute something to the advancement of any measure which might have a tendency to accelerate the happy period.

Sin pretender dictar un plan o un sistema, puedo decir sobre la educación, que la considero el asunto más importante en que nosotros, como pueblo, podemos interesarnos. Es de vital importancia que todo el mundo tenga por lo menos una educación básica por la que pueda leer la historia de su país y la de otros países, y así valorar el mérito de nuestras instituciones libres; eso, sin hacer mención del placer de la lectura de los libros sagrados y de otros libros sobre la religión y la moral. Quisiera vivir hasta los tiempos en que por la educación estén más generalizados el trabajo, la moral, la sobriedad y el arrojo. Para mí sería un gran honor el poder acelerar la llegada de esos tiempos felices.

Abraham Lincoln

**A sad thing it is not to have friends,
but it must be even sadder to not have any
enemies. A man who has no enemies is a
sign that he has no talent to outshine others,
nor character that inspires, nor valor that is
feared, nor honor that is murmured
about, nor goods to be coveted,
nor anything to be envied.**

Triste es no tener amigos,
pero más triste debe ser no tener
enemigos, porque, el que enemigos
no tenga, señal es que no tiene:
ni talento que haga sombra,
ni carácter que impresione, ni valor temido,
ni honra de la que murmuren,
ni bienes que se codicien,
ni cosa buena que se envidie.

José Martí

This book
is published
by
Editorial Lincoln-Marti

Este libro
ha sido publicado
por la
Editorial Lincoln-Martí

2700 SW 8 St.
Miami, Fl. 33135 USA

www.lincoln-marti.com
main@lincoln-marti.com

Fax (305) 649-2767